"十二五"普通高等教育本科国家级规划教材

新编21世纪法学系列教材

总主编　曾宪义　王利明

# 电子商务法

第四版

E-commerce Law


主　编　张　楚

副主编　张　樊　谭华霖　赵占领

撰稿人（以撰写章节先后为序）

张　楚　谭华霖　赵占领

王　辉　蔡雄山　张　樊

董　皓　李俊慧　张雨林

郭斯伦　赵福军



中国人民大学出版社

·北京·

# 主编简介

**张　楚**　中国政法大学教授、博士生导师、中国政法大学知识产权研究中心主任，研究方向涉及知识产权法、电子商务法、网络法等，主要社会兼职包括中国知识产权法研究会常务理事、中国互联网协会政策与资源委员会委员、中国国际经济贸易仲裁委员会网上争议解决中心专家、中国互联网协会法治委员会顾问、工信部软件与集成电路中心知识产权司法鉴定所专家、工信部《信息安全》杂志编委、韩国著作权委员会北京代表处顾问、美国杜肯法学院国际兼职教授。曾任中国政法大学知识产权法研究所首任所长、中国政法大学科学技术教学部主任、中关村法大科技园办公室主任、《互联网前沿》杂志创始主编。在互联网与知识产权法领域的著作有《电子商务法初论》（中国政法大学出版社 2000 年版）、《网络法学》（高等教育出版社 2003 年版）、《知识产权法学》（高等教育出版社 2014 年第 3 版）、“China Patent Legal System & Practice”（LexisNexis2010）等。

# 副主编简介

**张　樊**　湖北文理学院经济与政法学院副教授、湖北省知识产权培训（襄阳）基地主任、中国政法大学知识产权研究中心研究员。社会兼职包括海峡两岸关系法学研究会会员、襄阳市法学会副秘书长等。长期从事网络法律和知识产权研究，主持有国家社科基金重大招标项目子课题、教育部人文社科青年基金项目、司法部国家法治与法学理论研究项目和湖北省科技计划（软科学）项目等省部级以上项目四项，出版个人专著及教材八部，发表学术论文二十余篇。

**谭华霖**　北京航空航天大学法学院教授（院聘），法学博士，硕士生导师，兼任中国政法大学知识产权研究中心副主任、秘书长、研究员，从事知识产权、电子商务法、网络法研究，在核心期刊上发表二十余篇论文，多篇论文被《新华文摘》、人大报刊复印资料全文转载或摘编，承担国家级、省部级研究项目十余项。

**赵占领**　北京志霖律师事务所副主任、中国政法大学知识产权中心特约研究员、中国网络诚信联盟法律顾问、北京市企业法治与发展研究会“互联网与传媒法律研究中心”副主任、“经济之声”和《法制日报》特约评论员。长期从事网络与电子商务法、知识产权、企业法律风险控制等领域的研究与实务工作，曾担任腾讯公司政策研究总监和风行网法务部总监。现为百度、腾讯、今日头条、滴滴出行等二十余家知名互联网企业的常年法律顾问。

# 内容简介

电子商务的快速发展滋生了众多的法律问题，国内立法和理论研究逐渐深入，众多的法学和电子商务本科专业把“电子商务法”列入人才培养方案。本教材为适应“电子商务法”教学需要而撰写，为国内电子商务法学教材的奠基之作。第一版系统回答了什么是电子商务和电子商务法、电子商务法的基本制度、电子商务信息交易如何进行等基本问题；第二版构建了一个由总论、实体、程序三大部分组成的科学合理的教材体系结构；第三版增加了典型案例和扩展阅读，帮助学生更加系统地掌握电子商务法理论知识，提高实践运用能力；第四版开展了立体化教材建设，进一步方便师生对本教材的使用。本教材共有三编九章，连续入选国家“十一五”、“十二五”国家级规划教材。

# 总　序

曾宪义

在人类文明与文化的发展中，中华民族曾作出过伟大的贡献，不仅最早开启了世界东方文明的大门，而且对人类法治、法学及法学教育的生成与发展进行了积极的探索与光辉的实践。

在我们祖先生存繁衍的土地上，自从摆脱动物生活、开始用双手去进行创造性的劳动、用人类特有的灵性去思考以后，我们人类在不断改造客观世界、创造辉煌的物质文明的同时，也在不断地探索人类的主观世界，逐渐形成了哲学思想、伦理道德、宗教信仰、风俗习惯等一系列维系道德人心、维持一定社会秩序的精神规范，更创造了博大精深、义理精微的法律制度。应该说，在人类所创造的诸种精神文化成果中，法律制度是一种极为奇特的社会现象。因为作为一项人类的精神成果，法律制度往往集中而突出地反映了人类在认识自身、调节社会、谋求发展的各个重要进程中的思想和行动。法律是现实社会的调节器，是人民权利的保障书，是通过国家的强制力来确认人的不同社会地位的有力杠杆，它来源于现实生活，而且真实地反映现实的要求。因而透过一个国家、一个民族、一个时代的法律制度，我们可以清楚地观察到当时人们关于人、社会、人与人的关系、社会组织以及哲学、宗教等诸多方面的思想与观点。同时，法律是一种具有国家强制力、约束力的社会规范，它以一种最明确的方式，对当时社会成员的言论或行动作出规范与要求，因而也清楚地反映了人类在各个历史发展阶段中对于不同的人所作出的种种具体要求和限制。因此，从法律制度的发展变迁中，同样可以看到人类自身不断发展、不断完善的历史轨迹。人类社会几千年的国家文明发展历史已经无可争辩地证明，法律制度乃是维系社会、调整各种社会关系、保持社会稳定的重要的工具。同时，法律制度的不断完善，也是人类社会文明进步的显著体现。

由于发展路径的不同、文化背景的差异，东方社会与西方世界对于法律的意义、底蕴的理解、阐释存有很大的差异，但是，在各自的发展过程中，都曾比较注重法律的制定与完善。中国古代虽然被看成是“礼治”的社会、“人治”的世界，被认为是“只有刑，没有法”的时代，但从《法经》到《唐律疏议》、《大清律例》等数十部优秀成文法典的存在，充分说明了成文制定法在中国古代社会中的突出地位，唯这些成文法制所体现出的精神旨趣与现代法律文明有较大不同而已。时至20世纪初叶，随着西风东渐、东西文化交流加快，中国社会开始由古代的、传统的社会体制向近现代文明过渡，建立健全的、符合现代理性精神的法律文明体系方成为现代社会的共识。正因为如此，近代以来的数百年间，在西方、东方各主要国家里，伴随着社会变革的潮起潮落，法律改革运动也一直呈方兴未艾之势。

从历史上看，法律的文明、进步，取决于诸多的社会因素。东西方法律发展的历史均充分证明，推动法律文明进步的动力，是现实的社会生活，是政治、经济和社会文化的变迁；同时，法律内容、法律技术的发展，往往依赖于一大批法律专家以及更多的受过法律教育的社会成员的研究和推动。从这个角度看，法学教育、法学研究的发展，对于法律文明的发展进步，也有着异常重要的意义。正因为如此，法学教育和法学研究在现代国家的国民教育体系和科学研究体系中，开始占有越来越重要的位置。

中国近代意义上的法学教育和法学研究，肇始于19世纪末的晚清时代。清光绪二十一年（公元1895年）开办的天津中西学堂，首次开设法科并招收学生，虽然规模较小，但仍可以视为中国最早的近代法学教育机构（天津中西学堂后改名为北洋大学，又发展为天津大学）。三年后，中国近代著名的思想家、有“维新骄子”之称的梁启超先生即在湖南《湘报》上发表题为《论中国宜讲求法律之学》的文章，用他惯有的富有感染力的激情文字，呼唤国人重视法学，发明法学，讲求法学。梁先生是清代末年一位开风气之先的思想巨子，在他的辉煌的学术生涯中，法学并非其专攻，但他仍以敏锐的眼光，预见到了新世纪中国法学研究和法学教育的发展。数年以后，清廷在内外压力之下，被迫宣布实施“新政”，推动变法修律。以修订法律大臣沈家本为代表的一批有识之士，在近十年的变法修律过程中，在大量翻译西方法学著作，引进西方法律观念，有限度地改造中国传统的法律体制的同时，也开始推动中国早期的法学教育和法学研究。20世纪初，中国最早设立的三所大学——北洋大学、京师大学堂、山西大学堂均设有法科或法律学科目，以期“端正方向，培养通才”。1906年，应修订法律大臣沈家本、伍廷芳等人的奏请，清政府在京师正式设立中国第一所专门的法政教育机构——京师法律学堂。次年，另一所法政学堂——直属清政府学部的京师法政学堂也正式招生。这些大学法科及法律、法政学堂的设立，应该是中国历史上近代意义上的正规专门法学教育的滥觞。

自清末以来，中国的法学教育作为法律事业的一个重要组成部分，随着中国社会的曲折发展，经历了极不平坦的发展历程。在20世纪的大部分时间里，中国社会一直充斥着各种矛盾和斗争。在外敌入侵、民族危亡的沉重压力之下，中国人民为寻找适合中国国情的发展道路而花费了无穷的心力，付出过沉重的代价。从客观上看，长期的社会骚动和频繁的政治变迁曾给中国的法治与法学带来过极大的消极影响。直至70年代末期，以“文化大革命”宣告结束为标志，中国社会从政治阵痛中清醒过来，开始用理性的目光重新审视中国的过去，规划国家和社会的未来，中国由此进入长期稳定、和平发展的大好时期，以这种大的社会环境为背景，中国的法学教育也获得了前所未有的发展机遇。

从宏观上看，实行改革开放以来，经过二十多年的努力，中国的法学教育事业所取得的成就是辉煌的。首先，经过“解放思想，实事求是”思想解放运动的洗礼，在中国法学界迅速清除了极左思潮及苏联法学模式的一些消极影响，根据本国国情建设社会主义法治国家已经成为国家民族的共识，这为中国法学教育和法学研究的发展奠定了稳固的思想基础。其次，随着法学禁区的不断被打破、法学研究的逐步深入，一个较为完善的法学学科体系已经建立起来。理论法学、部门法学各学科基本形成了比较系统和成熟的理论体系和学术框架，一些随着法学研究逐渐深入而出现的法学子学科、法学边缘学科也渐次成型。1997年，国家教育主管部门和教育部高校法学学科教学指导委员会对原有专业目录进行了又一次大幅度调整，决定自1999年起法学类本科只设一个单一的法学专业，按照一个专业招生，从而使法学学科的布局更加科学和合理。同时，在充分论证的基础上，确定了法学专业本科教学的14门核心课程，加上其他必修、选修课程的配合，由此形成了一个传统与更新并重、能够适应国家和社会发展需要的教学体系。法学硕士和博士研究生及法律硕士专业学位研究生的专业设置、课程教学和培养体系也日臻完善。再次，法学教育的规模迅速扩大，层次日趋齐全，结构日臻合理。目前中国有六百余所普通高等院校设置了法律院系或法律本科专业，在校本科学生和研究生已达二十余万人。除本科生外，在一些全国知名的法律院校，法学硕士研究生、法律硕士专业学位研究生、法学博士研究生已经逐步成为培养的重点。

众所周知，法律的进步、法治的完善，是一项综合性的社会工程。一方面，现实社会关系的发展，国家政治、经济和社会生活的变化，为法律的进步、变迁提供动力，提供社会的土壤。另一方面，法学教育、法学研究的发展，直接推动法律进步的进程。同时，全民法律意识、法律素质的提高，则是实现法治国理想的关键的、决定性的因素。在社会发展、法学教育、法学研究等几个攸关法律进步的重要环节中，法学教育无疑处于核心的、基础的地位。中国法学教育过去二十多年所走过的历程令人激动，所取得的成就也足资我们自豪。随着国家的发展、社会的进步，在21世纪，我们面临着更严峻的挑战和更灿烂的前景。“建设世界一流法学教育”，任重道远。

首先，法律是建立在经济基础之上的上层建筑，以法治为研究对象的法学也就成为一门实践性很强的学科。社会生活的发展变化，势必要对法学教育、法学研究不断提出新的要求。经过二十多年的奋斗，中国改革开放的前期目标已顺利实现。但随着改革开放的逐步深入，国家和社会的一些深层次问题，比如说社会主义市场经济秩序的真正建立、国有企业制度的改革、政治体制的完善、全民道德价值的重建、环境保护和自然资源的合理利用等等，也已经开始浮现出来。这些复杂问题的解决，无疑最终都会归结到法律制度的完善上来。建立一套完善、合理的法律制度，构建理想的和谐社会，乃一项持久而庞大的社会工程，需要全民族的智慧和努力。其中的基础性工作，如理论的论证、框架的设计、具体规范的拟订、法律实施中的纠偏等等，则有赖于法学研究的不断深入，以及高素质人才特别是法律人才的养成，而培养法律人才的任务，则是法学教育的直接责任。

其次，21世纪是一个多元化的世纪。20世纪中叶发生的信息技术革命，正在极大地改变着我们的世界。现代科学技术，特别是计算机网络信息技术的发展，使传统的生活方式、思想观念发生了根本的改变，并由此引发许多人类从未面对过的问题。就法学教育而言，在21世纪所要面临的，不仅是教学内容、研究对象的多元化问题，而且还有培养对象、培养目标的多元化、教学方式的多元化等一系列问题，这些问题都需要法学界去思考、去探索。

中国人民大学法学院建立于1950年，是新中国诞生后创办的第一所正规高等法学教育机构。在半个多世纪的岁月中，中国人民大学法学院以其雄厚的学术力量、严谨求实的学风、高水平的教学质量以及丰硕的学术研究成果，在全国法学教育领域处于领先地位，并开始跻身于世界著名法学院之林。据初步统计，中国人民大学法学院已经为国家培养法学专业本科生、硕士生、博士生一万余人，培养各类成人法科学生三十余万人。经过多年的努力，中国人民大学法学院形成了较为明显的学术优势，在现职教师中，既有一批资深望重、在国内外享有盛誉的法学前辈，更有一大批在改革开放后成长起来的优秀中青年法学家。这些老中青法学专家多年来在勤奋研究法学理论的同时，也积极投身于国家的立法、司法实践，对国家法制建设贡献良多。

有鉴于此，中国人民大学法学院与中国人民大学出版社经过研究协商，决定结合中国人民大学法学院的学术优势和中国人民大学出版社的出版力量，出版一套“21世纪法学系列教材”。自1998年开始编写出版本科教材，包括按照国家教育部所确定的法学专业核心课程和其所颁布印发的《全国高等学校法学专业核心课程基本要求》而编写的14门核心课程教材，也包括法学各领域、各新兴学科教材及教学参考书和案例分析在内，到2000年12月3日在人民大会堂大礼堂召开举世瞩目的“21世纪世界百所著名大学法学院院长论坛暨中国人民大学法学院成立五十周年庆祝大会”之时，业已出版了50本作为50周年院庆献礼，到现在总共出版了80本。为了进一步适应高等法学教育发展的形势和教学改革的需要，最近中国人民大学法学院与中国人民大学出版社决定将这套教材扩大为四个系列，即：“本科生用书”、“法学研究生用书”、“法律硕士研究生用书”以及“司法考试用书”，总数将达二百多本。我们设想，本套教材的编写，将更加注意“高水准”与“适用性”的合理结合。首先，本套教材将由中国人民大学法学院具有全国影响的各学科的学术带头人领衔，约请全国高校优秀学者参加，形成学术实力强大的编写阵容。同时，在编写教材时，将注意吸收中国法学研究的最新的学术成果，注意国际学术发展的最新动向，力求使教材内容能够站在21世纪的学术前沿，反映各学科成熟的理论，体现中国法学的水平。其次，本套教材在编写时，将针对新时期学生特点，将思想性、学术性、新颖性、可读性有机结合起来，注意运用典型生动的案例、简明流畅的语言去阐释法律理论与法律制度。

我们期望并且相信，经过组织者、编写者、出版者的共同努力，这套法学教材将以其质量效应、规模效应，力求成为奉献给新世纪的精品教材，我们诚挚地祈望得到方家和广大读者的教正。

2006年7月1日

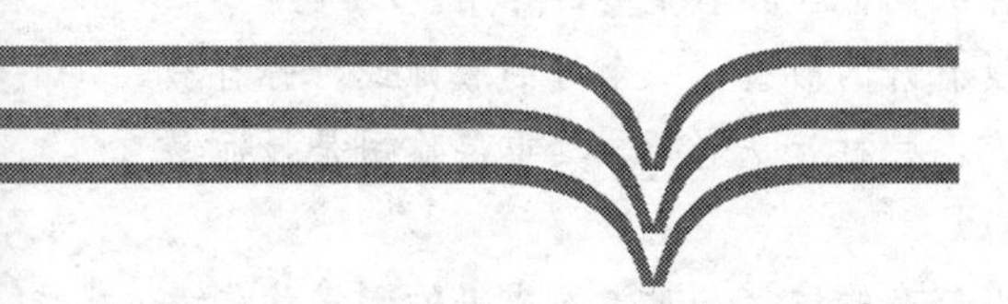

# 序　言

王利明

法学教育是高等教育的重要组成部分，是建设社会主义法治国家、构建社会主义和谐社会的重要基础，并居于先导性的战略地位。在我国社会转型的新世纪、新阶段，法学教育不仅要为建设高素质的法律职业共同体服务，而且要面向全社会培养大批治理国家、管理社会、发展经济的高层次法律人才。近年来，法学教育取得了长足的进步，法科数量增长很快，教育质量稳步提高，培养层次日渐完善，目前已经形成了涵盖本科生、第二学士学位生、法学硕士研究生、法律硕士研究生、法学博士研究生的完整的法学人才培养体系，接受法科教育已经成为莘莘学子的优先选择之一。随着中国法治事业的迅速发展，我们有理由相信，中国法学教育的事业大有可为，中国法学教育的前途充满光明。

教育的基本功能在于育人，在于塑造德才兼备的高素质人才。法学教育的宗旨并非培养只会机械适用法律的“工匠”，而承载着培养追求正义、知法懂法、忠于法律、廉洁自律的法律人的任务。要完成法学教育的使命，首先必须认真抓好教材建设。我始终认为，教材是实现教育功能的重要工具和媒介，法学教材不仅仅是法学知识传承的载体，而且是规范教学内容、提高教学质量的关键，对法学教育的发展有着不可估量的作用。

第一，法学教材是传授法学基本知识的工具。初学法律，既要有好的老师，又要有好的教材。正如冯友兰先生所言：“学哲学的目的，是使人作为人能够成为人，而不是成为某种人。其他的学习（不是学哲学）是使人能够成为某种人，即有一定职业的人。”一套好的教材，能够高屋建瓴地展示法律的体系，能够准确简明地阐释法律的逻辑，能够深入浅出地叙述法律的精要，能够生动贴切地表达深奥的法理。所以，法学教材是学生学习法律的向导，是学生步入法律殿堂的阶梯。如果在入门之初教材就有偏颇之处，就可能误人子弟，学生日后还要花费大量时间与精力来修正已经形成的错误观念。

第二，法学教材是传播法律价值理念的载体。好的法学教材不仅要传授法学知识，更要传播法律的精神和法治的理念，例如对公平、正义的追求，尊重权利的观念。本科、研究生阶段的青年学子，正处在人生观、价值观形成的阶段，一套优秀的法学教材，对于他们价值观的塑造和健全人格的培养具有重要意义。

第三，法学教材是形成职业共同体的主要条件。建设社会主义法治国家，有赖于法律职业共同体的生成。一套好的法学教材，向法律研习者传授共同的知识，这对于培养一个接受共同的价值理念、共同的法律思维、共同的话语体系的法律共同体，具有重要的作用。

第四，法学教材是所有法律研习者的良师益友。没有好的教材，一个好的教师或可弥补教材的欠缺和不足，但对那些没有老师指导的自学者而言，教材就是老师，其重要作用是显而易见的。

长期以来，在我们的评价体系中，教材并没有获得应有的注重，对学术成果的形式优先考虑的往往是专著而非教材。在不少人的观念中，教材与创新、与学术精品甚至与学术无缘。其实，要真正写出一部好的教材，其难度之大、工作之艰辛、影响之深远，绝不低于一部优秀的专著，它甚至可以成为在几百年甚至更长的时间内发挥作用的传世之作。以查士丁尼的《法学阶梯》为例，所谓法学阶梯，即法学入门之义，就是一部教材。但它概括了罗马法的精髓，千百年来，一直是人们研习罗马法最基本的著述。日本著名学者我妻荣说过，大学教授有两大任务：一是写出自己熟悉的专业及学术领域的讲义乃至教科书；二是选择自己最有兴趣、最看重的题目，集中精力进行终生的研究。实际上，这两者是相辅相成的。写出一部好教材，必须要对相关领域形成一个完整的知识体系，还要能以深入浅出的语言将问题讲清楚、讲明白。没有编写教材的基本功，实际上也很难写出优秀的专著。当然，也只有对每一个专题都有一定研究，才能形成对这个学术领域的完整把握。

虽然近几年我国法学教育发展迅速，成绩显著，但是法学教育也面临许多挑战。各个学校的师资队伍和教学质量参差不齐，这就更需要推出更多的结构严谨、内容全面、角度各有侧重、能够适应不同需求的法学教材，为提高法学教学和人才培养质量、保障法学教育健康发展提供前提条件。

长期以来，中国人民大学法学院始终高度重视教材建设。作为新中国成立后建立的第一所正规的法学教育机构，中国人民大学法律系最早开设了社会主义法学教学课堂，编写了第一套社会主义法学讲义，培养了新中国第一批法学本科生和各学科的硕士生、博士生，产生了新中国最早的一批法学家和法律工作者。中国人民大学法律系因此被誉为“新中国法学教育的工作母机”。半个多世纪以来，中国人民大学法学院为社会主义法制建设培养了大批优秀的法律人才，并为法学事业的振兴和繁荣作出了卓越贡献，也因此成为引领中国法学教育的重镇、凝聚国内法律人才的平台和沟通中外法学交流的窗口，并在世界知名法学院行列中崭露头角。为了对中国法学教育事业作出更大的贡献，我们有义务也有责任出版一套体现我们最新研究成果的法学教材。

承蒙中国人民大学出版社的大力支持，我们组织编写了本套教材，其中包括本科生用书、法律硕士研究生用书、法学研究生用书和司法考试用书四大系列，分别面向不同层次法科教育需求。编写人员以中国人民大学法学院教师为主，反映了中国人民大学法学院整体的研究实力和学术视野。相信本套教材的出版，一定能够为新时期法学教育的繁荣发展发挥应有的作用。

是为序。

2006年7月10日

# 第四版编写说明

互联网发展一日千里，互联网十已经成为国家战略，移动互联网、云计算、大数据等新一代互联网技术正蓬勃发展，电子商务法也已列入十二届全国人大常委会立法计划，电子商务法学作为一个部门法学正在兴起。越来越多的学校法学本科专业开设电子商务法选修课程，本书第三版出版已过四年，三大诉讼法、广告法、消费者权益保护法等一系列法律都被修订，增加了电子商务及互联网元素，此次修订在保持第三版整体框架的基础上根据最新的立法与实践做了适当修改，第三版第八章关于虚拟财产、外挂、有害软件等电子商务热点法律问题，今天早已不再热门甚至被有效解决，因而在本版中被删除。

为了进一步方便师生对本书的使用，第四版开展立体化教材建设，构建了 rdeclaw.newiplaw.com 教材专题网站，提供系统化的课件、案例等电子资源，同时为教材每章节后的法律法规、深度阅读资料提供相关链接。

本书第四版由张楚担任主编，张樊、谭华霖、赵占领担任副主编。全书的第四版修订统稿工作由张樊完成，最终由张楚审定。书中仍难免有不妥之处，恳请专家学者指正。本书主编电子邮件地址：cuplprof@qq.com。

张　楚

2016 年 8 月

# 编写说明

人类已经踏入21世纪，这是一个由原子向比特转变的信息化、网络化的时代。计算机与通信技术的融合与发展所引起的人类社会的变革之一，就是商事交易的电子化、网络化。电子商务的迅速崛起与广泛应用，促成了电子商务法的形成与发展。这是商法制度反映商事交易规则的必然要求。纵观全球，从发达国家到一些发展中国家，都纷纷制定了电子商务法，以保障和促进电子商务这一新兴市场和相关产业的蓬勃发展。联合国和其他一些国际组织，为了迎接全球电子商务时代的到来，也正在积极制定国际性的电子商务规则。可以毫不夸张地说，电子商务法将是21世纪占主导地位的商事交易法。因而研究与推广电子商务法理论，就成为当代法学工作者，特别是商法学者义不容辞的责任。

就直接用途来讲，本书是为适应电子商务法教学需要而撰写的，可适用于法学专业本科高年级开设的“电子商务法”选修课，也可作为民商法学、国际经济法学等研究生的必修教材，同时还可作为我国高等院校新开设的“电子商务”专业教材之一。从法律学科建设的意义上讲，本书则是为开拓21世纪商法学的新领域而作出的尝试。

要较为系统地介绍电子商务法，就必须回答什么是电子商务和电子商务法；电子商务法的基本制度有哪些；电子商务信息交易如何进行等基本问题。因此，本书共分为三编。第一编由第一章“电子商务法概述”构成，是对第一个问题“什么是电子商务和电子商务法”的论述；第二编由第二章、第三章、第四章组成，是对“电子商务法的基本制度有哪些”的探讨；而第五章、第六章、第七章，则是对“电子商务信息交易如何进行”的阐述。本书三编之间存在着一定的联系。第一编是关于电子商务法的总论，论述了该法的调整对象、基本原则与特征等基础性的问题。第二编是对狭义电子商务法基本制度的介绍，它包括数据电信、电子签名、电子认证三项基本制度。由于这些都是论述电子商务交易形式的，也都是有关交易程式方面问题的，因而可统称为电子商务法程式规范论。第三编则是关于电子商务交易实体关系方面的问题，相当于电子商务法各论。这一部分本来还应当有很多内容，由于篇幅、课时所限，只选择论述了诸如电子信息交易、电子支付等有电子商务特点的问题。

由于电子商务法的立法与研究，在我国刚刚开始，尚缺乏丰富的理论准备与实践经验，本书在介绍本国立法及草案的同时，还将通过对国际组织及外国的电子商务法律文件的介绍与分析，从而找出一些规律性的东西。然而，电子商务法是一个全新的商事法律领域，从电子商务法的基本概念，到具体制度，以至于其理论体系，都没有现成的学说或完善的立法可供借鉴。所以，如果读者能通过本书的学习而对电子商务法的概念及基本体系有一个大致的了解，作者就十分欣慰了。既然本书是一次尝试，谬误之处就在所难免，作者留下电子邮箱地址：chuzhang@163bj. com，热诚欢迎各界贤达多提意见。

**作者**

2001年2月

# 目　录

## 总　论

第一章　电子商务法导论 …… 3
　第一节　电子商务概论 …… 3
　第二节　电子商务法的一般理论 …… 6
　第三节　国际电子商务立法 …… 11
　第四节　我国电子商务立法的思考 …… 15

## 实体篇

第二章　电子商务主体法律制度 …… 23
　第一节　电子商务法律主体概述 …… 23
　第二节　在线自然人用户 …… 25
　第三节　电子商务企业 …… 31
　第四节　电子商务主体的认定 …… 36
　第五节　网络服务提供商的侵权责任 …… 38
第三章　电子合同法律制度 …… 44
　第一节　电子合同概述 …… 44
　第二节　电子合同的成立 …… 49
　第三节　电子合同的生效 …… 55
　第四节　电子合同的履行与违约救济 …… 62
第四章　电子签名与电子认证法律制度 …… 69
　第一节　电子签名法律制度 …… 69
　第二节　电子认证法律制度 …… 83

**第五章　电子支付法律制度** …… 95
第一节　电子支付概述 …… 95
第二节　电子资金划拨关系与规范 …… 100
第三节　电子货币与虚拟货币的法律问题 …… 104
第四节　网络银行的法律制度 …… 111
第五节　非金融机构支付服务的法律问题 …… 116
**第六章　电子商务中的知识产权问题** …… 121
第一节　域名权 …… 121
第二节　域名争议及其解决机制 …… 128
第三节　电子商务中的著作权保护 …… 134
第四节　电子商务专利 …… 148
**第七章　电子商务市场规制** …… 157
第一节　网络广告法律 …… 157
第二节　垃圾邮件的规范治理 …… 163
第三节　电子商务税收法律问题 …… 166
第四节　电子商务消费者权益的保护 …… 172

## 程序篇

**第八章　网络案件的管辖及争端解决机制** …… 183
第一节　网络纠纷案件的司法管辖 …… 183
第二节　网络纠纷案件司法管辖的法律冲突 …… 189
第三节　构筑网络在线争端解决机制 …… 203
**第九章　电子商务中的证据法律制度** …… 209
第一节　电子数据概述 …… 209
第二节　电子数据国内外立法现状 …… 213
第三节　电子数据的收集、保全与认定 …… 222

# 总　论

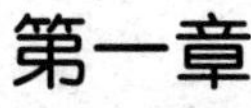

# 第一章 电子商务法导论

重点知识

1. 电子商务对传统法律的挑战。
2. 电子商务法的概念和调整范围。
3. 技术中立原则的含义。

## 第一节 电子商务概论

电子商务法，是随着电子通信技术在商事领域的广泛而综合地应用所新兴起的一个商事法律领域。作为一种商事法律规范体系，它是电子商务活动实践的产物。认识电子商务法、了解其特征，有必要首先从研究电子商务的基本概念开始。

### 一、什么是电子商务

21 世纪以来，计算机网络技术的飞速发展带来了商业运行模式的深刻变革。2016 年元月，中国互联网络信息中心（CNNIC）发布第 37 次《中国互联网络发展状况统计报告》（以下简称为《报告》）。《报告》显示，截至 2015 年 12 月，中国网民规模达 6.88 亿，互联网普及率达到 50.3%，半数中国人已接入互联网（参见图 1—1）。同时，移动互联网塑造了全新的社会生活形态，“互联网+”行动计划不断助力企业发展，互联网对于整体社会的影响已进入到新的阶段。伴随着网民人数的增加，网络普及率不断提高，通过互联网进行商务活动已经成为现代人生活的一部分。但对于什么是电子商务迄今尚无普遍接受的确切定义。从字面理解，电子商务就是“电子技术+商务活动”。这里有一个界定商务的范围和电子化范围的问题。一般而言，可以在广义和狭义两种含义上使用电子商务的概念。

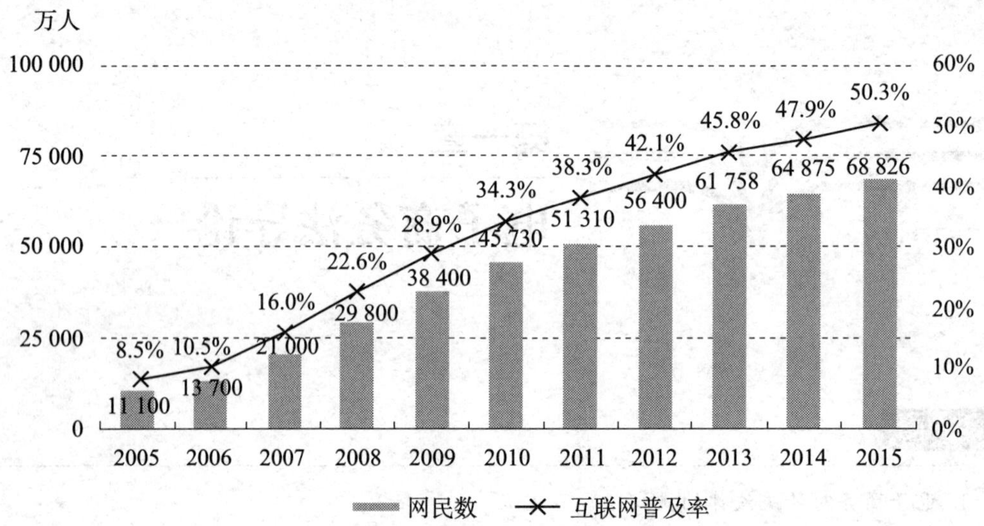


**图 1—1　中国网民规模和互联网普及率**

图片来源：CNNIC 中国互联网络发展状况统计调查（2015.12）

### （一）广义上的电子商务

广义的电子商务，就是指一切以电子技术手段所进行的、一切与商业有关的活动。

首先，这里所谓的“电子技术”，是一个开放的概念，它包括但不限于电子通信与电子计算技术。美国《统一电子交易法》对电子的解释是：“电子，是指电讯、数字、磁力、无线、光学、电磁技术，以及与相关或相似的技术。”以联合国国际贸易法委员会制订的《电子商务示范法》中的术语来解释，所谓电子技术手段，就是“数据电文”，是指由电子手段、光学手段或类似手段生成、储存或传递的信息，这些手段包括但不限于电子商务交换（EDI）、电子邮件、电报、电传或传真。

其次，这里所谓的“商务”，正如《电子商务示范法》对“电子商业（商务）”中的“商业”一词所作的解释：“包括不论是契约型或非契约型的一切商务性质的关系所引起的种种事项。商务性质的关系包括但不限于下列交易：供应或交换货物或服务的任何贸易交易；分销协议；商务代表或代理；客账代理；租赁；工厂建造；咨询；工程设计；许可贸易；投资；融资；银行业务；保险；开发协议或特许；合营或其他形式的工业或商务合作；空中、海上、铁路或公路的客、货运输。”

这也就是说，所有这些商业活动运用了“数据电文”就是电子商务。这是一种广义的理解。

### （二）狭义的电子商务

狭义的电子商务，则是指以互联网为运行平台的商事交易活动，即 I-COMMERCE。这是当前发展最快，前途最广的电子商务的形式，是电子商务的主流。目前企业界所说的电子商务，一般是指互联网电子商务，即 I-COMMERCE。

首先，狭义的电子商务利用计算机网络进行的商务活动，是利用现有的计算机硬件设备、软件设备和网络基础设施，通过一定的协议连接起来的电子网络环境进行商务活动的方式。IT 行业是电子商务基础设施和环境营造者、电子商务业务推动者，无论是国际商会，还是惠普公司、IBM公司或SUN公司基本上都认为，电子商务是利用现有的计算机硬件设备、软件设备和网络基础设施，通过一定的协议连接起来的在网络环境进行商务活动。

其次，如果将商务圈定在交易范畴内，那么电子商务只包括不同主体之间通过互联网完成的商务活动，所有这些商务活动都是一种交易，都需要订立合同或契约，而不是单纯的信息传递。这种意义上的电子商务被称为狭义的电子商务。狭义的电子商务也可以称为在线交易(on-line transaction)。

## 二、电子商务的特征

电子商务本质上仍然是一种商务活动，其与传统商务的不同之处就在于利用了现代通信技术，因而具有以下特点，这些特点有助于人们进一步地理解电子商务。

第一，电子商务构造了虚拟商业环境。电子商务广泛采用先进的网络通信技术作为营销手段，可以将各类商业活动所需要的信息完整地再现出来，完成意思的传递、合意的达成、钱款的支付以及除实体商品交付外的部分物流的转移等商业活动，因此，经济学界认为电子商务构成了一个异于现实社会的虚拟商业环境，称为虚拟市场或虚拟商业。虚拟只是一种比喻，它只是描述不同于现实物理世界的网上世界，仍然是一种真实存在。

第二，电子商务能够跨越时间和空间的局限性，真正实现了贸易的全球化。从空间概念上看，电子商务所构成的新的空间范围以前是不存在的，这个依靠互联网所形成的空间范围与领土范围不同，它没有地域界限，在这个空间范围活动的主体主要是通过互联网网络彼此发生联系。从时间概念上看，电子商务没有时间上的间断，在线商店是每天24小时开业的。特别是移动电子商务的迅猛发展，让交易双方更是突破了时间与空间的束缚。虚拟市场上的这种新的竞争形式正在波及人们非常熟悉的实体市场，这个现实是任何人都不可以忽视的。

第三，电子商务实现了信息化和无纸化交易。在电子商务的交易中，传统记载交易者意思和交易内容的纸张被电子信息这一新的介质所替代。这些电子信息可以借助于相应的计算机软硬件工具和网络环境方便地读取。当然，必要时，这些电子信息也可以转化为书面的文件。

第四，交易自动化、迅捷化。在以网络为基础的社会中，产品信息、供求信息、订约信息等在弹指之间便可传递到世界各地。这不仅使产品行销更加方便，而且使商家与商家、商家与消费者之间的沟通和达成交易变得更为迅捷和有效。因此，电子商务是低成本和高效率的。

## 三、电子商务对传统法律的挑战

电子商务作为商务形式的革命，其赖以运行的方式、手段与环境，在为商界带来新的机会的同时也带来了全新的法律问题。

### (一) 交易无纸化

电子商务的突出特点是信息数字化（或电子化）和网络化，数据电文的应用带来了管理信息、财务记录、交易记录等完全电子化、网络化，如何保证这些信息安全并具有证据效力就是必须解决的问题。而在交易合同方面，因当事人的意思表示主要以电子化的形式存储于计算机硬盘或其他电子介质，不仅容易被涂擦、删改、复制、遗失，而且不能脱离其记录工具（计算机）而作为证据独立存在。电子商务法需要解决由于内部记录、电子合同等信息介质改变而引起的电子证据效力的电子记录规则、签章有效性、电子合同订立和履行等方面的问题。

#### （二）交易环境的改变

互联网商务没有地域界限，任何人均可随时从事国际贸易；在线商业活动每天 24 小时不间断营业，全球营业。这就为确定交易发生地或行为地、发生的时间带来困难。

网络构筑了一个区别于现实社会的虚拟商业环境，但是，法律首先不承认虚拟，法律必须帮助人们确定和判断谁在跟你进行交易。于是交易主体身份认证和信用信息服务成为新的服务领域。

网上购物的便捷性在给消费者带来方便的同时，也对消费者保护提出了挑战。在远距离在线购物出现质量出现问题时，如何进行退赔、修理或其他方式的救济，在虚拟环境中交易，遇上欺诈（付款不给货或给次货，或者付货不给钱）如何救济。法律需要寻求在电子商务环境下执行《消费者权益保护法》的方法和途径，制定网上消费者保护的特殊法，以增加消费者在线消费的信心。

目前，“云计算”和“大数据”带来信息技术领域的革命。“云计算”让数据通过互联网进行存储和交付，数据的拥有者不能控制，甚至不知道数据的存储位置，具有全球性。这样会给各国的法律管辖权、用户数据和隐私权的保护带来极大的挑战。“大数据”是以容量大、类型多、存取速度快、应用价值高为主要特征的数据集合，正快速发展为对数量巨大、来源分散、格式多样的数据进行采集、存储和关联分析，从中发现新知识、创造新价值、提升新能力的新一代信息技术和服务业态。“大数据”会带来数据本身的法律属性、模式的合法性等法律问题。

#### （三）交易内容的变化

在网络时代信息本身成为交易标的物，信息产品既可以以有形载体存在，也可以以无形的载体存在，而网络又使得没有任何载体的信息交易成为可能。数字化技术使许多原来需要纸、磁介质、物理介质传递信息制品，如书、软件、音乐、影视剧等，现在可以在线下载、阅读、收看等，现在信息脱离了载体成为独立的可交易“财产”。而传统有关贸易的法律基本上是针对有形货物的，而不针对无形信息产品。因此，信息产品的法律规范成为电子商务法要解决的问题。

另外，电子商务同时还引发了许多新的问题，如电子代理人责任，订立电子合同时电子代理人的地位及其责任的归属，电子商务交易的隐私权保护、知识产权保护，网络服务提供商的责任，网络信息提供者的义务，以及一些企业不当使用电子方式展示企业形象、展示商品而引起一些传统法律体系中没有的不正当竞争行为。上述这些问题都是对传统法律制度的挑战，问题的解决需要探讨新的法律规则。

## 第二节　电子商务法的一般理论

### 一、电子商务法的概念和调整范围

#### （一）电子商务法的概念

一般认为，法律是调整特定社会关系或社会行为的行为规范。电子商务的发展和自身的规范要求导致电子商务法的产生。顾名思义，电子商务法是调整电子商务活动或行为的法律规范的总和。但是，正如我们在第一节指出的，对于电子商务存在着不同的理解，这就会使电子商务法调整范围显得难以把握和统一。

我们认为，电子商务法的基础是电子商务活动（尽管对于商务有广义和狭义两种理解）。电子商务作为一种商务活动，属于商事行为范畴，应当遵循传统商法的一般规则。而之所以要产生一个新的法律调整电子商务，是因为这些商务活动移至网上进行，其传导介质、交易手段和交易环境发生了重大变化，导致传统的商法难以解决因采用电子商务方式而引起的相关问题。最重要的是，电子商务是在网络环境下、采用数据电讯（Data Message）为交易手段的商务。因此，电子商务法首先解决因使用数据电讯而引起的法律问题。它所解决的问题集中于计算机网络通信记录与电子签字效力的确认、电子鉴别技术的选定、安全标准与认证机构的确立，及其权利义务的确定等方面。这些实质上都是解决电子商务交易形式和流程问题的规范。联合国《电子商务示范法》首先采纳了这种思路和观点，这一做法被许多国家所效仿制定类似电子商务法或电子交易法，旨在解决电子商务形式问题。于是大多数学者认为，电子商务法即是调整以数据电讯为交易手段而形成的因交易形式所引起的商事关系的规范体系。

但是，电子商务法不仅调整交易形式，而且调整交易本身和交易引起的特殊法律问题。例如在线货物买卖、在线信息产品交易、在线服务、在线特殊交易，以及由此而引起的法律问题。

所以，电子商务法不是试图涉及所有的商业领域，重新建立一套新的商业运作规则，而是将重点放在探讨因交易手段和交易方式的改变而产生的特殊商事法律问题。这也就界定了电子商务法研究的范围：电子商务法主要研究商业行为在因特网环境下的特殊问题。

### （二）狭义的电子商务法

调整以数据电讯为内容的电子商务法被称为狭义的电子商务法。狭义电子商务法强调电子商务行为手段，其任务是，在电子通信技术的商业化应用上，建立一个使之顺畅运行的法律平台，亦即要从法律上造成一个使各种通信技术都能畅通无阻的应用于其中的商事交易活动的环境。狭义的电子商务法，是商法在计算通信环境下的发展，是商事法新的表现形式，它必然以商事关系为其调整对象，但是该种商事关系又有着以下一些特点：

第一，它是以数据电讯为交易手段的商事关系。换言之，凡是以口头或传统的书面形式所进行的商事关系，都不属于电子商务法的调整范围。

第二，该商事关系是由于交易手段的使用而引起的，一般不直接涉及交易方式的实质条款。因为交易手段只是交易行为构成中的表意方式部分，而并非法律行为中的意思本身，亦不充当交易标的物。

第三，该商事关系并不直接以交易的标的为其权利义务内容，而是以交易的形式为其内容，即因交易形式的应用而引起的权利义务关系。诸如对电子签字的承认、对私用密钥的保管责任等，均属此类。

### （三）广义的电子商务法

广义电子商务法更加强调电子商务中交易行为本身及其由此引出的其他问题，既注重形式方面的规范，又注重电子交易内容规范，将电子商务法视为调整电子商务形式和内容两个方面行为的规范总和。广义的电子商务法主要调整以下内容：

1. 电子商务网站建设及其相关法律问题

电子商务网站是电子商务运营的基础。在电子商务环境下，交易双方的身份信息、产品信息、意思表示（合同内容）、资金信息等均需要通过网站发布、传递和储存。规范电子商务网站建设是电子商务法的首要任务。在通过中介服务商提供的平台进行交易的情况下，电子商务法必须确定中介服务商的法律地位和法律责任。同时电子商务法也需要确定在电子商务平台上设立电子商务网站、设立虚拟企业进行交易的主体之间的法律关系，确定电子商务网站与进入网站购物的消费者之间的法律关系。电子商务法还需要明确因为电子商务网站运作不当，如传输信息不真实、无效等引起交易损失时，网站应当承担的责任和相对人获得法律救济途径和方法。

2. 在线交易主体及市场准入问题

在现行法律体制下，任何长期固定从事营利性事业的主体都必须进行工商登记。在电子商务环境下，任何人不经登记就可以借助计算机网络发出或接收网络信息，并通过一定程序与其他人达成交易。虚拟主体的存在使电子商务交易安全性受到严重威胁。电子商务法首先要解决的问题就是确保网上交易主体的真实存在，且确定哪些主体可以进入虚拟市场从事在线业务。目前，在线交易主体的确认只是 个网上商业的政府管制问题，主要依赖工商管理部门的网上商事主体公示制度和认证中心的认证制度加以解决。

3. 数据电文引起的法律问题

电子商务的突出特点是信息数字化（或电子化）和网络化，一方面企业内部信息和文档电子化，另一方面表现为对外交易联络、记录的电子化，尤其是电子合同的应用，带来了许多法律问题。就前一方面而言，数据电文的应用带来了管理信息、财务记录、交易记录等完全电子化、网络化，如何保证这些信息安全并具有证据效力就是必须解决的问题。而在后一方面，因所有当事人的意思表示主要以电子化的形式存储于计算机硬盘或其他电子介质，这些记录方式不仅容易被涂擦、删改、复制、遗失，而且不能脱离其记录工具（计算机）而作为证据独立存在。电子商务法需要解决由于内部记录、电子合同而引起的诸多问题，突出表现有效电子记录规则、签字有效性、电子合同订立和履行等方面的问题。

4. 网上电子支付问题

在电子商务简易形式下，支付往往采用汇款或交货付款方式，而典型的电子商务则是在网上完成支付的。网上支付通过信用卡制和虚拟银行的电子资金划拨来完成。而实现这一过程涉及网络银行与网络交易客户之间的协议、网络银行与网站之间的合作协议以及安全保障问题。因此，需要制定相应的法律，明确电子支付的当事人（包括付款人、收款人和银行）之间的法律关系，制定相关的电子支付制度，认可电子签字的合法性。同时还应出台对于电子支付数据的伪造、变造、更改、涂销问题的处理办法。

5. 电子商务市场规制问题

电子商务市场规制包括了对在线不正当竞争行为规制、在线消费者权益保护、垃圾邮件的法律管制以及恶意软件的规制、网上税收等问题。在线市场的虚拟性和开放性，网上购物的便捷性使消费者权益保护成为突出的问题。法律需要寻求在电子商务环境下执行《消费者权益保护法》的方法和途径，切实维护消费者权益。垃圾邮件和恶意软件等问题严重制约了电子商务的良性发展，如何进行立法规制，进行有效的监管是电子商务法律必须要解决的问题。此外，如何对电子商务进行征税是全球性问题，是税收管理在电子商务领域的延伸，探索电子商务征税的有效方法是税法的一个重要任务，也是电子商务的衍生法律问题。

6. 网上个人隐私保护问题

计算机和网络技术为人们获取、传递、复制信息提供了方便，但网络的开放性和互动性又给个人隐私保护带来麻烦。在线消费（购物或接受信息服务）均需要将个人资料传送给银行和商家，而对这些信息的再利用成为网络时代普遍现象。如何规范银行和商家的利用行为，保护消费者的隐私权成为一个新的棘手问题。这一问题的实质是消费者权益保护、树立消费者信任的重要组成部分。

7. 在线交易法律适用和管辖冲突问题

电子商务的本质是商务。虽然在线交易是在“网络”这个特殊的“虚拟环境”中完成的，但实体社会的商法框架和体系对电子商务仍然有效，电子商务法只是解决在线交易中的特殊法律问题。这里面就存在一个现有法律法规的适用问题。由于互联网具有超地域性，法院管辖范围也需要进行相应的调整。因此，对于网络环境引起的法律适用和法院管辖等问题的研究也就成为电子商务法的重要组成部分。

**案例 1—1**

原告系某电大女生，被告为某网络信息服务公司。原告于 2000 年上半年在被告网上订购了“KOSE 特效银杏减肥啫哩”一瓶，后发现系假货。为进行网上购物纠纷诉讼之需，原告于 2000 年 8 月 29 日前往公证处，申请对其在网上购物的整个过程进行保全证据。于是在公证员在场的情况下，原告操作计算机在被告的网上订购了“美好化妆品专卖店（化名）”的护肤品中心的“KOSE 特效银杏减肥啫哩”一瓶，价值人民币 88 元，并在订货表上确认了送货地点和送货时间。公证员在该时间至原告家中等候。届时，该化妆品专卖店的一名送货员将原告订购的“KOSE 特效银杏减肥啫哩”一瓶送到，原告付清货款人民币 88 元后，在送货单上签字后，当场取得盖有该化妆品有限公司的发票专用章的发票和送货单各一张。嗣后，经中日合资春丝丽有限公司上海分公司及高丝国际贸易（上海）有限公司工作人员证实，该产品并非日本 KOSE 公司制造。为此，原告诉至法院，要求根据《消费者权益保护法》的规定，判令被告承担退一赔一的民事责任，共计人民币 176 元；并赔偿公证费 400 元。

另查，被告系外商独资企业。2000 年 6 月 28 日被告与筹建中的美好化妆品有限公司（化名，以下简称美好公司）签订了合作协议书，协议书就美好公司在被告的网上设立网上专卖店销售其经营的系列产品事宜，确定了合作原则、合作目标、协议签订的必要条件、合作方式、双方责任与义务、信息确认及结算方式、纠纷处理等条款。根据协议，美好公司应支付被告一次性店铺入驻费 1 000 元，一次性网页制作费 5 000 元，一次性商品登录费 1 000 元和每月网页维护费 500 元；被告在商家专卖区域设立美好公司的网上专卖店标志；顾客将在美好公司的网上专卖店内选购物品，被告及时将顾客订单 e-mail 传递给美好公司；美好公司负责开具发票及产品送达事宜，并负责产品的质量保证和售后服务。

请问：本案属于哪种电子商务的交易形式？谁是本案中的交易当事人？谁应当对原告的损

失承担法律责任？本案涉及了哪些电子商务法律问题？

## 二、电子商务法的性质与特征

电子商务法是一个非常庞杂的法律体系，涉及许多领域，既包括传统的民法领域如合同法、著作权法等，又有新的领域如数字签字法、数字认证法等，这些法律规范从总体上属于商法范畴。商法是公法干预下的私法，它是以任意性规范为基础，同时有许多强制性规范，甚至在有些规范中更多的是强制性规范而不是任意性规范。

传统商法的主要特点是习惯性和无国界性。商法一开始只是商人在商业交往中自然形成的行业惯例，并随商业的扩展而扩散各地。现代大陆法国家的商法均走向制定法或成文法，而且表现出强烈的强制色彩。制定法使现代商法呈现出一定地域色彩，但在商事行为法或交易法领域亦呈现世界性趋同趋势。国际贸易的发展，使得商事法具有了较高程度的超地域性，而这种全球化特征在电子商务法中表现得更为突出。这是因为网络没有中心，也没有国界，在网络环境中的商务活动也不受国界的限制。这种状况决定了电子商务许多领域的问题只有国际社会采取一致规则才能解决，也只有进行广泛的合作才能有成效。因此，在电子商务立法过程中，国际社会特别是联合国起到了非常重要的作用。它较早地制定了供各国参照模仿及补充适用的示范法，起到了统一观念和原则的作用，为世界电子商务立法的协调一致奠定了基础。因此，电子商务法首要特征是全球性。

电子商务法是在 21 世纪占主导地位的商事交易法，它具有以下两个基本特征：其一，它以商人的行业惯例为其规范标准；其二，它具有跨越任何国界、地域的，全球化的天然特性。

互联网络是现代通信技术的代表，以网络为手段的商务活动规则也必然带有一定的技术特征。这种特征主要表现在四个方面：

（1）程式性。电子商务法一般不直接涉及交易的具体内容，即当事人享有的权利和义务，而主要调整当事人之间因交易形式的使用而引起的权利义务关系，即有关数据电讯是否有效，是否归属于某人，电子签字是否有效，是否与交易的性质相适应，认证机构的资格如何，它在证书颁发与管理中应承担何种责任等问题。

（2）技术性。在电子商务法中，许多法律规范都是直接或间接地由技术规范演变而成的，特别是在数字签字和数字认证中使用的密钥技术、公钥技术、数字证书等均是一定技术规则的应用。实际上，网络本身的运作也需要一定的技术标准，各国或当事人若不遵守，就不可能在开放环境下进行电子商务交易。

（3）开放性。电子商务法是关于以数据电讯进行意思表示的法律制度，而数据电讯在形式上是多样化的，并且还在不断发展之中。因此，必须以开放的态度对待任何技术手段与媒介，设立开放型的规范，让各种有利于电子商务发展的设想和技术都能发挥作用。

（4）复合性。电子商务交易关系的复合性源于其技术手段上的复杂性和依赖性。它通常表现为当事人必须在第三方的协助下完成交易活动。比如在合同订立中，需要有网络服务商提供接入服务，需要有认证机构提供数字证书等；在电子支付中需要有银行提供网络化服务。

## 三、电子商务法的作用

电子商务法的作用主要体现在以下三个方面：

1. 为电子商务的健康、快速发展创造一个良好的法律环境

随着信息高速公路和互联网技术的迅速普及，电子邮件和电子数据交换等现代化通信手段在商务交易中的使用正在急剧增多，且可望得到进一步的发展。然而，以非书面的电文形式来传递具有法律意义的信息，可能会因使用这种电文所遇到的法律障碍或这种电文法律效力或有效性的不确定性而受到影响；制定起草电子商务法的目的，是要向电子商务的各类参与者提供一套虚拟环境下进行交易的规则，说明怎样去消除此类法律障碍，如何为所谓的“电子商务”创造一种比较可靠的法律环境，克服电子商务所遇到的法律障碍。

2. 法律是保障网络交易安全的重要手段

一谈到交易安全，人们首先想到的是技术保障措施，例如防火墙（fire wall）技术。但是，单纯技术仍难以完全保障电子商务的交易安全，更何况技术本身也需要法律规范。因此，电子商务安全仍然需要法律保障。

电子商务安全问题涉及两个方面，一个是交易安全，另一个是信息和网络安全。这两个安全问题往往又交织在一起，没有信息网络安全，就没有交易安全。我国目前还没有出台专门针对电子商务交易的法律法规，其主要原因是上述两个方面的法律制度尚不完善，因而面对迅速发展的电子商务，难以出台较为完善的安全保障规范性条文。

在我国电子商务法尚未出台的情况下，目前仍然应当抓紧已经公布的有关交易安全和计算机安全的法律法规的落实，保护电子商务交易的正常进行，并在此基础上不断探索，逐步建立适合中国国情的电子商务的法律制度。

3. 鼓励利用现代信息技术促进交易活动

电子商务法的目标包括促进电子商务的普及或为此创造方便条件，平等对待基于书面文件的用户和基于数据电文的用户，充分发挥高科技手段在商务活动中的作用等。这些目标都是促进经济增长和提高国际、国内贸易效率的关键所在。从这一点讲，电子商务立法的目的不是要从技术角度来处理电子商务关系，而是创立尽可能安全的法律环境，以便有助于电子商务参与各方高效率地开展贸易和服务活动。

# 第三节　国际电子商务立法

随着电子商务的迅猛发展，世界各国也都纷纷行动起来，试图制订适合并促进电子商务发展的规范。综观全球，电子商务立法速度之快、范围之广，是其他领域的立法行动所不能比拟的。

## 一、国际电子商务立法概况

### （一）电子商务早期立法

电子商务的国际立法是随着信息技术的发展而展开的。20 世纪 80 年代初，由于计算机技术已有相当发展，一些国家和企业开始大量使用计算机处理数据，从而引起了一系列计算机数据的法律问题，例如计算机数据的“无纸化”特点与商业文件的“纸面”要求的冲突。早期的国际电子商务立法主要是围绕着电子数据交换（EDI）规则的制订展开的。1979 年，美国标准化委员会制订了 ANSI/ASC/X12 标准。1981 年欧洲国家推出第一套网络贸易数据标准，即《贸易数据交换指导原则》（GTDI）。1984 年，联合国国际贸易法委员会（UNCITRAL）提交了《自动数据处理的法律问题》的报告，建议审视有关计算机记录和系统的法律要求，从而揭开了电子商务国际立法的序幕。

1990 年 3 月，联合国正式推出了 UN/EDIFACT 标准，并被国际标准化组织正式接受为国际标准 ISO9735。UN/EDIFACT 标准的推出统一了世界贸易数据交换中的标准，使得利用电子技术在全球范围内开展商务活动有了可能。此后，联合国又先后制定了《联合国行政商业运输电子数据交换规则》《电子数据交换处理统一规则（UNCID）》等文件。1993 年 10 月，联合国国际贸易法委员会电子交换工作组 26 届会议全面审议了《电子数据交换及贸易数据通讯有关手段法律方面的统一规则草案》，形成了国际 EDI 法律基础。

电子商务发展早期由于受到网络技术发展的限制，国际电子商务立法只能局限于 EDI 标准和规则的制订，其影响也是有限的。

### （二）电子商务法律框架形成时期

1. 国际（地区性）组织

20 世纪 90 年代初，随着互联网商业化和社会化的发展，从根本上改变了传统的产业结构和市场的运作方式。在商界积极地探索和运用这种新经济模式的同时，国际组织和一些国家也积极地探索规范这种经济运行的法律体制，以便为新经济运行提供安全有序的法律环境。这一立法努力仍然是由联合国为先导的。

1996 年 6 月联合国国际贸易法委员会通过了《电子商务示范法》。它是经过众多的国际法律专家多次集体讨论后制定的，意在向各国政府的执行部门和议会提供电子商务立法的原则和框架，尤其是对以数据电文为基础的电子合同订立和效力等作出了开创性规范，成为各国制定本国电子商务法规的“示范文本”。

1999 年 9 月 17 日，联合国国际贸易法委员会电子商务工作组颁布了《电子签字统一规则（草案）》，旨在解决障碍电子交易形式推广应用的基础性问题——电子签字及其安全性、可靠性、真实性问题。草案提出电子签字与强化电子签字的概念，并对电子签字、认证证书及认证机构等作了规范。之后，联合国国际贸易法委员会电子商务工作组广泛吸取了一些国家已经生效的，或正在起草的立法文件的经验，于 2001 年 3 月 23 日正式公布了《电子签字示范法》。

其他国际组织或地区性组织也积极参与电子商务立法和国家之间电子商务共同原则的探索和制定。国际商会、经济合作和发展组织（以下简称“经合组织”，OECD）、欧盟等是这方面工作的积极推动者。

国际商会于 1997 年月 11 月 6 日通过的《国际数字保证商务通则（GUIDEC)》，试图平衡不同的法律体系，为电子商务提供指导性政策，并统一有关术语。另外，国际商会目前正在制定《电子贸易和结算规则》等交易规则。

1998 年 10 月，经合组织（OECD）公布了三个重要文件：《OECD 电子商务行动计划》《有关国际组织和地区组织的报告：电子商务的活动和计划》《工商界全球商务行动计划》，作为 OECD 发展电子商务的指导性文件。

欧盟于 1997 年提出《关于电子商务的欧洲建议》，1998 年又发表了《欧盟电子签字法律框架指南》和《欧盟关于处理个人数据及其自由流动中保护个人的指令》（或称《欧盟隐私保护指令》），1999 年发布了《数字签字统一规则草案》。这些地区性组织通过制订电子商务政策，努力协调内部关系，并积极将其影响扩展到全球。

2000 年，欧盟将电子商务立法作为它启动欧洲网络经济发展的重要环节，计划完成电子商务的立法，包括对版权的规定、远程金融服务的规定、电子银行的规定、电子商务的规定等。此外，在布鲁塞尔-罗马条约中还讨论了合同法、网上争端解决办法等立法程序。

世界贸易组织（WTO）于 1997 年达成三个协议，为电子商务和信息技术的稳步有序发展奠定了基础。这三个协议是：《全球基础电信协议》《信息技术协议》《开放全球金融服务市场协议》。另外，WTO 对于贸易领域的电子商务已提出了工作计划，拟议中的立法范围主要包括：(1) 跨境交易的税收和关税问题；(2) 电子支付问题；(3) 网上交易规范问题；(4) 知识产权保护问题；(5) 个人隐私；(6) 安全保密；(7) 电信基础设施问题；(8) 技术标准问题；(9) 普遍服务问题；(10) 劳动力问题；(11) 政府引导作用问题。

2. 主要国家的立法努力

美国是电子商务的主导国家。1994 年 1 月，美国宣布国家信息基础设施计划，1997 年 7 月 1 日颁布《全球电子商务纲要》，正式形成美国政府系统化电子商务发展政策和立法规划。

全国统一州法委员会（National Conference of Commissioners of Uniform State Law，NCCUSL）于 1999 年 7 月通过了《统一电子交易法》，现在已经为大多数州批准生效。2000 年 9 月 29 日全国统一州法委员会发布了《统一计算机信息交易法》，并向各州推荐采纳。另外，美国还制定颁布了《国际与国内商务电子签字法》。

1999 年 12 月 14 日，美国公布了世界上第一个 Internet 商务标准（The Standard for Internet Commerce，Version 1.0，1999）。这一标准是由 Ziff-Davis 杂志牵头，组织了 301 位世界著名的 Internet 和 IT 业巨头、相关记者、民间团体、学者等制定的。整个标准分 7 项、47 款；每一款项都注明是“最低要求”还是“最佳选择”。如果一个销售商宣称自己的网上商店符合这一标准，那它必须达到所有的最低标准。虽然这并不是一个法律文本，但有理由相信它在相当程度上规范了利用 Internet 从事零售业的网上商店需要遵从的标准。

许多国家也在立法上对电子商务及时作出了反映，一方面对原有法律进行修订和补充，另一方面针对电子商务产生的新问题，制定新的法律。后一方面的工作最初是从电子签字开始的，即通过立法确认数字签字的法律效力。自美国犹他州 1995 年制定了世界上第一部《数字签字法》后，英国、新加坡、泰国、德国等国也开展了这方面的立法。此后，各国针对电子商务的有关问题，如公司注册，税收、交易安全等都制定了相当一批单项法律和政策规则。

随着网络经济的迅猛发展，电子商务立法引起了各国政府的重视，许多国家开始制定综合性的法律以促进和规范电子商务的发展。据联合国国际贸易法委员会统计，截止 2013 年年底，已经有三十余个国家和地区通过了综合性的电子商务立法。它们是：新加坡《电子商务法》（1998）；美国伊利诺伊州《电子商务安全法》（1998）；美国《统一电子商务法》（1999）；加拿大《统一电子商务法》（1999）；韩国《电子商务基本法》（1999）；百慕大群岛《电子交易法》（1999）；哥伦比亚《电子商务法》（1999）；澳大利亚《电子交易法》（1999）；中国香港特别行政区《电子交易法令》（1999）；法国《信息技术法》（2000）；菲律宾《电子商务法》（2000）；爱尔兰《电子商务法》（2000）；斯洛文尼亚《电子商务和电子签字法》（2000）等。

## 二、国际电子商务立法的特点

1. 同步性。从 1995 年世界上第一部电子商务立法即美国犹他州的《数字签名法》问世以来，短短十余年时间，世界上有近百个国家和国际组织已经制定或正在研究相应的电子商务法，可以说各国基本上是同步进行的。

2. 协调性。不论是有关国际组织还是有关国家，在制定相应的电子商务法时，都呼吁也都注重相互之间的协调与衔接。各国立法的协调与互动，促使电子商务法规范的趋同。这种协调性既体现在联合国国际贸易法委员会制定的《电子商务示范法》的成果上，又体现在各国在其国内立法中相互参照、取长补短、力求兼容之中。

3. 立、改、废并重。电子商务面临的法律问题主要是传统民商事法律规范造成的障碍。因此，各国在加快电子商务立法进程中，都注重对不合时宜的现行法律法规进行修改或废止。①

## 三、国际电子商务立法的启示

### （一）商事法律是当代经济发展的至为重要的社会资源

为何如此众多的国家与组织都积极进行电子商务法的立法活动，其重要原因，就是期望赶上世界信息经济的浪潮，取先发之优势。不仅美国、俄罗斯这样的技术大国是这样，就连马来西亚、阿根廷等发展中国家也不甘落后。这些国家的电子商务立法活动，往往是与其信息化建设的目标紧密联系的，或者为扫除障碍，或者为提供强有力的保障。例如，美国在发展其国内“信息高速公路”计划时，首先所做的工作，就是废除 20 世纪 30 年代制定的电信管理法案。无独有偶，马来西亚作为亚洲第一个进行综合性电子商务立法的国家，也有着同样的背景，即该国已在立法的同时，提出了建设“信息走廊”的计划。这些都或多或少说明，商事法律是当代经济发展的至为重要的社会资源。特别是在信息经济条件下，经济发展的最关键资源不在于土地、资金，而在于大脑和社会环境。电子商务的发展最急需的条件是什么？笔者以为，目前最缺乏的，不是硬件和技术，而是缺乏规范、缺乏网络交易的信用。要抓住机遇，不被信息化浪潮所淘汰，就应当在电子商务立法上立即行动起来，不可半点迟疑。

---

① 参见李适时：《各国电子商务法》，49、50 页，北京，中国法制出版社，2003。

**（二）国际商事法律的统一将首先在电子商务法上实现**

前一点启示，是由全球电子商务立法的迅速发展中所思考而得出的；而全球电子商务立法的兼容性特点，又促使人们联想到国际商事法律的统一化问题。如果说国际商法将实现统一，那么其聚集点将首先集中在电子商务法的统一上。全球经济一体化，是当代世界经济发展的重要特征，它是以最新的计算通信技术为其物质基础的。而以开放性、兼容性、交互性等特征，打破时空界线，则是当代计算通信技术应用的基本功能。建立在这样一个坚实的技术与经济的基础上的国际商法的统一化，将是指日可待的。任何国家、地区，乃至个人的故步自封、闭关自守，都是对技术、经济规律的违背，都将无异于自我淘汰。

# 第四节　我国电子商务立法的思考

## 一、我国电子商务立法的现状

“电子商务法”已列入第十二届全国人民代表大会常务委员会的立法规划，2013 年年底全国人民代表大会财政经济委员会成立电子商务法起草组，在总结实践经验、代表建议和各方意见的基础上，确定了起草工作计划、指导思想和立法原则，形成了法律草案稿。我国电子商务立法伴随着电子商务的开展而逐渐推进并完善，往往体现了“地方先行、行业先行”的特点，即立法首先以地方法规的形式出现，或者在行业中通过对相对成熟的规则进行总结，最后上升为国家层次的立法。目前我国电子商务领域立法多为实质意义上的电子商务法，属于广义上的电子商务法，以规制计算机和网络内容管制居多。以下介绍近年来通过的比较重要的法律法规，以及政策性规定乃至行业规范，有些规范性文件虽然不具有强制性法律效力，但对于电子商务领域的交易秩序维护，具有不可忽视的重要作用，因而也加以介绍。

*1. 法律层面*

（1）《合同法》

第九届全国人民代表大会第二次会议 1999 年通过的《合同法》第 11 条规定，“书面形式是指合同书、信件和数据电文（包括电报、电传、传真、电子数据交换和电子邮件）等可以有形地表现所载内容的形式。”我国为了保护电子商务的发展，将数据电文归于书面形式，具有书面形式的法律效力。尽管这种立法体例与全球普遍做法相违背，而且并未从根本上改变以书面形式进行重大交易行为的规范体系，但其明显的进步性是不能否认的，客观上推动了电子商务的发展。

（2）《侵权责任法》

第十一届全国人民代表大会常务委员会第十二次会议 2009 年通过的《侵权责任法》第 36 条规定：“网络用户、网络服务提供者利用网络侵害他人民事权益的，应当承担侵权责任。网络用户利用网络服务实施侵权行为的，被侵权人有权通知网络服务提供者采取删除、屏蔽、断开链接等必要措施。网络服务提供者接到通知后未及时采取必要措施的，对损害的扩大部分与该网络用户承担连带责任。网络服务提供者知道网络用户利用其网络服务侵害他人民事权益，未采取必要措施的，与该网络用户承担连带责任。”这对电子商务经营者的侵权责任作了规定，明确了电子商务经营者承担侵权责任的通知规则和知道规则。

(3)《电子签名法》

2005 年 4 月 1 日《电子签名法》正式实施。这是我国电子商务和信息化领域第一部专门的法律，通过确立电子签名法律效力、规范电子签名行为、维护有关各方合法权益，从而从法律制度上保障电子交易安全，促进电子商务和电子政务的发展，同时为电子认证服务业的发展创造了良好的法律环境，为我国电子商务安全认证体系和网络信任体系的建立奠定了重要基础。

为了配套《电子签名法》的实施，工业与信息化部（原信息产业部）2005 年 2 月 8 日发布实施了《电子认证服务管理办法》，以电子认证服务机构为主线，重点围绕电子认证机构的设立、电子认证服务行为的规范、对电子认证服务提供者实施监督管理等内容作出明确的规定。2005 年 3 月 31 日国家密码管理局颁布了《电子认证服务密码管理办法》，主要规定了面向社会公众提供认证服务应使用商业密码，明确了电子认证服务提供者申请“国家密码管理机构同意使用密码的证明文件”的条件和程序。

2. 行政法规层面

(1)《互联网信息服务管理办法》

2000 年国务院发布实施的《互联网信息服务管理办法》将互联网信息服务区分为“经营性”与“非经营性”两类，并分别实施“许可”与“备案”制度。作为经营性互联网信息服务的电子商务经营者，应当向省、自治区、直辖市电信管理机构或者国务院信息产业主管部门申请办理互联网信息服务增值电信业务经营许可证。与此同时，从事新闻、出版、教育、医疗保健、药品和医疗器械等互联网信息服务，需要有关行政主管部门前置审批。这是电子商务经营者市场准入的基础门槛。

(2)《信息网络传播权保护条例》

2006 年国务院发布实施了《信息网络传播权保护条例》，对包括网络著作权的合理使用、法定许可、避风港原则、版权管理技术等一系列内容作了相应规定，区分了著作权人、电子商务服务商、用户的权益，较好地做到了产业发展与权利人利益、公众利益的平衡，为电子商务中的著作权法律保护奠定了基础。

3. 部门规章

随着电子商务的深入发展，各行业主管部门陆续制定规章，对一些特殊行业网络经营行为加以规范。如：2004 年 7 月 8 日，国家食品药品监督管理局公布了《互联网药品信息服务管理办法》；2005 年 10 月 26 日，中国人民银行发布了《电子支付指引（第一号）》；2005 年 11 月 7 日，工业与信息化部（原信息产业部）发布了《互联网电子邮件服务管理办法》；2006 年 1 月 26 日，中国银行业监督委员会发布了《电子银行业务管理办法》；2010 年 6 月 14 日，中国人民银行颁布了《非金融机构支付服务管理办法》等。

4. 地方性法规

包括北京、上海、天津、湖北、湖南等我国绝大部分省、自治区、直辖市相继通过了信息化方面的地方法规，均对电子商务有所涉及。如 2007 年 12 月 1 日正式实施的《北京市信息化促进条例》第 26 条规定，“在本市从事互联网信息服务活动的，应当按照国家规定办理相应许可或者履行备案手续。利用互联网从事经营活动的单位和个人应当依法取得营业执照，并在网站主页面上公开经营主体信息、已取得相应许可或者备案的证明、服务规则和服务流程等相应信息。”

除此之外，有些省市还通过了专门的电子商务地方性法规。如广东省 2002 通过的《广东省电子交易条例》等。

5. 电子商务行业规范

在电子商务法律缺位的情况下，行业规范是一种重要的补充，能够规范和引导电子商务企业走上健康有序的竞争之路。目前，在网络服务商责任、恶意软件等电子商务热点领域，在各行业协会的组织下，出台了一批行业规范。2005 年中国电子商务协会组织网络交易平台服务商共同制定的《网络交易平台服务规范》被称为电子商务领域的首个行业规范，其确立了网络交易平台提供商的责任和权限，对网络交易服务进行了全面的规范。

面对互联网恶意软件的盛行，网民的各种权益受到损害，中国互联网协会也采用行业自律的形式，组织对恶意软件的讨论并加以定义，于 2006 年 12 月 27 日组织会员单位签署了《抵制恶意软件自律公约》。

## 二、我国电子商务立法的模式选择

立法模式的选择不仅取决立法的目标，即立法所要解决的实际问题，还要考虑一国的立法体制同时借鉴国外的成功经验。我国电子商务的立法模式，是学者们讨论较为热烈的问题，焦点集中在所谓综合立法还是单行立法问题上，具体模式如下：

第一，先分别立法，即首先解决电子商务发展过程中遇到的现实问题，制定单行法规，如电子签字和认证法、电子合同规则、电子支付规则、电子提单规则、电子商务税收征收办法、网络广告规则等，待时机成熟后，再进行综合立法。这种方法的优点是，能够及时解决电子商务发展过程中的具体问题，并能够在实践中不断积累经验，逐步提出比较完善的综合立法的思路。这种方法的缺点是缺乏宏观思考，全局性不足，各单行法规很难实现统一性和一体性。而且，很容易沿袭传统的按行业和部门归属立法的弊端。

第二，先着手综合立法，形成我国电子商务立法的综合思路，出台电子商务基本法，然后对各个具体问题制定单行规则。对于电子商务这样一个发展十分迅速的新生事物，其立法应当反映现实并服务于现实，这是理所当然的，但立法超前性的指导意义也是非常重要的。“先综合立法后分别立法”的思路有利于从宏观上把握电子商务这一新事物的发展趋势，有利于统一电子商务活动中关键问题的看法。基本法制定出来，指导实践，规范实践，但不要限制实践的发展。如果立法不适应了，还可以修正。而且，由于电子商务所依赖的信息技术发展迅速，所制定的单行法规也需要经常修改和变动。这种修改和变动，如果没有综合的思路和统一的目标，很可能会产生诸多自身的问题和相互矛盾的问题。

我国目前立法模式总体上是遵循“先分别立法、后综合立法”的思路。这对于解决电子商务发展具体问题固然有及时的优点，但正如前文所言，也会沿袭条块分割的立法不统一弊端。各个部门和地方之间立法的不一致所导致的法律适用上的困难，实际上是不利于电子商务的发展的。因而，制定电子商务领域基本法是当前学界研究和立法实践应当重视的问题。

## 三、我国电子商务立法指导思想与原则

电子商务法属于商法范畴，商法存在的基础和必要性是确保交易安全。同样，电子商务立法的主要目的也应当是交易安全的保护。具体地说，电子商务立法旨在为电子商务提供一个透明的、稳定的、有效的行为规则，以使在线经营者有一个稳定和安全的预期，提供一个和谐统一的法律环境，维护交易安全，保护公平竞争，保护消费者权益，保护知识产权，保护个人隐私。在制定强制性规范的同时，也应当为当事人意思自治留有余地，或者鼓励在电子商务领域行业自治和当事人自治，鼓励商界探索新的规则，使限制性的规定建立在维护交易安全合理基础上。

从上述指导思想出发，我们建议我国电子商务立法应采纳以下原则：

### （一）与国际电子商务规范接轨原则

电子商务是无地域界线或超国界的商业方式，因此，它比传统商业活动更需要采取统一规则。在这方面，联合国国际贸易法委员会《电子商务示范法》率先确立了一些基本原则，为电子商务立法基本原则统一奠定了基础。事实上，之后许多国家立法均采纳了示范法的基本原则。因此，我国电子商务立法也应当尽量与联合国《电子商务示范法》保持一致，这样有利于我国电子商务规范与世界接轨。与此同时，吸收其他国际组织和发达国家成熟的立法经验，既可以避免走弯路，同时也可以减少摩擦和规则冲突，使我国立法一开始就融入全球电子商务大环境中。

### （二）技术中立原则

技术中立原则是指政府或立法机构对于各种有关电子商务的技术、软件、媒体等采取中立的态度，由实际从事电子商务者和信息服务中介商自己根据技术发展选择采取新的或与国际社会接轨的技术，政府应当不偏不倚，鼓励新技术的采用和推广。只有这样才能建立开放的、全球性的电子商务运行的法制环境。

电子商务法旨在提供必不可少的程序和原则，以利于在各种不同情况下使用现代技术记录和传递信息。但是，在电子商务法的起草过程中不应偏重任何技术手段。例如，电子商务法不应当确定相当于任何一种书面文件的计算机技术等同物，相反，电子商务法只需要提出书面形式要求中的基本作用，以其作为标准。任何数据电文，不管采用什么技术，一旦达到这些标准，即可同起着相同作用的相应书面文件一样，享受同等程度的法律认可。

技术中立原则还意味着，电子商务立法必须考虑信息技术的高速发展趋势，为新技术的采纳留有余地，或者不应排斥新技术的采纳，以适应电子技术和电子商务模式的新发展。

### （三）促进交易原则

促进交易原则可以从两个角度来理解。从政策的角度理解即是采取适当的鼓励措施，促进电子商务交易形式的普及和运用。电子商务需要法律规制，电子商务也需要政府管制，但是，所有这些强制性规制只是为了给电子商务创造一个良好的法律环境和制度保障。尤其是电子商

务还是一种新生事物，许多规范尚需要探索和实践，国家应当鼓励商界自觉探索。在市场准人方面，应当降低市场准入门槛，但规范交易行为；在税收方面应鼓励企业采取电子商务，同时积极寻找课税的新途径和新方法。

从法律规范的角度，促进原则表现为尽可能地为当事人自治和行业自治原则留有余地，在交易某些领域的法律规范仍然强调引导性、任意性，为当事人全面表达与实现自己的意愿，预留充分的空间；在法律实施领域坚持私法自治原则，只要现行法律没有禁止的，就是允许的或者不视为违法，只要法律没有强制规定，那么当事人之间安排就是合法的。这种态度有利于商家不断地探索电子商务运行的经验和习惯，有利于形成成熟的行为规范。可以说，促进交易是任意性规范的法理基础之一。

### （四）安全原则

商法的基本目标是保障商事交易安全，而电子商务法更是如此。电子商务法是在虚拟的环境中运行，在线交易给人们带来效率的同时，也带来不安全因素。因为在线交易是全球性的、非面对面的交易、是以电子信息或数据电讯为手段的，这里不仅有传统法律环境下的不安全，如对方丧失履约能力，而且存在特有的风险，比如交易当事人是否真实存在、资信如何等。因此，电子商务法具有特有的保障其交易安全的规范，如数字签字、身份认证制度等。

安全原则也电子商务立法中的强制性规范立法的基础。在民商事交易领域，法律之所以对主体资格、契约形式、契约效力等存在强制性规范，其目的就是为保障交易安全。例如对认证程序和认证机构的强制性规定，对网上交易格式条款的监督、对网上广告的监督、对缔结过程的提示义务的规定等强制性规定均是为了保护交易的安全和公平。

### （五）保护消费者权益原则

电子商务的繁荣最终要依赖消费者的参与，如果在电子商务活动中，消费者利益得不到保护，就不可能有持续发展的电子商务。而且，电子商务是在虚拟环境（网络环境）下运行的，其交易环境的非透明度、交易过程的非直接性、交易手段的非纸面性等特征，不仅增加消费者受损害的机会，而且会导致消费者的不信任。为此，世界各国普遍把保障交易安全，增加消费者的信任作为发展电子商务首先要解决的问题。对网络交易的消费者权益维护除了适用传统的消费者权益保护法外，还要针对网上交易的特点对消费者实施特殊的保护。因此，除了制定专门的针对网上消费者权益保护的特殊法外，还应在网上交易的各个环节的规定中注重保护消费者的利益。

**案例 1—2**

温州某生产法兰（一种管道工程中常用的盘状零件）的企业，在网上看到一家信息公司发布的交易额为 400 万元的外发订单信息。在网上和发布该信息的公司洽谈后，温州企业派人到北京和这家信息公司签订了意向书，内容是该信息公司向温州企业介绍一家河北的外贸公司来采购法兰零件。之后温州企业的外派人员又被领到河北，准备与外贸公司签订定做法兰零件的协议。协议规定生产工期为 1 年，预付款为 30%，后期合作由交易双方自行保障，此间温州企业需向信息公司缴纳 2 万元信息费。据温州企业的外派人员说，北京这家信息公司有专门的办公楼，经营执照、公章也齐全。后来该温州公司在网上查了一下，发现有其他商户投诉该信息公司发布虚假信息的帖子，就及时终止了交易。①

请问：本案中该信息公司是否涉嫌欺诈？如何加强识别网上订单信息真实性的能力？从电子商务法律应遵循的基本原则角度，如何来看待本案中的问题？

## 法条链接

1.《中华人民共和国合同法》第十一条

2. 全国人民代表大会常务委员会关于维护互联网安全的决定

## 深度阅读

1. 郑远民，李俊平．新加坡电子商务法最新发展及对我国的启示．湖南师范大学社会科学学报，2012（5）

2. 高富平．从电子商务法到网络商务法——关于我国电子商务立法定位的思考．法学，2014（10）

3. 李适时．各国电子商务法．北京：中国法制出版社，2003

4. 王利明主编．电子商务法律制度：冲击与因应．北京：人民法院出版社，2005

5. 阚凯力，张楚．外国电子商务法．北京：北京邮电大学出版社，2001

## 问题与思考

1. 试论述电子商务法的性质及其与传统商法的关系。

2. 简述电子商务法的调整对象与范围。

3. 试述国外电子商务立法的发展对我国电子商务立法的启示，并分析我国电子商务立法的差距和出路。

4. 思考“云计算”和“大数据”带来的法律新问题。

① 本案例选自赵楠：《当网上生意出现纠纷》，载《电子商务世界》，2007（9）。

# 实体篇

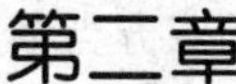

# 第二章 电子商务主体法律制度

**重点知识**

1. 网络隐私权的内容。
2. 网站设立的法律制度。
3. 网络服务商的侵权责任。

## 第一节　电子商务法律主体概述

### 一、主体的概念

电子商务法律主体是指电子商务法律关系的参加者，也即在电子商务法律关系中享有权利和承担义务的个人或者组织。法律是调整人的社会行为的规范，法律的调整角度一般是主体和行为，调整电子商务领域的法律规范同样如此。在此意义上，电子商务法律制度主要就是电子商务主体法律制度和行为法律制度。因此，探讨电子商务主体法律制度尤其是电子商务法律主体的界定就具有基础性的意义，对于研究电子商务中的具体行为如电子合同的订立、电子签名的认可、电子支付的效力等作了重要的理论准备。

### 二、主体的分类

#### （一）在线自然人用户和电子商务企业

以主体的法律属性为标准，可以将法律主体分为自然人、法人和非法人企业。结合电子商务的特征，电子商务法律主体的这一分类可以转化成在线自然人用户和电子商务企业。电子商务企业包括法人及非法人企业，具体包括有限责任公司、股份有限公司和个体工商户、个人独资企业、合伙企业等。有关在线自然人用户和电子商务企业的相关法律制度和法律问题，有待本章第二、三节详细论述，在此不再赘述。

### （二）直接主体和间接主体

以是否直接参与电子商务交易为标准，可以将电子商务法律主体分为直接主体和间接主体。

直接主体是指直接进行电子商务交易的双方当事人，这方面的问题多数可以通过传统法律来调整，但网站（主要是经营性网站）等电子商务交易主体问题是传统法律无法解决的，因此规范电子商务网站建设，确保交易主体的真实存在是电子商务法的首要任务。我们认为，对电子商务直接主体的规范应该包括设立网站并开展经营活动的条件、程序、义务与责任，电子商务主体认定，主体登记和公示等内容。

间接主体是指不直接进行交易、但是交易的进行和完成有赖于其提供服务的参与者，可分为三类：一是网络服务提供商，二是电子认证服务商，三是在线金融服务商。

网络服务提供商一般又可分为网络内容服务提供商（简称 ICP）和网络中介服务提供商（ISP）两种。网络内容服务提供商是指向社会公众或者特定用户提供信息内容服务的网络服务公司。大多数网络公司既提供中介服务，也提供内容服务，但只要是直接发布了某种信息的网站经营者，在信息传播过程中就是充当发布者的角色。① 网络中介服务提供商指为网络提供信息传输中介服务的主体。网络中介服务提供商又包括：（1）网络接入提供商（Internet Access Provider，IAP），指网络用户连接至互联网的联机系统的提供者。IAP 通过租用的公用线路或自己铺设的专用线路为其用户提供接入服务，网络连线服务有拨接式与固接式两种。②（2）主机服务提供商，指为用户提供服务器工件，供用户阅读他人上传的信息或者自己发送信息，或者进行实时信息交流，或使用超文本链接等方式的搜索引擎，为用户提供在网络上搜索信息的主体。譬如，电子公告板系统经营者、邮件新闻组及聊天室经营者。

电子认证服务商。在开放性网络环境下贸易，交易双方由于互不见面，对对方身份的疑虑是必须解决的问题之一。为增进双方之间的信任，防止交易欺诈，就需要有交易各方都信任的第三方出面证明签名人的身份及其资信状况，担任这一角色的就是通过签发数字证书提供网上安全电子交易认证服务的认证机构（简称 CA）。

在线金融服务商。现代经济活动离不开金融服务，同样完整的网络经济的运行离不开网上金融机构的服务，代表未来金融业发展方向的网上银行随网上商务活动的发展而兴起，网上银行创造出的电子货币也将改变传统的货币流通形式，成为未来资金流转的主要渠道。

## 三、主体的特征

1. 主体表现虚拟性

在网络环境下，网络用户（个人、企业等）以数字或者网页等电子化方式表现出来，其主体是否真实存在、主体是谁或者是否为数码信息指示的真正用户并不能直观地判断出来。在网络环境下，有的企业以网站形式出现，通过计算机软硬件构筑网络平台，形成电子营业场所；

---

① 参见张楚主编：《电子与商务法教程》，33 页，北京，清华大学出版社，2005。

② 拨接式通过调制解调器（modem）以电话连上网络，固接式通过综合业务数字网络（Integrated Services Digital Network，ISDN）、非对称式数字用户专线（Asymmetric Digital Subscriber Line，ADSL）等电信网络加以连接。

有的企业通过页面形式设立在线商店，进行网上交易。

2. 主体属性不确定性

网络具有开放性、无国界性，因此电子商务主体的国别、住所地、企业资信等情形不易确定。这就导致消费者对网上电子商务交易存在顾虑。从法律角度讲，任何一起电子商务交易都应该是具体、确定的，这就要求主体的属性也是具体确定的。这种主体本身的不确定性与电子商务法律关系的确定性之间的矛盾，使得我们不得不建立一种主体认定的制度，以确定主体的身份进而确定电子商务法律关系本身。

3. 数量、种类多于传统交易

一般情况下传统交易有买卖双方两个主体即可进行，而任何一笔以网络为平台和交易手段的电子商务的完成都涉及多重法律关系，每一次商事活动至少要有三个以上的主体参与才能完成。除了直接主体之外，还需要间接主体如交易平台、认证机构或者第三方支付机构的参与。这种复杂的多方法律关系导致责任认定更加复杂。

4. 跨地域性

电子商务的跨国界和跨地域性也必然导致参与其中的电子商务法律主体也呈现跨地域性的特点。而这种特点对电子合同的订立、效力、履行和违约责任的追究都带来了重要的影响，也带来网络环境下管辖权的难以确定或者管辖权的冲突，也可能导致不同区域或者国家之间法律适用上的冲突，这其中不可避免地会涉及国际私法规则的适用。

# 第二节　在线自然人用户

## 一、在线自然人用户的概念

在线自然人用户是指借助电子化手段参与电子商务法律关系的成立、变更或者消灭的自然人。类似的概念有网络经济自然人用户[①]和在线个人用户。[②] 三种概念的本质特征相同，即都是依自然规律出生而取得民事主体资格的自然人。但相比较而言，网络经济自然人用户侧重于网络经济环境，而网络经济与电子商务的内涵和外延是不同的；在线个人用户突出了电子商务法律主体所在的外在环境，但未能准确地传达出其法律特征。考虑到电子商务法体系的统一性和完整性，本书使用在线自然人用户这一概念。

## 二、在线自然人用户的能力制度

### （一）民事权利能力

民事权利能力是指民事主体作为法律关系主体的能力，也即作为权利享有者和义务承担者的能力（或称资格）。[③] 在线自然人用户只有具备民事权利能力，才能参与民事活动，因此，

---

① 参见齐爱民、徐亮：《电子商务法原理与实务》，13 页，武汉，武汉大学出版社，2001。

② 参见秦程德主编：《电子商务法》，50 页，重庆，重庆大学出版社，2004。

③ 参见［德］卡尔·拉伦茨著，王晓晔等译：《德国民法总论》，119～120 页，北京，法律出版社，2003。

在线自然人用户的民事权利能力是其法律上的人格或者主体资格。

在线自然人用户本质上还是自然人，因此，有关自然人的传统法律制度依然适用于在线自然人用户。首先，自然人民事权利的平等性和不可转让性适用于在线自然人用户；其次，自然人民事权利能力始于出生、终于死亡的制度也适用于在线自然人用户。

### （二）民事行为能力

民事行为能力是民事主体独立实施民事法律行为的能力或者资格。我国《民法通则》对自然人的民事行为能力作了三种分类：完全民事行为能力、限制民事行为能力和无民事行为能力。其中年满 18 周岁且精神正常的人以及未满 18 周岁，但已满 16 周岁且以自己的劳动收入为主要生活来源的人属于完全民事行为能力人；年满 10 周岁的未成年人和不能完全辨认自己行为的精神病人属于限制民事行为能力人；不满 10 周岁的未成年人属于无民事行为能力人，不能辨认自己行为的精神病人需要采取个案审查制。

依据我国《合同法》的规定，限制民事行为能力人订立的合同，经法定代理人追认后方有效，纯获利益的合同或者与其年龄、智力、精神健康状况相适应而订立的合同不必经法定代理人追认即有效。依据我国《民法通则》的规定，无民事行为能力人纯获利益的行为、处分零花钱的行为或简单民事生活行为属于有效行为。

根据上文论述，很多参与电子商务的自然人都属于限制民事行为能力人甚至为无民事行为能力人，尤其是网络游戏和即时通信工具（在线聊天）的用户的低龄化特征更加突出。随着技术的进步及网络教育的普及，很多法律上属于无民事行为能力的自然人对网络技术及电子商务更加熟悉，且越来越广泛地参与电子商务。而这些用户的法律行为将面临着效力不确定的问题，或者效力待定，或者行为无效，这将对电子商务的发展起到不利的作用。从司法角度而言，审判机关审查这类电子商务合同的效力时应该考虑到网络经济的现实及新技术、新经济进步的需要，采取更加宽松的原则。从立法角度而言，民法典草案建议将限制民事行为能力人的年龄从 10 周岁以上降为 7 周岁以上，这其中也考虑到了社会的发展带来人们认知能力的提高。从促进电子商务发展的角度而言，此举无疑也是非常有利的。

### （三）民事责任能力

在线自然人用户的民事责任能力以意思表示为基础，其民事责任能力状况以行为时是否有识别能力为一般标准，但在例外情况下也适用公平原则。无民事行为能力人和限制民事行为能力人侵害他人权利时，如行为人有识别能力，则具有民事责任能力，应与其法定代理人承担连带赔偿责任；如行为人无识别能力，则不具备民事责任能力，一般由其法定代理人承担损害赔偿责任。①

#### 案例 2—1

小张是一名 9 岁的小学生，但早已熟练地在网上购物。一天，他使用其父亲的身份证在国内某著名的 B2C 网站上登记注册，并下单货到付款方式购买了一款价值 7 000 元的笔记本电

---

① 参见齐爱民、徐亮：《电子商务法原理与实务》，14 页，武汉，武汉大学出版社，2001。

脑。三天后，网站送货上门，但其父亲拒收，引发纠纷。

请问：小张的购买行为是否有效？本案该如何处理？

## 三、在线自然人用户的权利保护

在线自然人用户作为自然人完全享有其法定的人身权（比如姓名权、肖像权、名誉权、隐私权等）和财产权。在参与电子商务、订立电子合同的过程中所享有的权利及承担的义务依据传统的法律规则确定，在此不再赘述。本书重点论述在线自然人用户的网络隐私权和虚拟财产权或财产利益。

### （一）网络隐私权

1. 网络隐私权的概念

隐私权作为一种基本人格权利，是指公民享有的私人生活安宁与私人信息依法受到保护，不被他人非法侵扰、知悉、搜集、利用和公开的一种人格权。[1]在网络环境下，隐私权被赋予了新的概念。网络隐私权是指公民在网上享有的私人生活安宁与私人信息依法受到保护，不被他人非法侵犯、知悉、搜集、复制、公开和利用的一种人格权，也指禁止在网上泄露某些与个人有关的敏感信息，包括事实、图像以及毁损的意见等，其核心是网络环境中对隐私权利的控制。

2. 网络隐私权的内容

（1）个人数据隐私权。有关网络隐私权的保护问题中，网上个人数据的保护尤其重要。个人数据是指有关一个可识别的在线自然人用户的任何信息。个人数据隐私权主要包括：

控制权。在线自然人用户对有关本人的数据享有最终的决定权，他人收集、使用这类数据必须经本人的同意，否则就构成侵权。

获取权。在线自然人用户获取他人拥有的有关本人数据的权利。

知悉权。在线自然人用户有被告知其个人信息被收集处理及与数据控制者身份有关的住处的权利。

修改权。在线自然人用户有要求数据用户或有关政府机构对其档案中不准确、不恰当、不完整的商品交易数据进行更正的权利。

抗辩权。如欧盟 1995 年《数据保护规章》规定，数据主体有权在数据用户期望以直接的目的来处理数据时进行抗辩，或在个人数据第一次向第三方披露，或直接为市场销售目的使用时被告之有关情况。

请求司法救济权。如欧盟 1995 年《数据保护规章》规定，成员国应给每一个权利被侵犯的人以司法救济。

（2）私生活安宁的隐私权。主要包括：

不被窥视、侵入的权利。主要体现在用户的计算机终端、个人电子信箱及网上账户、信用

---

① 参见张新宝：《隐私权的法律保护》，21 页，北京，群众出版社，1997。

记录等的安全保密性。

不被干扰的权利。主要体现在用户使用网络进行通信、交流信息、从事电子商务活动的安全保密性。

3. 侵犯网络隐私权的类型

概而言之，在网络环境下，隐私权被侵犯的情形大致有以下五种：

（1）软件嵌入。很多网站利用 Cookie（网络小甜饼）程序，追踪访问者在网站的活动情况，捕捉用户的 IP 地址、邮政编码、所在地区等信息。据媒体披露，网络上不少免费软件或共享软件有使用者所不知晓的漏洞，通过这些漏洞，软件版权所有者可以搜集使用者的隐私信息，并将其集中出售给需要的客户以牟取利益。

（2）搜索引擎。网络搜索引擎给网络使用者查找需要的信息带来了极大的便利，但是搜索引擎的强大搜索功能也给使用者带来负面的作用，其中之一就是个人信息在不经意间被公之于众。Google（全球最大的搜索服务提供商）的地图搜索曾因过于精确，让普通公众担心隐私泄露，结果导致以色列、印度、韩国、泰国和俄罗斯等国政府相继对 Google 发出警告。

（3）木马、黑客程序。木马程序一般通过电子邮件的附件形式发出，或是一些非正规网站以提供软件下载为名，将木马技术捆绑到其他文件，侵入到网络用户的电脑中，木马程序在侵入攻击主机后，一般会通过一定的方式把入侵主机的 IP 地址、木马程序植入的端口等发送给攻击者，从而里应外合地控制被攻击主机。

（4）论坛、购物网站、电子邮箱的注册信息。一般论坛登录网站都要求注册用户信息，虽然在一定程度上在线自然人用户从保护自己隐私的角度可以选择匿名注册，但有些信息却无法虚假，如电子邮箱，往往在注册时要求提供真实的电子邮箱地址，否则无法激活浏览论坛上的信息；而在购物网站上则更明显，用户必须提供真实的姓名、地址、联系方式甚至银行账号才能顺利地完成电子商务交易。而一些网络服务商在未征得在线自然人用户同意的情况下，与其他网站共享或者向第三方提供在线自然人用户的个人资料。

（5）博客、播客等。博客被视为继电子邮件、BBS 和 IM（即时通信工具）之后出现的第四种网络交流方式。它是一种新兴的个人网页，以在网上发布个人日志的形式与受众形成新的交流平台。而播客则比博客更进一步，其内容是音频或者视频文件，又称为“音（视）频日记”，但是这种日志对于涉及泄露隐私的内容上传缺乏有效的限制机制，又难以进行有效监管，因而侵害隐私的程度会比博客更加严重。各类数码摄影技术的提高，加之网络技术的发展，侵犯网络隐私权的形式从原来主要为文字与图片形式的个人数据信息，扩展为包括音频或视频数据信息的隐私内容，这对网络隐私权的保护提出了更高的要求。

4. 我国的相关规定及完善

我国还没有针对个人隐私保护的专门立法，并且在其他的法律法规中对隐私权的有关规定也非常少，对网络隐私权的保护更是处于初级阶段。在现有的针对网络隐私权问题的法律法规中，我国《计算机信息网络国际互联网安全保护管理办法》第 7 条规定：用户的通信自由和通信秘密受法律保护。任何单位和个人不得违反法律规定，利用国际互联网侵犯用户的通信自由和通信秘密。我国的《计算机信息网络国际互联网管理暂行规定实施办法》第 18 条规定：用户应当服从接入单位的管理，遵守用户守则，不得擅自进入未经许可的计算机学校篡改他人信息；不得在网络上散发恶意信息，冒用他人名义发出信息，侵犯他人隐私；不得制造传播计算机病毒及从事其他侵犯网络和他人合法权益的活动。总体而言，这些规定过于笼统且保护手段脆弱，无法充分保护网络隐私权。

为改变我们隐私权及网络隐私权法律保护落后的状况，有必要完善隐私权保护的法律体系。首先，完善隐私权的民事立法。在世界各国的民法中，隐私权是一项重要的人格权，我国正在制定"民法典"，应在其中明确界定隐私权的范畴，并规定侵害隐私权的民事责任。其次，在刑法中应规定"侵犯隐私权罪"，世界上许多国家如法国、德国和奥地利等在刑法中制定了"侵犯隐私权罪"，这已成为一种世界性的立法倾向。我国刑法只规定"非法侵入他人住宅罪"和"侵犯通信秘密罪"两项侵犯隐私权的罪名，有必要增设"侵犯隐私权罪"。再次，应制定《个人信息保护法》或《个人数据保护法》，对个人数据的收集、储存、处理、利用和披露作出明确规定，包括数据收集行为的依据、对数据收集过程的规定、数据的使用及其安全检查、个人对数据资料的权利、侵权救济及刑事责任等。

**(二) 虚拟财产权 (或财产利益)**

本书所称虚拟财产是指在虚拟世界中可能受到法律保护的客体。具体包括：游戏账号、虚拟金币（货币）、虚拟装备（武器、装甲、药剂等，即"item"）、虚拟动植物（宠物、盆景等）和虚拟角色（包括游戏等级）等。[①] 上述虚拟财产在网络游戏中呈现不同的形式和状态，归纳而言，有三种形式：

1. 存储形式，即虚拟物体现为存储在游戏服务器上的电磁记录，除了游戏账号和虚拟角色中的游戏等级之外，其他虚拟财产类别都已体现为游戏服务器上的电磁记录。

2. 效用形式，即虚拟物体现为玩家与运营商之间的权利义务凭证，如游戏账号。游戏账号本质上是一份合同，是玩家权利和运营商义务的统一体。

3. 感知形式，即虚拟世界中的美术作品。如虚拟动植物（宠物、盆景等）以及玩家通过自已在玩游戏的过程中创造性的劳动所形成的具有独创性的游戏场景、游戏装备、角色服饰等的外在形态。

因此，上述对虚拟财产外延的界定是从广义而言的，广义的虚拟财产以存储形式、效用形式和感知形式存在。狭义的虚拟财产仅仅是存储形式存在。对虚拟财产所享有的权利是虚拟财产权，有关其法律性质有待本书后文详细论述。

## 四、作为卖方从事电子商务的法律资格

在线自然人用户能否作为电子商务中的卖方也即自然人能否作为商事主体（商人）。在C2C模式（Customer to Customer）下，在线自然人用户即作为卖方而存在，而且这种电子商务模式日益盛行，但是在线自然人用户能否作为商事主体一直是一个无法回避的问题。

---

① 参见寿步、徐彦冰、王秀梅：《网络游戏虚拟物的财产权定位》，载《电子知识产权》，2005（5）。此文只有后四类，而且我们认为游戏账号和游戏角色不同，游戏账号是进入游戏的前提，只有进去之后才能参与游戏角色体验，游戏等级也和游戏角色不同，是游戏角色的属性，购买游戏角色本质上是购买角色身上的属性，故把游戏等级放在游戏角色之中。

## （一）现行法律缺陷

我国是民商合一的国家，《民法通则》是调整民商事法律关系的基本法律。《民法通则》规定民事法律主体包括自然人和法人（其中在自然人一章中又包括个体工商户、农村承包经营户和个人合伙），但是并未对商事主体的定义和类型、商事行为的定义作出明确界定。换言之，对于自然人是否可以直接从事经营活动（包括电子商务活动），《民法通则》未做明确规定。[①]

在司法实践中，只要从事经营行为就必须取得营业执照，否则就构成非法经营。但是在中国现行法律体制下，自然人以个人名义直接领取营业执照没有法律依据，根据有关工商管理法规，个人要领取营业执照应当以其设立的个体工商户、个人独资企业、合伙企业等企业组织的名义申请营业执照。因此，考察自然人交易活动的合法与否，关键是看其从事的交易活动是否构成经营活动，如果构成经营活动，则因客观上不能取得营业执照而不得从事；如果不构成经营活动，由于其具有民事法律行为能力而可以从事。但是，中国目前的法律对于何谓经营行为未作明确界定，对于偶发性的经营行为是否应当与持续性的经营行为作出区分也未作明确，因此在判断自然人的交易行为是否构成经营行为，从另一个角度讲也就是判断自然人从事的交易行为是否属于非法经营时存在规则上的不确定性。

2007 年 12 月 1 日实施的《北京市信息化促进条例》第 26 条规定，“在本市从事互联网信息服务活动的，应当按照国家规定办理相应许可或者履行备案手续。利用互联网从事经营活动的单位和个人应当依法取得营业执照，并在网站主页面上公开经营主体信息、已取得相应许可或者备案的证明、服务规则和服务流程等相应信息。”而后北京市工商行政管理局依据该条规定发布了《关于贯彻落实〈北京市信息化促进条例〉加强电子商务监督管理的意见》（京工商发〔2008〕86 号），对所有个人作为电子商务卖家强制要求办照，在社会上引发了强烈争议。随后各省、自治区、直辖市相继就这一问题发布了相关规定，绝大部分省份对个人卖家并不强制要求办证。

国家工商行政管理总局 2010 年发布的《网络商品交易及有关服务行为管理暂行办法》第 10 条规定：“已经工商行政管理部门登记注册并领取营业执照的法人、其他经济组织或者个体工商户，通过网络从事商品交易及有关服务行为的，应当在其网站主页面或者从事经营活动的网页醒目位置公开营业执照登载的信息或者其营业执照的电子链接标识。通过网络从事商品交易及有关服务行为的自然人，应当向提供网络交易平台服务的经营者提出申请，提交其姓名和地址等真实身份信息。具备登记注册条件的，依法办理工商登记注册。”这一规定对自然人取得电子商务卖家资格并非采取强制登记态度，而是鼓励自愿登记注册的态度，将对于大量在第三方交易平台上开设网站从事电子商务的自然人的身份审核交给网络交易平台来完成。

## （二）因应之策

中国目前的法律对自然人从事经营活动设置的限制，对电子商务的发展起到很大的阻碍作用。在目前电子商务（尤其是 C2C 领域）的参加者主要还是自然人的情况下，应当鼓励自然

① 参见高俊等编著：《网络交易法律实务》，下册，34 页，北京，法律出版社，2006。

人积极参与电子商务，这对于发展电子商务、为电子商务立法提供实践经验有积极意义。[①] 否则过于严格的管制将限制电子商务的发展，尤其是在产业发展的初期更是如此。

在目前国内法律缺失、理论争论激烈的情况下，有必要借鉴和学习电子商务发达国家的立法经验。目前，各国民商法均规定从事商业活动需要办理登记手续，进而取得商事主体的资格，但多数国家认为，从事某种营利性商业行为是成为商人的实质性条件，具备此实质条件的自然人也可以经过法定程序成为商人。如《法国商法典》第1条规定：以实施商业行为作为其经常性职业的人就是商人，《德国商法典》第1条规定：本法典所称的商人是指经营营业的人；《日本商法典》第4条规定：本法所称商人，指以自己名义，以实施商业行为为业者。综合而言，商主体需要具备三项条件：(1) 须从事商法所规定的商业行为；(2) 以自己的名义从事商业行为；(3) 须持续性地从事同一种商业行为，并将其作为自己的职业或者经营性营业。因此，从事小商品买卖活动的人，如街头临时设点的摊贩和走街串巷的货郎以及手艺匠人，无须经过工商登记也可以进行买卖活动，大陆法系有的国家称之为小商人。

另外，在美国，对个人从事电子商务未作特定的限制。在澳大利亚、新西兰等国家，商事主体除公司、合伙企业、独资企业之外，不存在我国法律制度中的个体工商户，但存在一定数量的商贩，且其不需进行商事登记，因而这类主体从事电子商务就不存在主体资格受限制的问题。这些国家对此类主体规范的重点在于对交易后果进行监管，虽然其不需要进行商事登记，但需要纳入税务登记。这种监管模式值得学习和借鉴。

因此，对于自然人从事电子商务的主体资格问题，在现行法律对经营行为未作明确规定的情况下，可以考虑借鉴国外关于允许自由商人和小商人不需要进行商事登记，以及间断性的经营行为不构成商事行为的成熟执法经验，对自然人从事电子商务，在执法上，不应受传统的自然人不得直接从事经营活动的法律框架的束缚，在经营活动的认定上采取宽松的原则，对于自然人偶尔从事的间断性的类似经营活动不应一概地认定为非法经营；在未来的立法上，建议引进自由商人和小商人的制度，尤其对电子商务的主体资格作出明确界定并拓宽其范围，以更好地促进电子商务的健康、快速发展。目前，我国在特殊领域已经突破了传统的法律框架的限制，譬如在证券交易领域，对于自然人从事证券交易就没有从交易主体资格上进行限制，而且还免除自然人因从事证券交易所需交纳的所得税，目的在于促进证券交易市场的繁荣与发展。电子商务作为一种新经济模式，其发展更需要法律制度的保障，更迫切需要解决自然人从事电子商务的主体资格限制或者不明确的问题。

## 第三节　电子商务企业

### 一、电子商务企业与网站

电子商务企业属于参与电子商务法律关系的重要主体，在电子商务过程中直观地表现为网

---

① 参见高俊等编著：《网络交易法律实务》，下册，36页，北京，法律出版社，2006。

站与在线自然人用户之间发生联系。然而网站本身并不具备法律主体的资格，也无法承担相应的法律责任。网站只是网站设立人即电子商务企业的产品、工具或者说虚拟经营场所。从本质上讲电子商务企业仍是企业，或是有限责任公司，或是股份有限公司，或是个体工商户、个人独资企业、合伙企业等，因此有关电子商务企业的规范譬如准入制度仍然遵从传统的规定。而网站作为电子商务企业的虚拟经营场所，其本身却难以依据传统的法律进行规范，因此，我国建立起一套专门针对网站的规范制度，根据网站的不同类别采取不同的管制政策。

## 二、网站的概念及分类

### （一）网站的概念

网站是互联网中的一个站点，通常是指 Web 服务器。从构成上看，网站包含大量的 WWW 格式的信息和运行 WWW 服务器软件的计算机；其处理功能是管理和处理网上其他计算机提出的请求，并按要求发送文件，提供 WWW 服务。网络用户通过 Web 浏览器向服务器请求信息，浏览 WWW 系统提供的各种信息资源。网站已经由最初的单纯信息传递，发展到可以实现各种人类处理和传递信息功能的地步，包含企业内部和外部的通信、信息管理及发布、客户服务、技术支持及市场营销等。

### （二）网站的分类

1. 按照设立人的性质进行分类

网站可以按照设立人的性质进行分类，由政府机构设立的网站是政府网站，由企业、金融机构设立的网站是商业网站，由科研机构设立的网站是科研网站，由教育机构设立的网站是教育网站，等等。同时按照本章第一节把电子商务法律主体分为在线自然人用户和电子商务企业的做法，也可以把网站分为在线自然人用户设立的网站（或者在网络交易平台上建立的网页）和电子商务企业设立的网站（或者在网络交易平台上建立的网页）。做此区分的意义在于不同的电子商务主体受到的管制政策不同。

2. 按照功能进行分类①

网站的主要功能是提供信息服务或者信息交流，具体有两种情况：(1) 自己作为信息内容的提供者，直接参与信息交流或网络交易；(2) 为他人提供信息交流或者网络交易的平台。因此，从功能上进行区分，网站又可以分为三类：一类是信息内容的提供者，即所谓的 ICP，其利用自己的平台直接向他人提供信息；一类是中介服务提供者，也即是网络服务提供者 (ISP)，它只是为用户信息交流提供平台和空间，自己并不提供信息；最后一类是兼有 ICP 和 ISP 的功能，即它本身利用其平台或空间参与信息交流，同时又为他人进行信息交流提供平台和空间。做此分类的意义在于网站的功能不同，网站设立人（尤其电子商务企业）的法律责任也不同，应该区分对待。

3. 按照是否营利进行分类

按照是否营利的标准，可以把网站分为营利性网站和非营利性网站。《互联网信息服务管

---

① 参见高俊等编著：《网络交易法律实务》，下册，17、18 页，北京，法律出版社，2006。

理办法》从网站的服务行为的角度将互联网信息服务分为经营性和非经营性两类。经营性互联网信息服务是指通过互联网向上网用户有偿提供信息或者网页制作等服务活动。非经营性互联网信息服务是指通过互联网向上网用户无偿提供具有公开性、共享性信息的服务活动。经营性网站与非经营性网站的区别就在于网站提供的是经营性互联网信息服务还是非经营性互联网信息服务。做此区分的意义在于经营性网站和非经营性网站的管制政策不同，经营性网站实行的许可制度，非经营性网站实行的是服务备案制度，而且两者在设立的条件和程序上存在着很多差别。

## 三、网站设立的法律制度

有关网站设立及信息服务分类管制的基本法规是国务院 2000 年 9 月发布的《互联网信息服务管理办法》(以下简称《办法》)。该《办法》第 2 条规定："本办法所称互联网信息服务，是指通过互联网向上网用户提供信息的服务活动。"上网用户包括个人、企业和社会组织等；信息服务包括应用户请求的信息服务、主动提供的信息服务、一般信息服务和提供交易平台、进行网上交易等电子商务服务。

《办法》依据提供的互联网信息服务的种类和性质的不同，作出了三种分类，并采取不同的管制政策。具体而言有：经营性互联网信息服务许可制度、非经营性互联网信息服务备案制度和特种行业互联网信息服务审批制度。

### (一) 非经营性互联网信息服务备案制度

《办法》第 4 条规定："国家对经营性互联网信息服务实行许可制度；对非经营性互联网信息服务实行备案制度。未取得许可或者未履行备案手续的，不得从事互联网信息服务。"《办法》第 8 条规定了备案的主管机关，从事非经营性互联网信息服务，应当向省、自治区、直辖市电信管理机构或者国务院信息产业主管部门办理备案手续。办理备案时，需要提交的材料主要有：(1) 主办单位和网站负责人的基本情况；(2) 网站网址和服务项目；(3) 服务项目属于《办法》第 5 条规定范围的，已取得有关主管部门的同意文件。省、自治区、直辖市电信管理机构对备案材料齐全的，应当予以备案并编号。

另外，非经营性互联网信息服务提供者的备案程序、备案原则、年审制度及备案变更手续等由《非经营性互联网信息服务备案管理办法》具体规定。

### (二) 特种行业互联网信息服务审批制度

《办法》第 5 条规定："从事新闻、出版、教育、医疗保健、药品和医疗器械等互联网信息服务，依照法律、行政法规以及国家有关规定须经有关主管部门审核同意的，在申请经营许可或者履行备案手续前，应当依法经有关主管部门审核同意。" 该规定中包含两层含义：(1) 从事本规定中的特殊行业的网络信息服务的，如果法律法规规定必须经有关部门审批的，必须在办理网站设立备案或者许可证前办理必要的审批手续，该手续属于前置审批程序；(2) 不管是经营性还是公益性或者非经营性信息服务，只要涉及本规定中的这些特殊行业，都需要办理审批手续。至于办理许可证或者登记备案则依据具体的规定，比如《互联网站从事登载新闻业务管理暂行规定》《互联网出版管理暂行规定》《互联网医疗卫生信息服务管理办法》和《互联网药品信息服务管理暂行规定》等。

### （三）经营性网站设立的条件和程序

1. 经营性网站设立的条件

《中华人民共和国电信条例》（简称《电信条例》）将经营性互联网信息服务划分为增值电信与信息服务业务。《办法》第 6 条和《电信条例》第 13 条规定了举办经营性网站应当具备的实质条件：（1）经营者为依法设立的公司；（2）有与开展经营活动相适应的资金和专业人员；（3）有为用户提供长期服务的信誉或者能力；（4）有业务发展计划及相关技术方案；（5）有健全的网络与信息安全保障措施，包括网站安全保障措施、信息安全保密管理制度、用户信息安全管理制度；（6）服务项目属于《办法》第 5 条规定范围的，已取得有关主管部门同意的文件；（7）法律法规规定的其他条件。

2. 经营性网站设立的程序

《办法》第 7 条规定了包含经营性信息服务内容的网站必须办理的两项手续：一是获得增值电信业务经营许可证；二是取得增值电信业务经营许可证后，应当持该经营许可证向企业登记机关办理登记手续。

（1）办理增值电信业务经营许可证

从事经营性互联网信息服务，应当向省、自治区、直辖市电信管理机构或者国务院信息产业主管部门申请办理互联网信息服务增值电信业务经营许可证。省、自治区、直辖市电信管理机构或者国务院信息产业主管部门应当自收到申请之日起 60 日内审查完毕，作出批准或者不予批准的决定。予以批准的，颁发经营许可证；不予批准的，应当书面通知申请人并说明理由。如果服务项目属于新闻、出版、教育、医疗保健、药品和医疗器械等信息服务，则应首先获得有关主管部门的批准。此审批程序为前置程序。

（2）办理企业登记

在目前法律体制下，在线自然人用户还难以开展电子商务，自然缺乏设立经营性网站的法律依据，设立经营性网站的应该是电子商务企业，那么就应该按照一般企业设立的程序，由工商管理部门办理登记手续。这种登记包括企业名称、企业资本、企业住所地等事项。

（3）网站名称的注册

注册网站名称是指网站所有者通过网站名称注册程序，领取《网站名称注册证书》后所获得的网站名称。2000 年 9 月，北京市工商行政管理局颁布了《网站名称注册管理暂行办法》（以下简称《暂行办法》）及其实施细则，该《暂行办法》规定网站的所有者应当申请对其网站名称注册。而且，该《暂行办法》第 2 条明确规定："北京市工商行政管理局是国家工商行政管理局授权对全国注册网站名称进行统一注册试点的主管机关（以下简称注册主管机关），对网站名称实施注册登记管理。"

## 四、网站设立人的义务与责任

网站设立人即互联网信息服务提供者依法要履行如下义务与责任：

1. 按照经营许可范围提供服务的义务

互联网信息服务提供者应当按照经许可或者备案的项目提供服务，不得超出经许可或者备案的项目提供服务。非经营性互联网信息服务提供者不得从事有偿服务。互联网信息服务提供者变更服务项目、网站网址等事项的，应当提前 30 日向原审核、发证或者备案机关办理变更手续。

依据《互联网信息服务管理办法》第 19 条的规定，未取得经营许可证，擅自从事经营性互联网信息服务，或者超出许可的项目提供服务的，由省、自治区、直辖市电信管理机构责令限期改正，有违法所得的，没收违法所得，处违法所得 3 倍以上 5 倍以下的罚款；没有违法所得或者违法所得不足 5 万元的，处 10 万元以上 100 万元以下的罚款；情节严重的，责令关闭网站。违反该办法的规定，未履行备案手续，擅自从事非经营性互联网信息服务，或者超出备案的项目提供服务的，由省、自治区、直辖市电信管理机构责令限期改正；拒不改正的，责令关闭网站。

2. 提示身份的义务

《互联网信息服务管理办法》第 12 条规定，互联网信息服务提供者应当在其网站主页的显著位置标明其经营许可证编号或者备案编号。《互联网信息服务管理办法》第 22 条规定，未在其网站主页上标明其经营许可证编号或者备案编号的，由省、自治区、直辖市电信管理机构责令改正，处 5 000 元以上 5 万元以下的罚款。

3. 保证信息内容合法的义务

互联网信息服务提供者应当向上网用户提供良好的服务，并保证所提供的信息内容合法。互联网信息服务提供者不得制作、复制、发布、传播含有下列内容的信息：（1）反对宪法所确定的基本原则的；（2）危害国家安全，泄露国家秘密，颠覆国家政权，破坏国家统一的；（3）损害国家荣誉和利益的；（4）煽动民族仇恨、民族歧视，破坏民族团结的；（5）破坏国家宗教政策，宣扬邪教和封建迷信的；（6）散布谣言，扰乱社会秩序，破坏社会稳定的；（7）散布淫秽、色情、赌博、暴力、凶杀、恐怖或者教唆犯罪的；（8）侮辱或者诽谤他人，侵害他人合法权益的；（9）含有法律、行政法规禁止的其他内容的。

制作、复制、发布、传播上述所列内容之一的信息，构成犯罪的，依法追究刑事责任；尚不构成犯罪的，由公安机关、国家安全机关依照《中华人民共和国治安管理处罚条例》《计算机信息网络国际联网安全保护管理办法》等有关法律、行政法规的规定予以处罚；对经营性互联网信息服务提供者，并由发证机关责令停业整顿直至吊销经营许可证，通知企业登记机关；对非经营性互联网信息服务提供者，并由备案机关责令暂时关闭网站直至关闭网站。

4. 记录所提供信息的义务

从事新闻、出版以及电子公告等服务项目的互联网信息服务提供者，应当记录提供的信息内容及其发布时间、互联网地址或者域名；互联网接入服务提供者应当记录上网用户的上网时间、用户账号、互联网地址或者域名、主叫电话号码等信息。互联网信息服务提供者和互联网接入服务提供者的记录备份应当保存 60 日，并在国家有关机关依法查询时，予以提供。违反该义务者，由省、自治区、直辖市电信管理机构责令改正；情节严重的，责令停业整顿或者暂时关闭网站。

5. 停止传输非法信息并报告的义务

互联网信息服务提供者发现其网站传输的信息明显属于上述“保证信息内容合法的义务”部分所列九项内容之一的，应当立即停止传输，保存有关记录，并向国家有关机关报告。违反该义务的，由省、自治区、直辖市电信管理机构责令改正；情节严重的，对经营性互联网信息服务提供者，并由发证机关吊销经营许可证，对非经营性互联网信息服务提供者，并由备案机关责令关闭网站。

# 第四节　电子商务主体的认定

## 一、认定的必要性

电子商务是一种非面对面的交易，电子商务主体通过网络平台即可以完成整个交易流程，包括从商品选择、合同订立到价款支付等都完全可以通过互联网甚至移动通信网络（例如移动电子商务）完成。网络的这种便捷性和虚拟性是电子商务相对于传统商务的优势之一，但也给交易带来了巨大的风险。任何一方电子商务主体对交易中某个环节的否认，譬如否认订立合同，否认支付价款等都将带来电子商务法律关系的不确定性。

从促进电子商务发展的角度而言，只有确立安全、可靠、值得信赖的交易机制，尤其是主体认定的机制，才能消除当事人对电子商务安全性的疑虑；从电子商务主体权益维护的角度而言，只有建立起主体认定的机制，才能使得电子商务中法律责任的实现有了坚实的保障。否则对电子交易的任意否认不仅仅会导致交易的落空，也会使得违约责任、缔约过失等民事责任难以实现。因此，在此意义上，完全可以说电子商务法的首要任务就是要建立完善的电子商务主体认定制度，确保电子商务主体的真实存在。

## 二、认定的基本原则

我们认为，电子商务主体的认定主要需要遵循三个基本原则：主体真实原则、主体资格法定原则和主体公示原则。其中对于在线自然人用户主要适用主体真实原则，而对电子商务企业而言三个基本原则均适用。

1. 主体真实原则

所谓主体真实原则，是指参与电子商务法律关系的各方主体必须是真实存在的，而不应当是“虚拟”的或不存在的，法律不承认也不保护虚拟主体。电子商务就其法律本质而言是一种民商事活动，理应遵循民商事主体真实的原则。这一原则不仅是对电子商务企业，也是对在线自然人用户的一种要求。对电子商务企业而言，主要表现为两种形式：其一是现实中存在对应的企业主体，即在现实中具备住所或办公场所、注册资本、组织机构等要素经登记而成为合法经营主体；其二是现实中不存在对应的企业，只是为设立在线企业成立新企业，纯粹从事在线交易。这类企业大多从事信息产品交易，但同样存在着经营人员、管理机构等实体性的因素，本质上还是真实存在的企业，只是存在的形态发生了改变。

2. 主体资格法定原则

主体资格法定原则是民法的基本原则之一，具体是指参加民事法律关系、享有民事权利、承担民事义务的主体由法律明确规定。该原则在商法上体现在商事主体法定原则，即商事主体的资格必须严格依法取得并维持，法律没有明确规定的，或者是不符合法律规定条件的，不能取得商事主体资格。电子商务作为一种商事活动，其参与主体同样需要遵循主体资格法定原则。

依据我国民商事法律规定，可以从事经营活动的主体主要包括两大类：一类是不具有法人资格的主体，包括个体工商户、个人独资企业和合伙企业；另一类是具有法人资格的企业，主要包括依据《中华人民共和国公司法》设立的有限责任公司和股份有限公司。而不论是法人企业还是非法人企业，都必须按照《中华人民共和国企业法人登记管理条例》或《中华人民共和国公司登记管理条例》的规定领取营业执照。对于电子商务企业而言，也同样需要根据企业的性质领取相应的营业执照才具备参与电子商务法律关系的资格，才能享有权利、承担义务，才可以开展电子商务活动。

3. 主体公示原则

主体公示原则要求电子商务企业必须在网上明确显示其真实身份，该原则体现了电子商务活动受国家干预的特点，其意义在于规范电子商务经营主体资格，以保障电子商务交易安全和便捷。《互联网信息服务管理办法》第 12 条规定，互联网信息服务提供者应当在其网站主页的显著位置标明其经营许可证编号或者备案编号。电子商务企业的这种提示身份的义务本质上也是主体公示原则的要求。

值得注意的是，主体公示原则并不必然要求电子商务企业的网站名称与其企业名称或者商号一致。电子商务企业的法定名称应该是其营业执照上登记的名称，网站或者网页上显示的名称只是其经营个性化及经营便利的需要，也不适合硬性规定要求所有的网站名称必须与其企业名称或者商号一致。只要在网站上将其营业登记证号或者电子营业执照号码标志于网上即可视为遵循了主体公示原则。2000 年 9 月 1 日颁布实施的《网站名称注册管理暂行办法》及其实施细则都规定每个网站最多可以注册三个名称，并不要求网站名称一定与企业名称或者商号相同，只是要求注册的网站名称不得违反法律规定和侵犯他人合法权益。

## 三、电子商务企业的认定

1. 经营性网站的认定

关于经营性网站，《电信条例》和《互联网信息服务管理办法》均作出了相应的规定，即其设立需要获得网络信息服务的许可，并办理企业登记。根据北京市工商行政管理局颁布的《经营性网站备案登记管理暂行办法》，经营性网站的设立比照企业分支机构的设立予以管理，登记后对经营性网站颁发《经营性网站备案登记证》并予以公告。因此，《经营性网站备案登记证》是经营性网站的主体身份证明。

2. 网上商店的认定

有些电子商务企业考虑到节约成本，或者利用他人网站的市场资源，在他人网站（尤其是电子商务交易平台网站）上开设网上商店，而不是自行独立建站。对于此类电子商务企业，中国现行法律并未明确规定是否需要进行工商登记。北京市工商行政管理局曾颁布《网上经营行为登记备案的通告》，其中规定依据国家法律法规领取营业执照的市场主体，利用互联网从事以营利为目的的经营活动，应申请网上经营行为登记备案。但是《网上经营行为登记备案的通告》已经被《经营性网站备案登记管理暂行办法》代替。这就导致网上商店是否需要对经营行为进行登记甚至公示没有明确的法律依据。

电子商务实践中，对于网上商店的认定往往由市场参与主体来运作。例如，电子商务交易平台提供商往往会要求网上商店的设立人首先成为注册会员或者用户，然后才可以利用其提供的电子商务交易平台从事电子商务活动。而在注册成为用户或者会员的过程中，会要求拟成立网上商店的企业提供营业执照。这种做法同样可以做到确保电子商务交易主体的真实存在，维护了电子商务的安全及信用。

从上述实践也可以思考如何对电子商务平台监管以实现对网上商店的有效及合理监管。从国外电子商务的实践来看，多数国家均允许没有经过对网上交易行为进行登记的企业从事电子商务活动，其初衷是为电子商务提供一个宽松的法律环境，鼓励更多的企业从事网上交易。但保障网上交易的安全、维护消费者的合法权益、维护网上交易的秩序同样重要，只不过监管模式需要探索。由对电子商务主体的直接监管改变成间接监管，由电子商务交易平台对网上商店进行认定并要求后者依据协议对其身份进行公示。这种行业的惯例及国外的监管经验值得我国政府部门制定监管政策时予以借鉴。

## 第五节　网络服务提供商的侵权责任

前述已对电子商务主体类型进行了划分，其中按照是否直接参与电子商务交易为标准划分为直接主体和间接主体。作为间接主体之一的网络服务提供商包括网络内容服务提供商和网络中介服务提供商。我们探讨电子商务主体的法律责任着重点在于分析网络服务提供商的侵权责任，至于违约责任主要遵循传统合同法来认定。

### 一、网络侵权行为及归责原则

网络作为一种新型的信息传播媒体，在其上可能发生多种侵权或者违法行为，这些侵权行为大多以传播的信息违法或者侵犯他人权利为特征。具体包括：

（1）侵犯他人著作权（如未经著作权人许可将其作品上传到网络）；

（2）发布侵害他人人格权的信息，如在网络上散布不实商品信息侮辱、诽谤他人，侵害他人名誉权；将他人的个人资料、隐私上传，侵害他人网络隐私权；

（3）发布虚假广告、误导消费者的信息导致的侵权，如发布不实商品信息，侵害消费者权益；

（4）发布信息侵犯他人商业秘密，如擅自在网上披露他人的商业秘密；

（5）传播非法或有害信息，即违反《互联网信息服务管理办法》第 15 条所列举的信息的行为，如色情信息或图片等。

关于网络侵权的责任问题，2000 年 12 月 28 日全国人大通过的《关于维护互联网安全的决定》第 6 条第 2 款首次予以明确："利用互联网侵犯他人合法权益的，构成民事侵权的，依法承担民事责任。"该决定明确了互联网上的任何侵权行为，可以适用传统法律追究侵权人的民事责任。因此，利用网络侵权仍然应当适用传统民法中"谁侵权，谁担责"的原则。即对网上公开的信息产生的侵权，谁发布谁承担责任。然而，对于网络侵权行为而言，每一个行为均涉及直接实施侵权行为的网络内容服务提供商，也同时涉及为侵权信息的传播提供媒介服务的网络中介服务提供商。

《中华人民共和国侵权责任法》对网络用户、服务商的侵权责任则进一步作了明确规定，第 36 条规定："网络用户、网络服务提供者利用网络侵害他人民事权益的，应当承担侵权责任。网络用户利用网络服务实施侵权行为的，被侵权人有权通知网络服务提供者采取删除、屏蔽、断开链接等必要措施。网络服务提供者接到通知后未及时采取必要措施的，对损害的扩大部分与该网络用户承担连带责任。网络服务提供者知道网络用户利用其网络服务侵害他人民事权益，未采取必要措施的，与该网络用户承担连带责任。"

## 二、网络中介服务提供商的侵权责任

### （一）国外立法经验

1. 欧盟

欧盟议会于 2000 年 5 月 4 日通过了《电子商务指令》。该指令在第二章第四部分规定了网络中介服务提供商的法律责任，并要求成员国保证在满足指令规定的条件下，服务提供商在提供传输服务、存储服务、主机服务中不承担责任。

（1）网络接入服务提供者免责的条件。根据指令第 12 条，从事信息传输服务或者接入服务的免责条件是：服务提供者没有主动传输信息；服务提供者没有挑选传输信息的接受者；没有删选或修改传输信息。

指令第 13 条规定，如果服务提供者在其他服务接受者的要求下自动地、中间性地、短暂地储存传输信息的唯一目的是使信息传输更有效，则服务提供者对这样的信息储存不负责任。具体内容如下：提供者没有修改信息；提供者遵守信息准入的条件；提供者遵守业内普遍认可的信息更新规则；提供者没有干涉合法利用业内普遍认可和采行的技术获取信息使用的数据；提供者一旦确切获知传输最初来源中的信息已经从网上删除或已经禁止获取或法庭或行政机关已经下令删除或禁止获取，就迅速有效地删除了其存储的信息或使之禁止获取。

（2）主机服务提供者免责的条件。指令第 14 条规定，主机服务提供者对在服务接受者的要求下储存的信息不负责任：提供者确实不知为非法的活动或信息，并且在涉及损害赔偿时也不知道非法活动或信息产生的事实背景；提供者一旦确切获知或意识到该信息为非法活动或信息，就迅速有效地删除了该信息或使之禁止获取。

但是，服务提供者在所有情形下均应当承担停止侵权责任，指令只免除赔偿责任而不免除停止侵权或防止侵权行为发生的责任。免责条款不妨碍法庭或行政机关根据成员国法律有可能要求服务提供者停止或者防止侵权行为的发生，也不妨碍成员国有可能制定调整信息删除或者禁止获取的程序规则。

2. 美国

美国主要对ISP的版权责任作了系统、详细的规定，对ISP的其他侵权责任主要适用通信法的相关规定。对于ISP版权责任的认定，归责原则由严格责任逐渐转变成限制责任。美国1995年的“白皮书”认为，ISP的系统或者网络中的基于其履行中介服务所必需的自动、暂时性复制与传输属于版权法上的复制，ISP应对其严格负责，而不论其是否有能力控制。而1998年通过的《跨世纪数字化版权法》（DMCA）对ISP的责任作了限制，并提供ISP免责之安全港（Safe harbor）原则。[①]

3. 其他国家

德国于1997年6月通过了《通信与信息服务法》，该法第一节第5条规定，对于网络上的信息内容，根据不同情况，电信服务的供应商承担不同的法律责任：对自己提供的信息内容应依法承担全部责任，而中介服务提供者被分为两类：接入服务提供者和主机服务提供者。

接入服务提供者原则上不对第三方的侵权行为承担任何责任，但是如果得知有侵权内容存在，仍有依照一般的法律义务阻止侵权内容被继续使用。因此，如果接入服务提供者得知其系统或网络中有侵权内容，而又有能力阻止用户访问这些内容时，即负有停止侵权内容继续传播的义务，法院有权对接入服务提供者下达禁止令，但在任何情况下都不承担损害赔偿责任。

主机服务提供者承担侵权责任有一些限制条件，即主机服务提供者知道非法内容在服务器上，并且在技术上可能、情理上也应当阻止非法内容继续使用而未阻止的情况下承担侵权责任。这一责任属于过错责任，该原则在用户和网络服务商之间实现了利益的相对平衡，保护了网络服务商的利益，使之不至于被沉重的责任负担压垮，从而促进网络服务的竞争以及网络内容的多样性。但该法并未明确界定何为“在技术上可能”，哪些情况下为“知道”，这导致具体的司法实践中易出现难以操作的问题。

瑞典于1998年颁布实行的一部法律规定，BBS经营者负有在合理的限度内监督其传输的内容的义务，必须从其系统中删除含有侵权、色情、宣扬暴力等非法内容的信息。

法国的两起判例认为，接入服务提供者在技术上无法实施监控，主机服务提供者应当负有监控其服务器空间的内容提供者的材料内容合法性的义务。

### (二) 我国立法

1. 网络中介服务提供商的义务

(1) 监控义务

网络中介服务提供商的监控义务包括两个方面的内容：一是事先审查的义务，即在被明确告知侵权信息存在之前，主动对其系统或网络中信息的合法性进行审查；二是事后控制义务，即在知道侵权信息的存在后及时采取删节、删除等措施阻止侵权信息继续传播。因接入服务提供者和主机服务提供者对网络信息的编辑能力和控制能力不同，故各自的监控义务也不尽

---

① 详见本书第六章第三节“ISP的著作权侵权责任分析”部分。

相同。

1）接入服务提供商的监控义务。接入服务提供商只是为信息在网络上传输提供“传输管道”，并不能对信息内容进行编辑，因此要求接入服务提供商负担事先审查义务在技术上是不可能的，也不宜要求其进行事先审查。至于事后控制义务，由于接入服务提供者一般只能通过封锁网络上某特定站点或者用户，甚至关闭整个系统的方法阻止侵权信息的传播，并不能就某一特定信息采取控制措施。因此，接入服务提供商的事后控制义务也是有条件的，只能要求其在技术可能、经济许可的范围内承担阻止侵权信息传播的义务。

2）主机服务提供商的监控义务。在用户信息发布之前，主机服务提供商在技术上无法获悉该信息的内容，无法行使编辑控制权，故不负有事先控制的义务；在用户信息发布之后，主机服务提供者在技术上具备编辑控制能力，因此负有两项监控义务：主动审查义务和应请求中止传播义务。具体内容如下：

第一，主动审查义务。由于网络内容信息量巨大以及主机服务提供商的法律判断能力有限，故其主动审查义务只能限定在合理范围之内。所谓合理范围，指合理时间内和表面合理标准。合理时间是指用户信息发布后至信息依据表面合理标准被删节或者删除之间的时间。合理时间是供主机服务提供商主动发现违法或侵权信息的时间，其既不能太长，也不能太短，否则不能有效保护权利人的合法权益或者增加主机服务提供商的经营成本，妨碍其发展。表面合理标准是指主机服务提供商只负有对信息表面依据常理进行审查的义务，其审查的对象是用语而非信息内容本身，其依据的判断标准是一般公众的识别能力而非专业编辑或者专家鉴别能力。

第二，应请求中止传播义务。当有人提供充分的证据表明主机服务器上传播的某特定信息违法或者侵权时，应视主机服务提供商知道其侵权或违法，此时主机服务提供商有中止继续传播的义务。但是，对于权利人通知的程序、条件和效力同样也应该加以合理的界定。

(2）协助调查义务

协助调查义务是指网络中介服务提供商负有协助权利人或者有关机关收集侵权行为证据的义务。之所以让网络中介服务商承担这项义务，主要是因为网络侵权行为的直接和主要证据主要存在于服务器中，权利人一般难以获取证据，而网络侵权案件最关键的是证据问题。如果不要求网络中介服务提供商保存数据并协助调查，那么众多的网络侵权案件将因证据的缺失而难以解决。而对于网络中介服务提供商而言，其完全有技术和经济能力协助调查取证。目前，许多网络服务提供者并未要求用户实行实名制，即未要求用户提供真实的身份资料，而且读写记录的存储也不规范。因此，施加协助调查义务不但有利于查清侵权事实，而且有利于促使网络服务提供者加强对用户的管理和规范，促进网络服务业的规范和健康发展。

网络中介服务提供商的协助调查义务主要体现为：在用户信息发布后的任何时间内，服务商明知某信息为侵权信息或经权利人发出了确有证据的通知后，或经法院等有权机构发出调查令，服务商在技术可能、经济许可的范围内有向权利人或有关机关提供被控侵权人身份情况的证明材料以及有关侵权行为的证明材料。

2. 网络中介服务提供商的侵权责任

(1）直接侵权责任

直接侵权是指对于网络侵权行为直接认定其承担法律责任，而不问其主观过错。《侵权责任法》第 36 条第 1 款规定：“网络用户、网络服务提供者利用网络侵害他人民事权益的，应当承担侵权责任。”对于网络中介服务提供商自身实施的侵权行为，比如在网络上发表未经他人许可的作品，或上载、复制、存储其他侵权材料等行为。此时网络中介服务提供商实际上就是直接侵权行为人，应当对自己的侵权行为造成的损害承担法律责任。

（2）共同侵权责任

《侵权责任法》第 36 条第 2、3 款规定：“网络用户利用网络服务实施侵权行为的，被侵权人有权通知网络服务提供者采取删除、屏蔽、断开链接等必要措施。网络服务提供者接到通知后未及时采取必要措施的，对损害的扩大部分与该网络用户承担连带责任。网络服务提供者知道网络用户利用其网络服务侵害他人民事权益，未采取必要措施的，与该网络用户承担连带责任。”

这里“网络服务提供者”，是网络中介服务提供商，包括但不限于网络接入服务提供商、主机服务提供商、搜索引擎服务提供者、传输通道服务提供者（如电信运营商）等。“知道”，应该是“明知”，而不是“应知”。“明知”是一种对过错的事实认定，也就是网络服务提供者必须是事实上知道他人利用其服务实施侵权行为的事实而处于放任不管的状态。

**案例 2—2**

张杰在一家公司工作。一次，因意外事故碰撞了头部，但并未造成明显的外部伤痕。张杰歇息一段时间后，又开始上班工作，可是，他总是感觉身体不太舒服。他上网参与了网上医疗咨询，经网络医生诊断，他的脑部有小块淤血，压迫脑神经，时间长了就会造成语言、行动的障碍，张杰只好向公司提出辞职，但并未说明辞职的真实原因。因为他希望治愈后还能应聘做相同的工作。但是，几个月后他完全康复了，但原来的公司却不再接受他。到其他的公司应聘，情况也一样。原来这些公司都知道他脑部受过伤害，但是都不知已经康复的事实。张杰很是奇怪：治疗医生已经许诺不会透露我的医疗记录，它们是从什么地方得到这些信息的呢？经过调查得知，这些公司从他访问过的医疗网站数据库中找到了他的医疗记录，并且得到这些医疗记录时付出了一定的费用。

请问：本案中张杰的隐私是否受到侵犯，其是否属于电子商务法调整范围？该案中的医疗网站应承担怎样的侵权责任？

## 法条链接

1.《中华人民共和国侵权责任法》第三十六条

2. 全国人民代表大会常务委员会关于加强网络信息保护的决定

## 深度阅读

1. 崔国斌．网络服务商共同侵权制度之重塑．法学研究，2013（4）

2. 李颖，宋鱼水．论网络存储空间服务商合理注意义务——以韩寒诉百度文库案判决为切入点．知识产权，2013（6）

3. 张新宝．互联网上的侵权问题研究．北京：中国人民大学出版社，2003

4. 靳学军，宋鱼水．互联网的理性与秩序——网络侵权法律适用与典型案例解析．北京：人民法院出版社，2006

## 问题与思考

1. 电子商务法律主体的分类及特征。
2. 简述在线自然人用户的能力制度。
3. 如何解决卖方从事电子商务的法律资格问题？
4. 简述经营性网站设立的条件和程序。
5. 简述电子商务法律主体认定的三大基本原则。
6. 网络中介服务提供商应承担何种法律责任？

# 第三章 电子合同法律制度

重点知识

1. 电子合同的法律承认。
2. 电子合同的要约与要约引诱。
3. 点击合同。

## 第一节 电子合同概述

### 一、电子合同的概念

合同，亦称契约，是当事人之间达成的对他们具有法律约束力的协议。我国《合同法》第2条规定："合同是平等主体的公民、法人、其他组织之间设立、变更、终止民事权利义务关系的协议。"传统的合同形式主要有两种，口头形式和书面形式。口头形式是指当事人以对话的方式达成协议，它一般适用于标的量不大，内容不复杂而能及时清结的合同关系。书面形式则是指当事人采用有形记录的方式，主要是纸面方式来表达协议的内容。商事活动中当事人多采用书面合同，许多国家的立法还对某些合同规定必须采用书面形式。

随着通信技术的进步，电话、电报、传真的使用使合同形式日益电子化，但人们把电话达成的合同归类为口头合同，把电报、传真达成的合同归类为书面合同，在传统合同法体系内仍可容纳。20世纪末计算机技术和互联网的迅猛发展，越来越多的协议通过电信网络达成。这些协议本质上为数据电文，不存在原件与复印件的区分，也无法用传统的方式进行签名和盖章，法律不得不承认一个概念——电子合同。

从合同法体系上讲，电子合同可以视为一种新的合同形式，而不是对传统合同概念的颠覆。因此，国际社会并未形成一个为人们普遍接受的"电子合同"的定义，各国电子商务立法更加注重对合同的形式——"数据电文"或"电子方式"的界定。

1996年6月，联合国国际贸易法委员会通过了《电子商务示范法》。该法第2条规定："'数据电文'系指经由电子手段、光学手段或类似手段生成、存储或传递的信息，这些手段包括但不限于电子数据交换（EDI）、电子邮件、电报、电传或传真等传递的信息。”该法第 6 条第（1）款规定：“如果法律要求信息须采用书面形式，则假若一项数据电文所含信息能够调取以备日后查用，既满足了该项要求。”《电子商务示范法》通过以上规定承认了数据电文和书面文件一样具有法律效力。虽然《电子商务示范法》并不能作为法律渊源而直接适用，但它对各国电子商务立法影响深远。

1999 年 7 月，美国统一州法委员会通过了《统一电子交易法》（UETA），该法案分别定义了“合同”和“电子方式”：“合同”系指当事人根据该法案和其他适用法订立的协议所产生的全部法律义务；“电子方式”系指采用电学、数字、磁、无线、光学、电磁或相关手段的技术。2000 年 9 月，统一州法委员会发布的《统一计算机信息交易法》（UCITA）是一部调整软件和计算机信息许可中普遍问题的立法，该法第 2 条同样对“合同”和“电子方式”进行了定义，与《统一电子交易法》相同。

我国现行《合同法》第 11 条将数据电文确定为书面形式的一种，并用列举的方式指出数据电文包括电子数据交换、电子邮件、电报、电传和传真。列举式立法将“数据电文”这一概念封闭起来，失去了国际电子商务立法中广泛使用技术中立性原则而给法律带来的灵活性。2005 年 4 月 1 日起施行的《电子签名法》从法律上确认了电子签名的效力，并且对“数据电文”进行了重新定义。电子合同在我国法律体系中已经基本得到承认和规范。

本书将“电子合同”定义为：电子合同是平等主体之间以数据电文的形式达成的，设立、变更、终止民事权利义务关系的协议。数据电文，是指以电子、光学、磁或者类似手段生成、发送、接收或者存储的信息。

本书在电子合同的定义中使用的概念都是技术中立的、非倾向性的，但在现有的技术条件下，电子商务主要的是指通过互联网进行的商务活动，电子合同主要的是指通过互联网订立的合同，读者需注意。

## 二、电子合同的特征

电子合同作为一种新的合同形式，它仍具有合同的一般特征。此外，电子合同还具有一定的特殊性：

1. 电子合同的形式具有特殊性

电子合同以数据电文的形式存在，不存在原件与复印件之分。由于数据电文本身具有的易改动性，评估其证据效力时，会考虑到生成、存储或传递该数据电文的办法的可靠性。

2. 电子合同的订立过程具有特殊性

电子合同是通过电信网络订立的，包括互联网、电子数据间交换、电报、电传和传真等，在现有技术背景下电子合同主要指通过互联网订立的合同。传统合同的订立一般采用“面对面”的方式，而电子合同主要是以“非面对面”的方式订立的。电子合同可以是自动完成的，由自动信息系统代表当事人作出要约或承诺的意思表示，订立过程可以无须人工干预。

3. 电子合同的成立和生效具有特殊性

许多国家的立法规定，合同须采用书面形式，或者书面合同必须经签字或者盖章才能成立。数据电文本质上并不是书面形式，也无法按传统的方式进行签字和盖章。电子商务立法引入“功能等同”原则来解决这一问题，规定电子合同满足法定的条件时，即视为书面形式和可靠的电子签名。

## 三、电子合同的分类

对合同分类的法律意义在于掌握同一类合同的共同特征以及其共同的成立、生效要件等，从而有助于合同法的妥当适用、合同当事人顺利地订立和履行合同以及合同法理论的完善。电子合同作为合同的一种，理论上可以按照传统的合同分类进行划分。除此之外，电子合同还具有自己的特殊性，可以按照自身的特点做如下分类：

1. 根据电子合同的标的不同，可以将电子合同分为信息产品合同和非信息产品合同

信息产品，是指可以被数字化并通过网络来传输的商品。例如计算机软件、多媒体交互产品、计算机数据和数据库等。标的物为信息产品的合同，是信息产品合同。反之，为非信息产品合同。

信息产品合同中，根据数字化的信息是否存在实体形式，信息产品可以分为有形信息产品和无形信息产品。有形信息产品是指数字化信息附着在有形载体（如光盘）上的产品，此类信息产品的交付无法在线进行；无形信息产品是指数字化的，不存在有形载体的信息产品，合同当事人可以直接通过网络在线交付，如 E-mail 传输、在线下载等。有形信息产品的交付可以直接适用我国《合同法》的有关规定，而无形信息产品在履行时间、履行方式、检验、退货和风险承担等方面都有其特殊性。

2. 根据电子合同订立的方式不同，主要可以分为点击合同、以电子数据交换（EDI）方式订立的合同和以电子邮件（E-mail）方式订立的合同

点击合同，即电子形式的格式合同。点击合同在电子商务活动中应用非常广泛，这和互联网技术的高度智能化有关。几乎所有的电子商务企业和网站都会运用点击合同来规定其与消费者或用户之间的一般性权利和义务。

EDI，是指按照一个公认的标准，将商业或行政事务处理转换成结构化的事务处理或报文数据格式，并借助计算机网络实现的一种数据电文传输方法。一个典型的采用 EDI 方式订立合同的过程是：企业收到一份 EDI 订单，则信息系统自动处理该订单，检查订单是否符合要求，然后通知企业内部管理系统组织生产，向零配件供应商自动订购相关配件等。①

以 E-mail 方式订立的合同，是指当事人以 E-mail 的方式完成要约和承诺过程而订立的合同。E-mail 是互联网上应用最广泛的通信工具，以 E-mail 方式订立的合同能够直观地反应订约双方的意思表示。但是，E-mail 在传输过程中其数据包易被截获、修改，安全性较低。在实践中当事人以 E-mail 的方式订立合同的，宜采用电子签名来提高真实性和安全性。

## 四、电子合同的法律承认

### （一）电子合同的书面形式

合同的形式是指当事人合意的表现形式，是合同内容的载体。一般而言，国内外法律都有

① 参见王纪平主编：《电子商务法律法规》，50 页，北京，清华大学出版社，2002。

对合同形式的特殊规定，这些特殊规定多为对合同书面形式的要求，不符合书面形式的合同无效。[①] 在电子商务活动中使用电子合同，最基本的问题就是电子合同的书面形式问题，即电子合同是否为书面形式，它是否具有书面形式所具有的证据功能和文书功能等。

在传统的使用纸张订立的合同中，书面形式所起到的功能包括以下几种：

(1) 确保有可以看得见的证据，证明各方当事人确有订立契约的意向以及此种意向的性质；

(2) 帮助各方当事人意识到订立一项契约的后果；

(3) 确保一份文件可为所有人识读；

(4) 确保文件恒久保持不变，因而提供对于一项交易的永久性记录；

(5) 使一份文件可以复制为若干份，以便每个当事方持有一份同样的数据；

(6) 使之可通过签字方式进行数据的核证；

(7) 确保一份文件做成对公共机构和法院均可接受的形式；

(8) 最后体现出书面文件作者的意向并提供该意向的一份记录；

(9) 可便于以有形的方式储存数据；

(10) 便利于稽查即日后的审计、税收或管制目的；

(11) 在为了生效目的而要求书面的情况下使之产生法律权利和义务。[②]

在电子合同的订立过程中，信息以数据电文的形式呈现，虽然数据电文所显示的信息仍然是明确、具体和可以理解的，但是数据电文都保存在计算机或其他信息系统中。如果严格按照书面形式的要求，数据电文显然不可以直接归入书面形式的一种：首先，数据电文无法原始地记录于纸质媒介；其次，数据电文因保存于磁性介质上而易于改动，且这种改动很难留下痕迹；再次，数据电文无法区分原件和复印件；最后，数据电文无法进行传统的签章，因而无法通过传统的物理形式直接地与当事人捆绑在一起而起到认证的作用。数据电文的这些特性阻碍了电子合同合法性的进程。

## (二) 电子合同的法律承认

合同当事人可以协议约定承认数据电文具有与书面形式相同的法律效力，但是这种约定不能与法律的强制规定相抵触，也没有约束第三人的效力，因此具有极大的局限性。从立法上承认电子合同的书面效力，是电子商务发展的必然要求。

在电子商务立法的发展过程中，主要存在两种方法来解决数据电文的书面形式问题，分别是扩大解释法和“功能等同”法。

### 1. 扩大解释法

扩大解释法是指在立法中扩大“书面形式”的外延，从而将数据电文直接纳入书面形式的范畴。扩大解释法多见于早期的电子商务立法之中。例如，1980 年《联合国国际货物销售合同公约》第 13 条规定：“为本公约的目的，书面包括电报和电传。”而联合国国际贸易法委员

---

① 这是基本原则，各国法律的具体认定可能有所不同，例如按照我国《合同法》第 36 条的规定，法律、行政法规规定或者当事人约定采用书面形式订立合同，当事人未采用书面形式但一方已经履行主要义务，对方接受的，该合同仍可成立。

② 参见杨坚争主编：《经济法与电子商务法》，402 页，北京，高等教育出版社，2004。

会制定的《国际商事仲裁示范法》第 7 条，则进一步把书面的概念扩展到包括电话、电传或提供仲裁协议记录的其他电讯手段。我国《合同法》同样采用了扩大解释的方法来承认数据电文的法律效力，该法第 11 条规定："书面形式是指合同书、信件和数据电文（包括电传、传真、电子数据交换和电子邮件）等可以有形地表现所载内容的形式。"

扩大解释法通过列举的方法简单地将新出现的合同形式纳入书面形式，虽然暂时使电子合同的法律地位得到承认，但它忽视了这种新形式与传统的书面形式有着明显的不同，从而使得书面形式本身的内涵一直处于不确定的状态，也给证据法带来了困惑。①

2. "功能等同"法

"功能等同"法是指在将基于纸质媒介的法律适用到网络环境时，对网络环境下新媒介与纸质媒介的某些具有法律意义的功能进行比较，如果这种新媒介法律意义上的基本功能与纸质媒介相等，则新媒介即具有纸质媒介同样的法律效力和意义。适用于传统纸质媒介的法律便可以直接适用到这些具有相同功能的新媒介中。

"功能等同"原则可以适用于电子商务立法的各个方面，包括合同的形式、签名的方式和技术以及文件的完整性和认证性等。在合同的书面形式问题上，"功能等同"原则"立足于分析传统的书面要求的目的和作用，以确定如何通过电子商业技术来达到这些目的或作用"②。例如，联合国《电子商务示范法》对于书面形式规定："如果法律要求信息须采用书面形式，则假若一项数据电文所含信息可以调取以备日后查用，即满足了该项要求。"③ 对于传统法律中签字的要求，《电子商务示范法》规定："如果法律要求有一个人签字，则对于一项数据电文而言，倘若情况如下，即满足了该项要求：(a) 使用了一种方法，鉴定了该人的身份，并且表明了该人认可了数据电文内含的信息；(b) 从所有各种情况看来，包括根据任何相关协议，所用的方法是可靠的，对生成或传递数据电文的目的来说也是适当的。"④ 而对于传统法律中要求的原件，《电子商务示范法》规定："如果法律要求信息必须以其原始形式展现或留存，倘若情况如下，则一项数据电文即满足了该项要求：(a) 有办法可靠地保证自信息首次以其最终形式生成，作为一项数据电文或者充当其他用途之时起，该信息保持了完整性；(b) 如果要求信息展现，可将该信息显示给观看信息的人。"⑤ 我国 2005 年 4 月 1 日起施行的《电子签名法》也很好地采纳了"功能等同"原则，以此为基础在其第 4 条、第 5 条分别确立数据电文符合书面形式和原件形式所应达到的标准。

"功能等同"原则几乎被国际所有主要的电子商务立法所采纳，逐渐成为电子商务立法的一个核心规则。在理解和适用"功能等同"原则时，有以下三点值得注意：

(1) 数据电文在满足特定标准时具有与书面文件相同的法律效力，但数据电文不等同于书面文件，数据电文有特殊的性质，不一定具备书面文件的全部功能。

(2) 采用"功能等同"原则时应注意形式要求的现有等级，即要求书面文件提供不同程度

---

① 比如，若将电子合同作为书面合同的特殊形式，那么按照我国民事诉讼法的规定，书面合同应属于书证范畴。但是书证存在物理上的原件和复印件之分，而电子合同无法依物理形式直接区分原件和复印件。

② 联合国国际贸易法委员会《电子商务示范法颁布指南》(1996)，21 页。

③ 联合国国际贸易法委员会《电子商务示范法》，第 6 条第 1 款。

④ 联合国国际贸易法委员会《电子商务示范法》，第 7 条第 1 款。

⑤ 联合国国际贸易法委员会《电子商务示范法》，第 8 条第 1 款。

的可靠性、可核查性和不可更改性，对数据电文也应根据不同的程度而要求功能等同，不应对数据电文采取更加严格的标准。

（3）书面文件的功能有很多方面，在适用“功能等同”原则时，不是要求数据电文的所有功能与书面文件相等，而是以书面形式的基本作用为标准，一旦数据电文达到这些标准，即应获得同等程度的法律认可。

# 第二节　电子合同的成立

传统合同法理论认为，合同的成立与生效有本质区别。合同的成立是当事人对自己利益和义务的衡量和肯定，完全是个人之间的事情；合同的生效则是国家或法律对当事人之间已经成立的合同进行评价，决定是否让其产生法律效力的过程。

一般而言，合同成立是指当事人意思表示一致而达成协议的状态。其要件有二：（1）存在两个或两个以上的当事人；（2）当事人意思表示一致，即合意。由于合同成立阶段并不考察当事人的缔约资格，所以合同成立的过程，关键是当事人意思表示达成一致的过程，也就是合同的订立过程。

电子合同是以数据电文的方式订立的，其意思表示通过数据电文传送和存储。因此，电子合同订立过程中要约与承诺的生效、撤回和撤销以及合同成立的时间和地点均有一定特殊性。

## 一、电子合同中的要约

### （一）一般原理

要约是希望和他人订立合同的意思表示，该意思表示应当符合两个要件：（1）内容具体明确；（2）要标明经受要约人承诺，要约人即受该意思表示的约束。①

所谓内容具体明确，是要求要约的内容应当具备合同成立所必需的条款，以确保该要约经受要约人承诺后是可以付诸实施的。通说认为，要约至少应包括标的、数量、要约人的姓名或名称三项，并根据交易的具体情况而增加。

所谓经受要约人承诺，要约人即受该意思表示的约束，是指要约人订立合同的意思是确定的。要约人可以在要约中声明自己受要约的约束，但这不是必要条件。要约人只要表达出明确的缔约意图即可，一般而言，一份内容具体明确的要约就足以推定其存在缔约意图。

要约一经生效，对要约人和受要约人均具有拘束力。要约对要约人的拘束力，表现在要约一经生效，要约人不得随意改变要约的内容，亦不得撤回要约；要约对受要约人的拘束力，主要是指要约生效后受要约人取得作出承诺以使合同成立的权利，但并不因此承担必须承诺的义务。

要约生效以前可以撤回。要约人撤回要约，应当向对方发出通知。撤回要约的通知先于或

---

① 参见《中华人民共和国合同法》第14条。

同时到达受要约人，则撤回生效。要约生效后还可以撤销，但撤销通知应当在受要约人发出承诺通知以前到达受要约人。法律规定以下两种要约不得撤销：(1) 要约人确定了承诺期限或以其他形式明示要约不可撤销；(2) 受要约人有理由认为要约是不可撤销的，并已经为履行合同作了准备工作。

另外，根据《合同法》第 20 条的规定，属下列情形之一的，要约失效：

(1) 拒绝要约的通知到达要约人；(2) 要约人依法撤销要约；(3) 承诺期限届满，受要约人未作出承诺；(4) 受要约人对要约的内容作出实质性变更。

### （二）要约与要约邀请的区分

要约邀请，是希望他人向自己发出要约的意思表示，它不因相对人的承诺而成立合同。所以，在合同订立规则中，要约与要约邀请的区分有重要意义。

要约与要约邀请的区分向来存在很大分歧。理论上，可以根据要约的法律构成来区分要约与要约邀请，但在实践中的区分是相当困难的，很难提出一般的规则。① 因此，根据具体交易现象进行区分是唯一有效的办法。我国《合同法》第 14 条和第 15 条分别定义了要约和要约邀请，是对二者进行区分的理论指引。同时《合同法》第 15 条明确规定，寄送的价目表、拍卖公告、招标公告、招股说明书、商业广告等为要约邀请，但商业广告的内容符合要约规定的，视为要约。

在电子商务环境中区分要约和要约邀请，国内多数学者同意将网络广告和在线交易区别考察，而在线交易又因标的物为实物或计算机信息的不同，性质不同。

1. 网络广告

广告分为普通商业广告和悬赏广告两大类型。对于商业广告，大陆法系和英美法系态度相似，原则上将其视为要约邀请，如果普通商业广告中含有合同得以成立的确定内容和希望订立合同的愿望，则视为要约。

网络广告发布者通常在网站上发布 banner 广告或其他网页广告，或者通过电子邮件寄送商品信息。发布时可以在广告中特别声明为要约或要约邀请。如果声明："不得就其提议作出承诺"，或"此广告和信息的发布者不承担合同责任"，或"广告和信息仅供参考"等，则只能视为要约邀请；如果公开声明，发布人愿意接受广告约束，与承诺者缔结合同，那么可视为要约。② 在没有声明的情况下，对要约和要约邀请的区分，应综合考虑具体交易情形和惯例，考察广告是否具备上述要约的基本要件。

悬赏广告是指广告人以广告形式声明对完成广告规定的特定行为的任何人，给付广告中约定报酬的意思表示行为。对于悬赏广告，各国《合同法》一般认为是一项要约，我国司法实践也多将其认定为要约，一旦某人完成悬赏广告指定的行为，即是对广告人的有效承诺，双方即形成债权债务关系。在电子商务环境下，悬赏广告在认定发布人身份时会存在一些特殊问题，但这并不改变悬赏广告本身的性质。所以，在通常情况下，悬赏广告应认定为要约。

2. 在线交易中的商品展示

在线交易的模式主要有两种：普通的访问网页进行交易以及通过专门的第三方交易平台交

---

① 参见〔英〕阿蒂亚著，程正康等译：《合同法概论》，42 页，北京，法律出版社，1982。

② 参见高富平、张楚：《电子商务法》，154 页，北京，北京大学出版社，2002。

易。产品制造商或大型商场通常会在互联网上建立网站或页面，消费者通过访问其网站页面购买其产品或商品，即通常所说的 B2C 模式。而专门的交易平台有 B2B 平台和 C2C 平台，分别为商家之间和个人之间的交易提供从商谈到付款一整套的解决方案。在线交易的标的多为实物或计算机信息，我们分别讨论。

（1）通过访问网页进行实物交易。在这种交易模式中，明码标价的网页商品展示类似于商店标有价格的商品陈列。但网页上展示的并非真实的商品而仅仅是商品图片，理论上存在多人同时点击同一商品购买的可能性（访问量大的网站这种可能性是非常大的）。如果认定网页展示商品的行为为要约，则面临商品售罄或者同一商品被“卖出”数次的危险。[①] 所以，多数学者认为网页展示商品的行为，是要约邀请。

（2）通过访问网页进行计算机信息交易。由于计算机信息的特殊性，它可以无限复制、随时下载，也不存在售罄的问题。所以在网页上展示计算机信息并表明数量和价格的行为，可以认定为要约。

（3）通过第三方交易平台交易。在这种模式中，交易平台一般都建立了严谨的交易程序，为交易双方提供了充分的交流机会。在卖方“提交”货物到交易平台时，一般都应交易平台的要求而填写了准确的商品数量，不存在售罄的问题；买卖双方交易的每个步骤都在交易平台程序确认后进行，不存在一物多售问题。所以，在第三方交易平台上展示商品进行销售的行为（不论商品是实物还是计算机信息），可以认定为要约。

**（三）要约的撤回与撤销**

要约的撤回，是指要约人在发出要约后，到达受要约人之前，取消其要约的行为。《合同法》第 17 条规定：“要约可以撤回。撤回要约的通知应当在要约到达受要约人之前或者与要约同时到达受要约人。”如果要约人的要约是以邮寄信件的方式发出的，在要约到达受要约人之前，可以通过更快速的通信方式将其撤回。

电子商务活动中，数据电文在信息系统之间的传递几乎没有延迟，要约的撤回变得很难实现。因此有学者主张，撤回要约在电子商务环境中是不可能的，在电子合同中谈论要约的撤回没有意义。另一种观点认为，电子要约的撤回虽然非常困难，但并非绝无可能。在网络拥挤或服务器故障的情况下，数据电文可能延迟到达，使得撤回要约的通知可能更早地到达受要约人。此时，从尊重契约自由原则和维护法律的一致性出发，法律应承认要约人撤回要约的权利。[②] 这种观点综合考虑了电子交易的特殊性和法律对双方当事人权益的平等保护，较为科学。

要约的撤销，是指在要约发生效力后，要约人取消要约的行为。《合同法》第 18 条规定：“要约可以撤销。撤销要约的通知应当在受要约人发出承诺通知之前到达受要约人。”在线交易中，如果要约以电子邮件的方式发出，那么在受要约人回复之前是可以撤销的；如果当事人通过即时通信工具在网上协商，这与口头方式无异，要约人在受要约人作出承诺前可以撤销；如果当事人采用电子自动交易系统从事电子商务，承诺由交易系统自动回复，则要约人很难有机会撤销要约。

---

① 参见〔德〕迪特尔·梅迪库斯著，邵建东译：《德国民法总论》，270 页，北京，法律出版社，2000。

② 参见齐爱民等：《电子合同的民法原理》，107 页，武汉，武汉大学出版社，2002。

## 二、电子合同中的承诺

### （一）一般原理

承诺，是受要约人同意要约的意思表示。承诺的法律意义在于，承诺生效，则合同成立。一项有效的承诺须具备以下构成要件：

1. 承诺必须由受要约人向要约人作出。一方面，作出承诺的人必须是受要约人。受要约人为特定时，承诺须由该特定人作出；受要约人为不特定人时，承诺可以由不特定人中的任何人作出。受要约人的承诺行为，可以由其本人或其授权的代理人作出。另一方面，承诺必须向要约人作出。向要约人的代理人作出的承诺，可视为向要约人作出。若要约人发出要约后死亡，要约并不当然失效，如在合同的履行不具有特定人身性质的情况下，受要约人可以向要约人的继承人作出承诺从而成立合同。

2. 承诺的内容必须与要约的内容一致。现代合同法理论一般认为，内容一致是指实质性内容（如合同标的、数量、质量、价款、报酬、履行期限、履行地点、履行方式、违约责任和解决争议方法等内容）的一致，对要约的非实质性内容作出变更的，承诺并不当然无效。我国《合同法》作了相同的规定。①

3. 承诺必须在要约的有效期间内作出。当要约中规定了承诺期限时，承诺必须于此期限内作出。要约没有规定承诺期限的，如果当事人以对话方式交流，则承诺应立即作出；如果当事人以非对话方式交流，则承诺应在合理的期间作出。承诺在要约的有效期届满之后到达要约人的，除要约人及时通知该承诺有效或有证据证明迟到是因客观原因造成的外，不发生承诺的效力，应视为新要约。

### （二）承诺的撤回

承诺的撤回，是指受要约人在承诺生效之前将其取消的行为。英美法系立法一般对承诺生效采用发信主义原则，承诺一经发出即告生效，不存在撤回问题。大陆法系立法一般对承诺生效采受信主义原则，承诺到达要约人时才发生效力，因此允许受要约人撤回承诺。我国《合同法》第 27 条规定："承诺可以撤回。撤回承诺的通知应当在承诺通知到达要约人之前或者与承诺通知同时到达要约人。"

在理论上，电子合同中关于要约撤回的规则当然适用于承诺的撤回，以数据电文发出的承诺可以撤回。在电子商务活动中，数据电文的传输可能遇到网络故障、信箱拥挤、停电断电、信息系统感染病毒等情况，因此受要约人撤回以数据电文形式发出的承诺的情形是存在的。

## 三、电子合同成立的时间和地点

### （一）电子合同成立的时间

根据合同法理论，承诺生效时合同成立。而关于要约和承诺生效的时间，传统合同法主要

---

① 参见《中华人民共和国合同法》第 30 条、第 31 条。

存在两种规则：一种是到达主义，为大多数大陆法系国家和国际公约所采纳；另一种是发送主义，多为英美法系国家所采用。两种规则各有其优点，到达主义注重保护交易安全，而发送主义更注重交易效率。我国对要约生效和承诺生效均采到达主义，这种规则与当今立法趋势相吻合，而且更符合数据电文传输迅捷的特点。美国《统一计算机信息交易法》对于电子信息的生效时间也采用了到达主义，而放弃了普通法的“邮箱规则”①。美国统一州法委员会对此的正式解释是：“之所以放弃‘邮箱规则’是避免收到与否的不确定性，采用到达主义是考虑到电子信息传输的迅捷性，而把没有收到的风险置于发送人。”可以说，电子交易本身具有非常高的效率，因而安全成了每个国家立法者考虑的第一要素，到达主义恰恰符合这一要求。

在电子合同订立过程中，因为数据电文的特殊性，意思表示的传输不再是直观的或“可见的”，所以何种情况视为法律上数据电文的“发出”或“收到”，成为立法必须澄清的问题。

联合国《电子商务示范法》关于数据电文的发出时间规定：“除非发端人与收件人另有协议，一项数据电文的发出时间以它进入发端人或者代表发端人发送数据电文的人的控制范围之外的某一信息系统的时间为准。”② 关于数据电文的到达时间，《电子商务示范法》规定：“除非发端人与收件人另有协议，数据电文的收到时间按下述办法确定：(a) 如收件人为接收数据电文而指定了某一信息系统：(一) 以数据电文进入该指定信息系统的时间为收到时间；(二) 如数据电文发给了收件人的一个信息系统但不是指定的信息系统，则以收件人检索到该数据电文的时间为收到时间；(b) 如收件人并未指定某一信息系统，则以数据电文进入收件人的任一信息系统的时间为收到时间。”③ 1998 年新加坡《电子交易法》和 2000 年爱尔兰《电子商务法》对此问题作了基本相同的规定。

我国《合同法》和《电子签名法》对数据电文形式的要约或承诺的到达时间作了明确规定：“收件人指定特定系统接收数据电文的，该数据电文进入该特定系统的时间，视为到达时间；未指定特定系统的，该数据电文进入收件人的任何系统的首次时间，视为到达时间”。④

另外，由于数据电文的特殊属性，在考虑数据电文形式的要约、承诺的发出或到达时，还有几个细微处值得注意：

(1) 不同的信息系统间数据的格式有可能是不完全兼容的。有些情况下，虽然发送者发送的是有意义的信息，但是由于接受者的信息系统与发送者的信息系统不完全兼容，接收到的信息可能是无法阅读或无法理解的。因此，美国《统一电子交易法》规定，一项信息应该以接受者所指定的信息系统能够处理的方式发送或者接收，才认为这项信息已经被发送或者接收。⑤

(2) 点击合同中，承诺人一旦点击确认图标，承诺在瞬间即到达点击合同的提供者，承诺人很难获得撤回的机会。为了保护点击合同中的消费者，欧盟《电子商务指令》规定：消费者通过点击合同完成承诺后，点击合同的提供者应当对该合同向消费者进行确认，该确认过程是合同成立的必须步骤。⑥

---

① 美国《统一计算机信息交易法》第 215 条 (a)。

② 联合国贸易法委员会《电子商务示范法》第 15 条 (1)。

③ 联合国贸易法委员会《电子商务示范法》第 15 条 (2)。

④ 《中华人民共和国合同法》第 16 条第 2 款，《电子签名法》第 11 条第 2 款。

⑤ 参见美国《统一电子交易法》第 15 条。

⑥ 参见欧盟《电子商务指令》第 11 条。

(3) 电子合同订立过程中，发件人和收件人有时可能使用的是同一信息系统。针对这一情况，联合国国际贸易法委员会《国际合同中使用电子通信公约》规定："当发端人与收件人使用同一信息系统时，数据电文能够由收件人检索的时间，视为数据电文发出和收到的时间。"①加拿大《统一电子商务法》对此问题做了相似的规定。

### (二) 电子合同成立的地点

合同成立的地点对于确定合同纠纷的诉讼管辖以及解决纠纷的准据法，具有重要意义。各国立法一般以承诺发出或到达的地点作为判断合同成立地点的依据。例如我国《合同法》规定"承诺通知到达要约人时生效"②，"承诺生效的地点为合同成立的地点"③。在电子合同的订立过程中，数据电文的传输过程变得不直观而且技术性强，一项数据电文的发出和接收的地点具有相当的随意性或者难以在技术上确定，从而影响到法律的确定性。

针对这种情况，《电子商务示范法》以"营业地""主要的营业地"和"惯常居住地"为基点，区分了推定收到地点与实际收到地点，规定："除非发端人和收件人另有协议，数据电文应以发端人设有营业地的地点视为其发出地点，而以收件人设有营业地的地点视为其收到地点。"另外，"如发端人或收件人有一个以上的营业地，应以对基础交易具有最密切关系的营业地为准，又如果并无任何基础交易，则依其主要的营业地为准；如发端人或收件人没有营业地，则以其惯常居住地为准。"④ 这里"营业地""主要的营业地"和"惯常居住地"词语的使用，与《联合国国际货物销售合同公约》第 10 条保持一致。另外需注意，区分推定的收到时间和实际的收到时间，并非为了在发端人与收件人之间分摊风险，而是"在法律事实上确立一种不容反驳的推定，当一项法律（例如有关合同订立或者法律冲突的法律）要求确定一项数据电文的收到地点时，即可使用这种推定"⑤。

《电子商务示范法》的规定为很多国家或地区的电子商务立法所采纳，例如美国《统一电子交易法》规定："除非在发送者和接收者之间另有约定，或者在双方的电子数据中另有明确的规定，一项电子数据被认为是从发送者的营业地发出，在接收者的营业地被收到。(1) 如果发送者或者接收者有一个以上的营业地，则该营业地是指与该基础交易有最密切联系的营业地；(2) 如果发送者或者接收者没有营业地，则该营业地是指发送者或接收者的住所地。"⑥ 新加坡《电子交易法》、爱尔兰《电子商务法》对此问题也作了基本相同的规定。

我国《合同法》第 34 条直接规定了电子合同成立的地点，2005 年《电子签名法》则充分借鉴了联合国《电子商务示范法》，规定：当事人可以对数据电文的发送时间、接收时间进行约定，当事人没有约定时，"发件人的主营业地为数据电文的发送地点，收件人

---

① 联合国《国际合同中使用电子通信公约》第 10 条。

② 《中华人民共和国合同法》第 26 条。

③ 《中华人民共和国合同法》第 34 条。

④ 联合国国际贸易法委员会《电子商务示范法》第 15 条 (4)。

⑤ 联合国国际贸易法委员会《电子商务示范法及其颁布指南》，46 页。

⑥ 美国《统一电子交易法》第 15 条。

的主营业地为数据电文的接收地点。没有主营业地的，其经常居住地为发送或者接收地点"①。

## 四、确认收讫规则

在立法对要约和承诺的生效普遍采用到达主义的情形下，接收人法律风险较小。而发送人却无法确切知道接收人收到与否，是否处在受约束的状态。因此，有些电子商务立法建立了确认收讫规则，来减少发送人的风险。

确认收讫是指在接收人收到发送的信息时，由其本人或指定的代理人或通过自动交易系统向发送人发出表明其已收到的通知。联合国《电子商务示范法》颁布指南指出：确认收讫有时用来包括各种各样的程序，从简单的确认收到一项电文到具体表明同意某一数据电文的内容。联合国《电子商务示范法》对确认收讫的应用规定了以下5项主要原则：

（1）确认收讫可以用任何方式或行为进行；

（2）发送人要求以确认收讫为条件的，在收到确认之前，视信息为未发送；

（3）发送人未要求以确认收讫为条件，并在合理期限内未收到确认的，可通知接收人并指定期限，在上述期限内仍未收到的，视信息为未发送；

（4）发送人收到确认的，表明信息已由收件人收到，但不表明收到的内容与发出的内容一致；

（5）确认收讫的法律后果由当事人或各国自己决定。

有一些国家采纳了示范法中确立的确认收讫规则。新加坡《电子商务法》对于确认收讫的规定与示范法完全一致。韩国《电子商务基本法》规定稍有不同，该法第12条第3款规定："如果发件人要求收件人确认收讫但未声明以确认收讫为条件，那么，发件人可以撤销发出的电子信息，除非在合理的时间内，或在发件人规定的时间内，或在发件人和收件人协商一致的时间内发件人收到了确认通知。"

从立法精神看，确认收讫规则旨在消除电子合同订立过程中的不确定性，不是订立合同的必经程序。确认收讫一方面能减少风险，但同时也增加了商业成本。电子商务活动中是否采用确认收讫，应充分尊重当事人的意思自治。我国《电子签名法》第10条规定："法律、行政法规规定或者当事人约定数据电文需要确认收讫的，应当确认收讫。发件人收到收件人的确认收讫时，数据电文视为已收到"。

# 第三节　电子合同的生效

合同成立是合同生效的前提，但成立后的合同并不必然产生当事人所追求的法律效果，只有符合法律规定的生效要件的合同才会产生法律拘束力。成立后的合同不符合相应生效要件

---

① 《中华人民共和国电子签名法》第12条。

的，则分别成为无效合同、可撤销合同和效力待定合同，并产生相应的法律后果。

按照我国《民法通则》以及《合同法》的有关规定，合同的一般生效要件包括：（1）订立合同的当事人具有相应的民事行为能力；（2）意思表示真实；（3）合同不违反法律或者社会公共利益。

毫无疑问，电子合同应符合上述生效要件。但是由于电子合同订立过程中使用了现代的通信手段，产生了一些新的问题，其法律效果需要专门说明和澄清。这些问题主要包括电子合同当事人的身份和行为能力确认问题，电子自动交易问题，电子错误对合同效力的影响问题以及点击合同法律问题等。

## 一、电子合同的当事人

### （一）当事人身份的确认

在传统的合同订立过程中，当事人依靠对照印鉴或署名的方式来确认对方当事人的身份，并将有关书面文件载明的权利义务归属于该特定当事人。而在电子商务活动中，数据电文所载明的发件人是否是真正的发件人，无法通过五官感知的方式进行确认，在电子商务实践中形成了密码、电子签名、文件加密、回电确认等确认当事人的身份的方式。目前，以成文法的方式确立电子签名的法律效力，是各国普遍采纳的有效方法。①

我国《电子签名法》于2005年4月1日开始施行，该法专门规定“可靠的电子签名与手写签名或盖章具有同等的法律效力”②，确立的电子签名在我国的法律地位。

### （二）当事人订约能力的认定

1. 自然人订约能力的认定

在传统的合同一般生效要件中，通常会要求当事人具有完全行为能力。③ 我国《合同法》第9条规定，“当事人订立合同，应当具有相应的民事权利能力和民事行为能力”，这种要求对电子合同同样适用。

在传统的面对面的交易模式中，当事人可以借由外貌、语言、行为举止等来判断交易相对人的民事行为能力状况。在电子商务活动中，判断对方当事人的订约能力变得更加困难，但并非无法确定。当事人在数据电文中进行的电子签名，或者B2C交易中消费者所填写的姓名、性别、年龄、身份证号码等，都可以作为认定交易相对人订约能力的依据。

总之，在电子合同中，虽然当事人的行为方式可能发生了多种变化，但仍应按照民法的相关规定认定其行为的效力，即完全行为能力人对其行为负责；无行为能力人所为的意思表示无效；限制行为能力人未得法定代理人同意进行的合同行为效力未定，相对人因此受到损失的，可以要求其法定代理人负责。

---

① 欧盟于1999年颁布了《电子签名指令》，联合国国际贸易法委员会2001年发布了《电子签字示范法》。另外，存在电子签名相关立法的还有美国、德国、日本、法国、俄罗斯、韩国、瑞士、芬兰、西班牙、澳大利亚、智利、阿根廷、马来西亚、泰国和我国台湾地区等。

② 《中华人民共和国电子签名法》第14条。

③ 参见施启杨：《民法总则》，198～199页，台北，三民书局，2000。

在此基础上，多数学者同意，对于接受公共信息服务的人，不论其年龄或精神状况如何均应视为完全民事行为能力人①，我国台湾地区相关电信立法已经有此立法例。②

2. 企业或非企业组织订约能力的认定

在电子合同订立过程中，对企业或非企业组织订约能力的认定较为有据可依。首先，按照我国《电信条例》和《互联网信息服务管理办法》的规定，我国对经营性网站的设立实行许可制度，设立网上企业需要严格的审批程序。其次，现有企业建立电子商务网站进行在线交易的，企业设立时已经进行了注册登记，企业一般会在其网站上公示营业执照等相关信息，当事人可以通过合法手段查询、认证。再次，对于不建立网站而是通过 B2B、C2C 交易平台进行交易的商家，交易平台一般会有严格的认证手续。比如阿里巴巴、易趣、淘宝等电子交易平台，对企业用户的认证，会要求其提供营业执照复印件等相关材料；对于注册开设店铺的自然人，则会要求其提供身份证复印件进行实名认证。

## 二、电子自动交易

### （一）电子自动交易概述

在电子商务活动中，一些商家使用智能化的交易系统（即电子“代理人”）自动发送、接收、处理数据电文，甚至部分或全部地履行合同，称为电子自动交易。这种智能化的交易系统，称为电子“代理人”。在现有的技术环境下，电子商务活动中主要存在三种电子自动交易情形：（1）企业间使用固定的信息系统，以标准化的格式传输和处理商业文件，即 EDI；（2）一方当事人使用自动交易系统销售其产品，多见于 B2C 交易之中；（3）自动竞价交易平台，例如易趣、淘宝等 C2C 平台或者网络证券买卖系统。

### （二）电子“代理人”的法律性质

电子“代理人”，英文称 Electronic Agent，是指不需要人的审查或操作，而能够独立地发出、接收、处理数据电文，以及部分或全部地履行合同的计算机程序、电子手段或其他自动化手段。③ 从构成上看，电子“代理人”是自动化功能的软件、硬件或其结合；从商业用途看，它可用于搜索某一商品或服务的价格、完成在线买卖或对交易发出授权，它执行的是商人的意思表示或根据其意思表示而履行合同。

电子“代理人”虽然具有智能，但其智能是程序预设的、有限的，它不具有自然人那样综合判断行为后果的能力，并且它没有独立的利益以及承担义务的财产基础。所以，电子“代理

---

① 参见杨坚争主编：《经济法与电子商务法》，431 页，北京，高等教育出版社，2004。

② 我国台湾地区“邮政法”第 12 条规定：“无行为能力人或限制行为能力人，关于邮政事务对中华邮政公司所为之行为，视为有行为能力人之行为。”“电信法”第 9 条规定：“无行为能力人或限制行为能力人使用电信之行为，对于电信事业，视为有行为能力人。但因使用电信发生之其他行为，不在此限。”

③ 美国最先在立法中使用电子“代理人”（Electronic Agent）这一概念，美国《统一电子交易法》的起草者在解释为何使用该词时说：为了不与“代理”概念相混淆，本来使用的是“电子设施（Electronic Device）”一词，但是由于美国《统一计算机信息交易法》率先使用了电子代理人并且该词已经作为专业术语得到了认可，为了与之一致，舍弃了“电子设施”而选用电子“代理人”一词。

人”不具有独立的法律人格，不具有独立的订约能力，它仅仅是当事人设立的一种智能化工具，其行为即是当事人的行为。[①] 电子“代理人”的法律地位，从属于其设立人的法律地位。

在B2B、B2C交易中，电子“代理人”的自动应答功能类似于自动售卖机。理论上一般认为，处在正常工作状态下的售卖机本身即是要约，购买方的投币行为是承诺。电子“代理人”的自动应答功能是比自动售卖机更高级的交易程序，但并不改变其交易工具的性质。在网络证券买卖中，当事人向证券自动交易系统发出要约，由系统寻找报价相同的买方和卖方，达成交易。此时，电子“代理人”同时传达当事人的要约，而无承诺，这种要约理论上称为交叉要约。[②] 交叉要约中，只要双方当事人互为意思表示，且意思表示内容一致即可，并不限于一方是要约，而一方是承诺的形式。所以，在自动竞价交易系统中，要约和承诺仍然由当事人来进行，电子“代理人”充当交易的平台或媒介。

电子“代理人”所发出的数据电文的法律效力归属于电子“代理人”的设立人，电子“代理人”出现错误后的责任亦应由其设立人来承担，设立人不得以所发送的信息未经自己审查为由而否认。

当事人可以在基础合同中约定信息发送的格式、鉴别方法和归属等问题。如果当事人未按照合同约定的方式对电子“代理人”进行设置，所发送的信息不符合合同要求，原则上接收人有选择接收或拒绝的权利。

## 三、电子错误

### （一）电子错误的含义

电子错误，是指在电子合同订立过程中，双方当事人因使用信息系统而产生的错误或者变异。“错误”是指电子合同当事人一方由于自己的疏忽而提交了不正确的信息。如当事人的本意是订购1台电脑，却错误输入了10台，没有注意到这一错误而将信息发出。“变异”是指由于信息系统的错误而将一方当事人的意思自动地加以变化的情形。如消费者在网上订购1台电脑，但信息系统错误地将其识别为10台并作出承诺，或者消费者在商家规定的买卖有效时间已过的情况下发出购买要约，自动交易系统仍然与之订约等。

电子错误应当符合以下构成要件：(1) 当事人的意思表示产生了错误；(2) 该错误与使用信息系统存在直接的关系；(3) 该信息系统的程序设置正当，即当事人未故意设置某一程序以改变原始信息的内容。应当注意，传统合同错误的电子化表现形式，比如当事人对网上商家发生误解而向其发出要约，不属于电子错误，其法律效果已由传统合同法加以规定。

### （二）电子错误的法律调整规则

由于电子错误并非当事人真实的意思表示，所以原则上应允许当事人撤销。国际电子商务

---

① 由于电子“代理人”一词极易使人与“代理人”概念相混淆，我国学者齐爱民教授在2002年联合国国际贸易法委员会电子订约公约会议中主张使用“自动信息系统”取代之，为联合国《国际合同中使用电子通信公约》所采纳。

② 交叉要约，指订约当事人采取非直接对话方式，不约而同地向对方发出内容相同的要约。大陆法系理论一般认为，交叉要约可以成立合同。参见史尚宽：《债法总论》，29页，北京，中国政法大学出版社，2000；王利明、崔建远：《合同法新论》，179页，北京，中国政法大学出版社，1996。

立法建立了一系列的规则，鼓励信息系统的提供者建立适当的技术手段，以及时地发现和改正错误。这些规则可以归纳为：

在当事人双方有约定的情形下：若当事人双方约定使用某种安全程序检测变异或者错误，一方当事人遵此执行，而另一方当事人未遵守约定。在未遵守约定方如遵守约定就可以检测到错误的情形下，遵守方可以撤销变异或错误的电子信息所产生的效力，不论合同是否已经订立或履行。①

在当事人双方没有约定的情形下：

(1) 若一方当事人采用某种程序检测到自己所发出的信息有变异或者错误，应即时通知接收方，接收方应在合理的时间内予以确认。如果确认，则变异或错误不产生效力，或者发出方可以撤销变异或错误产生的效力。如果接收方未在合理时间内确认的，发出方也可以撤销变异或错误所产生的效力。如果接收方在合理时间内否定了有错误存在，应由发出方证明他发出的信息有变异或错误。发出方不能证明的，不能撤销所发出信息的效力。

(2) 若一方采用某种程序检测到对方所发出的信息有变异或错误，应即时通知发出方，发出方在合理时间内予以确认的，双方均可撤销该变异或错误的效力；发出方未在合理时间内予以确认的，接收方可以撤销该变异或错误的效力。

在B2C交易中，消费者可以撤销在与卖方的电子代理人交易过程中源自其本人的电子错误的效力，其前提条件是：电子代理人未能提供该自然人预防或纠正错误的机会，或者该消费者在知道出现电子错误时采取了如下行为：

(1) 及时通知对方当事人因自己的原因造成该数据电文存在错误，并表明本人不愿受该错误意思表示的约束；

(2) 采取合理措施避免相对人的损失，包括遵照对方指示退还因错误而可能收到的任何产品，或者根据指示销毁这种产品；

(3) 未使用因电子错误而收到的产品或服务，未从中获利或将其转让给他人。②

双方当事人采取了适当的措施，均未发现或检测到电子错误，直至合同履行或履行完毕，原则上合同应有效，除非该错误动摇了合同成立的基础。

基于电子错误导致合同或某一条款无效或被撤销的，当事人应当返还因此所带来的利益，不能返还的应给予补偿。因电子错误导致当事人一方受到损失的，若错误可以归责于一方的，由责任方赔偿损失；不可归责于任何一方的，该损失由自己承担。

## 四、点击合同

### (一) 点击合同概述

点击合同（click-wrap contract)，是指由商品或服务的提供人通过计算机程序预先设定合同条款的全部或一部分，以规定其与相对人之间的法律关系，相对人必须点击“同意”才能订

---

① 美国《统一电子交易法》第10条（1）作了此种规定。

② 美国《统一电子交易法》、加拿大《统一电子商务法》、联合国国际贸易法委员会《国际合同中使用电子通信公约》都作了相关规定。

立的合同。用户在网上购物或注册电子邮件，通常被要求点击“我同意”才可继续进行，即为点击合同的典型表现。点击合同是网络环境下的格式合同，由传统的格式合同到拆封合同再到点击合同演变而来。

所谓格式合同，是指由一方当事人预先制定的，并适用于不特定第三人，第三人不得加以改变的合同。格式合同由提供方拟定，较多体现了提供方的意志，只要相对方同意并签字，合同即告成立，所以格式合同也被称为附和合同。格式合同的条款也叫做一般交易条款、格式条款或定型化条款。从性质上讲，虽然格式合同具有强烈的附和性，但仍然是合同，要约和承诺被简化，效率价值得以凸显。

拆封合同（shrink-wrap contract）是指合同提供人将其与不特定第三人之间权利义务关系的相关条款，印在标的物的包装上面，并在合同中声明只要消费者购买后拆开包装，即视为接受的格式合同。[①] 拆封合同最早用于计算机软件的销售，软件产品生产商为了避免产品被盗版或滥用，将有关限制消费者使用的条款印在产品的包装上，只要购买人打开包装即视为拆封合同成立。

在交易电子化之后，信息类产品可以直接从网上购买，并可直接从网上获得，直接安装和使用，不再具有传统的包装形式，但也更加易于复制和非法使用。这样，拆封合同也随之电子化了，演变为点击合同。点击合同并非仅仅是电子版的拆封合同，其应用有两点明显的变化。第一，点击合同的应用范围大大拓展。拆封合同局限于买卖法律关系中，而点击合同已经广泛应用于信息产品使用许可、网络通信服务、网站会员注册等领域，从买卖关系扩展到非买卖关系。第二，点击合同具有部分可选择性。某些点击合同的条款可供相对人选择，相对人作不同的选择，权利义务关系会有不同。而拆封合同的任何条款都是相对人无法选择或改动的。

点击合同具有以下特点：

第一，点击合同由一方当事人预先拟订，其条款是定型化的，相对人的意思具有附和性。

第二，点击合同可以广泛、重复使用，其相对人可以是不确定的。

第三，点击合同具有互动性。传统的格式合同不会因相对人的不同而改变其内容，而点击合同则往往通过事先设定的程序，根据订约人数、履行地点等因素自动改变合同的价格等条款，这在B2C交易中尤为明显。

### (二) 影响点击合同效力的因素

点击合同是格式合同的一种表现形式，因此它应符合合同有效的原理和格式合同生效的一般要件。其中之难点，则在于对当事人意思表示是否真实的考察。由于点击合同的订立必然经过相对人点击“同意”这一过程，在形式上均达到了意思表示一致的要求。如果仅仅注重形式的合意，在点击合同这种情形下，已失去了法律意义。如果要探求每一份合同当事人的真实意思，在实际上难以做到。因此，对当事人意思表示真实的考察，只能落脚在合同条款之上，看格式条款是否具备了让相对人知晓的条件。我们根据B2C和B2B两种交易类型来分析。

1. B2C交易中点击合同应满足的条件：

(1) 合理提醒消费者注意。点击合同的提供者必须提醒消费者注意合同的格式条款，以明

① 参见张楚：《网络法学》，194页，北京，高等教育出版社，2003。

确的、直接的方式告知消费者，不得在合同之外另行规定其他条款。此提醒应当达到合理的程度：第一，文件的表现形式应足以使相对人知道它是合同条款；第二，提醒注意的方法应足以使相对人知道它的存在；第三，提醒注意的时间应在合同订立之前或订立之时；第四，提醒注意的程度，应足以引起相对人的注意，即能使一个具有一般注意力之自然人产生注意。

（2）保证消费者有审查的机会和时间。点击合同的提供者应确保消费者有机会和充分的时间去审查和了解合同的每一项条款，然后做出是否缔约的决定。至于消费者是否去了解，则在所不问。

2. B2B 交易中点击合同应满足的条件：

在 B2B 交易中，由于双方当事人商业经验和交涉能力大致相当，因而无须在立法政策上给任何一方特殊的保护，依据一般的合同法理论进行规范即可。点击合同只需满足下列条件：

（1）由双方当事人在一个较长的时间内持续使用，每一次使用，都以相对人知悉该格式合同的存在为前提，且语义相同。

（2）点击合同的条款和使用应符合行业惯例或商业习惯。

（3）对于初次使用的格式条款，应给予相对人了解的机会。在此，并不要求相对人了解其内容，只需知晓其存在即可。①

**案例 3—1**

天津四方律师事务所律师来云鹏于 2001 年 4 月 22 日在北京四通利方信息技术有限公司（以下简称“四通利方公司”）所有和运作的新浪网上注册了会员号为 laiyunpeng 的 50M 免费邮箱。2001 年 9 月 16 日零时，四通利方公司将原来的 50M 容量邮箱缩减至 5M。因此，来云鹏将四通利方公司诉至法院，认为用户以向四通利方公司提交会员注册申请、该公司确认并开通邮箱的方式缔结了电子邮箱服务合同，且双方互有对价，因此该服务合同应该对双方都具有约束力，任何一方均不能在未经对方同意的情况下擅自变更合同内容。另外，四通利方公司所提供的免费邮箱服务并非真正的免费，而是用户以在所发送和接收的电子邮件上发布四通利方公司广告的方式支付着对价。四通利方公司不顾其承诺和作为门户网站的企业信誉，擅自将其承诺的 50M 邮箱容量缩减为 5M，构成了违约。故来云鹏起诉要求四通利方公司继续履行其承诺提供的 50M 容量免费电子邮箱服务，并由四通利方公司承担诉讼费用。

四通利方公司针对来云鹏的起诉答辩，认为来云鹏通过新浪网注册取得新浪网会员身份，并享有免费邮箱服务。注册过程中，新浪网全面展示了服务条款，只有在用户完全同意该服务条款，并点击同意键以表示其已接受了服务合同的全部内容后，方可继续进行操作。故该服务条款应作为本案判断是否存在违约行为的依据。在该条款中明确规定了新浪网有权在必要时调整服务合同条款，并随时更改和中断服务，而无须对用户或第三方负责。四通利方公司调整电子邮箱容量是行使服务条款中约定的变更合同内容的权利，从而不构成违约。另外，新浪网所提供的电子邮箱服务完全是免费的，在实际的使用中，用户无须支付新浪网任何对价。故请求法院驳回来云鹏的诉讼请求。

请问：来云鹏与四通利方公司之间订立的电子邮箱使用合同是否有效？新浪网电子邮箱服务条款中的变更合同内容的条款是否属于“格式条款”，应归于无效？

---

① 参见杨坚争主编：《经济法与电子商务法》，420～421 页，北京，高等教育出版社，2004。

# 第四节　电子合同的履行与违约救济

## 一、电子合同的履行概述

合同的履行是指债务人全面、适当地完成合同义务，使债权人的合同债权得以完全实现。合同履行是合同法律效力最集中的体现。我国《合同法》第 60 条第 1 款规定，当事人应当按照约定全面履行自己的义务，这是法律对于合同履行的基本要求。电子合同因标的不同有信息产品合同和非信息产品合同之分。非信息产品由于有一定的物理载体，仍依传统合同法的履行规则，而信息产品的履行则存在较强的特殊性。

### （一）电子合同履行的原则

我国《合同法》虽然没有明确规定合同履行的原则，但是，通常认为，合同的履行原则主要有适当履行原则和协作履行原则，这些基本原则仍然适用于电子合同的履行。

1. 适当履行原则

适当履行原则是指当事人应依合同约定的标的、质量、数量，由适当主体在适当的期限、地点，以适当的方式，全面完成合同义务的原则。对于电子合同而言，如果是离线交付，债务人必须依约发货或者由债权人自提；如果是在线交付，交付方应给予对方合理检验的机会，应保证交付的质量。

2. 协作履行原则

协作履行原则是指在合同履行过程中，双方当事人应互助合作共同完成合同义务的原则。协作履行原则是诚实信用原则在合同履行方面的具体体现，它往往是对债权人所提出的要求。具体而言，协作履行包括：债务人履行合同债务时，债权人应适当受领给付；债务人履行合同债务时，债权人应给予适当的便利条件；债务人因故不能履行或不能完全履行合同义务时，债权人应积极采取措施，防止损失扩大。电子合同履行中，为便于债务人发货，要求债权人告知其地址和身份信息，债权人不得拒绝；在线交付信息产品的，债权人应使其信息系统处于开放、适于接受的状态。

### （二）电子合同履行的方式

从现有电子商务开展情况考察，电子合同主要有三种履行方式：第一种是在线付款，在线交货。此类合同的标的一般是信息产品，例如计算机软件、音像产品的付费下载等。第二种是在线付款，离线交货。第三种是离线付款，离线交货。后两种电子合同的标的可以是信息产品也可以是非信息产品。

电子合同中非信息产品的交付完全适用传统合同法的履行规则；而信息产品可以附着于有形载体，离线交货，也可以以数据信息的方式，在线交付。在线交付情形下，因数据信息传输的特殊性，信息产品履行的时间、地点、产品验收、风险转移等问题都有其特殊性。

## 二、信息产品合同的履行

### (一) 信息产品的交付

1. 信息产品交付的地点

当信息产品以有形载体为媒介时，它与传统的动产买卖的交付地点与交付方式基本相同。我国《合同法》规定，当事人对合同履行地点无约定、不能协议补充且无法依照相关条款和交易习惯确定时，“给付货币的，在接受货币一方所在地履行；交付不动产的，在不动产所在地履行；其他标的，在履行义务一方所在地履行”①。有形载体的信息产品交付可以完全适用此规定。

以数据信息的方式在线交付信息产品，是电子交易独具特点的方式。当在线交付信息产品时，如果仍然适用传统形式的义务履行方所在地原则，显然不符合数据信息的传输规律。理论界和立法实践倾向于以信息系统作为参照标准，来确定合同的履行地。例如美国《统一计算机信息交易法》规定，以电子方式交付信息产品的地点，为许可方指定或使用的信息系统。至于交付完成的标准，则是使对方当事人能够有效地支配该信息产品。②

2. 信息产品交付的附随义务

为了使交付的信息产品达到商业适用性，即实现信息产品的有效交付，在交付之中往往附随有其他义务。如同有形货物买卖中必须提供使用说明书一样，信息产品的交付应将如何控制、访问该信息产品的资料交给买方，使之能够有效地支配所接受的信息。这些义务对于信息产品的使用而言，是必不可少的。例如，在网上交付某一格式的文件，一般应同时提供打开该文件的工具，或指示如何获得打开文件的工具。

3. 许可方的电子控制权

信息产品的提供者可以依照合同条款对交付后的信息保留一定的电子控制权③，例如用户认证程序、软件使用次数限制、信息访问范围与时间限制等。信息产品的特性使得许可方往往很难控制信息产品不被滥用，因此，许可方保留一定的信息控制权是必要的。电子控制权当属一种合同约定权，它来源于合同条款的约定。信息许可方行使电子控制权，必须满足以下条件：

(1) 电子控制权必须是合同条款约定保留或法律规定保留的。

(2) 电子控制权行使的目的是阻止被许可方对信息产品超出合同约定范围的使用。

(3) 许可方在行使电子控制权之前必须向被许可方发出通知。

### (二) 信息产品的验收

1. 信息产品的检验

产品检验对买受人而言既是权利也是义务，是合同履行的重要环节。我国《合同法》第

---

① 美国《统一计算机信息交易法》作为调整信息产品交易的专门立法，第 606 条 (a) (1) 作了相同的规定。

② 参见美国《统一计算机信息交易法》第 606 条。

③ 电子控制，是指为控制信息使用而设置的程序、密码、设施，或者类似的电子的或物理的限制。电子控制权的行使一般发生在信息产品合同的履行中，也有发生于合同终止之时。

158 条规定：当事人约定检验期间的，买受人应当在检验期间内将标的物的数量或者质量不符合约定的情形通知出卖人。当事人没有约定检验期间的，买受人应当在发现或者应当发现标的物的数量或者质量不符合约定的合理期间内通知出卖人。

对于面向大众市场的信息产品交易，即向市场大批量出售标准信息版本的情况，其合同履行可能是交付有形拷贝，也可以是在线交付。由于此种信息产品质量性能的定型化，一般可以根据通常的业务、贸易或行业标准来确定当事人的权利。交付有形拷贝的，可以从包装、标识等方面检验是否为正版。在线交付的，可以检验该信息产品的许可证使用说明、规格、版本等事项。检验无误，则接受交付或按照合同约定付款。

对于非面向大众市场的信息产品（一般是度身定制的软件），如果根据合同约定或法律规定接收人有权检验，那么只有当事人有合理的机会检验信息产品后，该信息产品才能被接收。比如，美国法律规定，信息产品的接收方有权在付款或者接收前合理的时间与地点，以合理的方式，对信息产品进行检验，以确定信息产品是否与合同相符。并且推定当事人约定的检验地点、方法、接收标准具有排他性。当然，一方的检验权不得违反既有的保密义务。①

2. 信息产品的接收

信息产品的接收，是合同履行的重要阶段，它标志着买方认可了合同标的，同时也解除了对方当事人交付信息产品的义务。接收实际上是当事人对电子合同标的质量、数量的一种同意的表示，它既可以由当事人以明示方式作出，也可以从其行为推定。

信息产品的接收有整体接收和部分接收之分。整体接收是指买方表示认可标的物符合合同，完全接受合同标的。部分接收是与整体接收相对而言的，一般发生在由多个文件构成的一套信息产品的接收情形之中。由于整套电子文件必须协同使用，虽然形式上多个文件分离，但实质上应将之视为一个整体。这些电子文件在法律上，应属于不可分物。美国相关立法规定，如果合同约定需分阶段交付，而各部分结合起来才能构成信息的整体，则每一阶段的交付都须全部信息已被接收后才生效。②

如果信息产品是有形载体的交付，则买方应在合同约定或法律规定的交付地点接收该标的物。如果信息产品是在线交付，则买方有义务使其信息系统处于可接受交付的状态，并给卖方适当的通知。如果电子合同的一方当事人拒绝受领信息产品，但又处于占有该信息产品的状态时，须承担以下义务：（1）妥善保管义务。拒绝受领人不得使用该信息产品或者使他人使用该信息产品或者复制该信息产品。（2）及时通知义务。拒绝受领人应将信息产品与约定不符的消息，在合理时间内告知对方。（3）交回义务。拒绝受领人应当在合理期间内或遵照对方当事人的指示，将所有信息产品、复件、相关资料退还给对方当事人。拒绝受领人因履行上述义务而发生的费用，由对方当事人承担。

---

① 美国《统一计算机信息交易法》第 608 条（a）规定：如果信息产品合同需要交付一份拷贝，应适用以下规则：（1）除非法律另有规定，拷贝的接收方有权在支付或接收前合理的时间与地点、以合理的方式，对拷贝进行检验，以确定是否与合同相符。（2）检验一方应负担检验的费用。（3）当事人确定的检验的地点、方法或接受标准推定为具有排他性。但是，地点、方法或标准的确定，并不改变合同的一致性，或改变交付的地点以及所有权和风险转移的地点。如果关于地点和方法的约定已不可能遵守，则应按照本条规定进行检验。除非双方所确定的地点或方法是不可或缺的条件，条件不成就将导致合同无效。（4）一方的检验权不得违反既有的保密义务。

② 参见美国《统一计算机信息交易法》第 609 条（c）。

### (三) 信息产品合同履行中的风险承担

1. 风险转移的时间

按照我国《合同法》的规定，买卖合同中标的物毁损、灭失的风险原则上采“交付”主义，即交付之前由出卖人承担，交付之后由买受人承担。在信息产品合同中，有形载体的信息产品交付时间易于确定，而在线交付信息产品的时间，则需专门澄清。

如果许可方采用电子邮件方式向被许可方发送信息产品的，自被许可方收到该电子邮件时，风险责任发生转移。

如果信息产品许可方采用许可下载的方式来交付，则应在被许可方完全下载完毕后，风险责任转移给被许可方。此处的交付是指整体交付，在下载的过程中，不论是何种原因发生中断的，许可方应当允许被许可方重新下载。

如果该信息产品为第三方所持有，并且可以在无须移动的情况下被交付或复制，或者该信息产品可以通过授权被许可方访问第三方资源的方式交付，那么当被许可方获得访问该资源的授权凭证或权限时，风险责任转移给被许可方。

2. 风险责任的承担原则

信息产品的风险有灭失的风险和遭受破坏的风险，灭失的风险较易区分是发生在交付之前还是交付之后；而遭受破坏的风险，例如信息产品感染病毒，则很难确定染毒时间，因此有必要确立以下风险承担原则：

(1) 当灭失或破坏的时间确定时，根据信息产品的交付时间确定。灭失或破坏发生在交付之前的，由许可方承担；灭失或破坏发生在交付之后的，由被许可方承担。

(2) 如果灭失或破坏发生的时间难以确定，则满足下列条件时，推定灭失或破坏发生在交付之前：被许可方能证明其信息系统具有符合标准的安全防护措施的；信息产品存在明显的安全漏洞或未采用安全的传输方式的。这里的安全标准指相关法律和法规的规定，没有法律、法规规定的，根据行业的一般标准或商业惯例确定。

## 三、电子合同的违约救济

### (一) 违约责任的归责原则

违约责任的归责原则，是指基于一定的归责事由确定违约责任承担的法律原则。合同违约责任的归责原则有两种：过错责任原则和严格责任原则。过错责任原则是指一方违反合同的义务，不履行和不适当履行合同时，应以过错作为承担责任的要件和确定责任范围的依据。严格责任是指在违约发生以后，确定违约当事人的责任，应当主要考虑违约的结果是否因被告的行为造成，而不是被告的故意或者过失。一般认为，将严格责任作为违约责任的归责原则，其宗旨在于合理补偿债权人的损失，从而能够根据公平观念分担损失。我国《合同法》总则中将严格责任确定为违约责任的一般归责原则，与合同法理论和国际立法趋势相一致。

电子合同只是合同的一种特殊形式，其合同性质并未改变。因此，按照《合同法》的规定，严格责任仍是我国电子合同违约责任的一般归责原则。

### （二）免责事由

合同违约的免责事由包括不可抗力、约定免责、债权人过错和法律的特殊规定等。电子商务环境中不可避免地存在网络故障、病毒感染、黑客攻击等问题，这些因素是否构成不可抗力要依具体情况来考察。

不可抗力，是指不能预见、不能避免并且不能克服的客观情况。当不可抗力致使物品灭失或给付不能时，债务人可以免责；当不可抗力致使合同部分不能履行或迟延履行时，则免除部分责任或迟延履行责任。多数学者认为，在电子商务环境中，下述情形可认定为不可抗力：

1. 文件感染病毒。如果许可方采取了合理与必要的措施防止文件遭受攻击，例如给自己的信息系统安装了符合标准或业界认可的安全设施、防火墙，安全人员尽职工作的情形下，仍然感染病毒，造成合同无法履行，应认定为不可抗力，许可方因此不能履行合同的，可以免责。当然，这并不排除许可方返还对方价款的义务。

2. 非因自己原因造成的网络中断。网络传输中断可因传输线路的物理损害引起，也可由病毒或攻击造成。如2006年年底台湾地震导致海底电缆损坏，中国与国外绝大部分网络连接不畅，造成文件无法传输，国外电子邮箱服务无法使用等。当事人对此无法预见和控制，应属不可抗力。

3. 非因自己原因造成的电子错误。例如，消费者通过网络支付平台向商家付款，但由于信息系统的错误未能将价款转移到商家的账户。

约定免责，指当事人在合同中约定的，旨在限制或免除其将来可能发生的违约责任的条款。在法律对网络中断、病毒感染、电子错误等问题做明确规定的情形下，免责条款是当今电子商家、互联网服务商降低法律风险的最有效手段。当然，免责条款的约定不得违反法律和社会公共利益，不得排除当事人的基本义务或排除故意或重大过失责任。

### （三）违约救济

按照《合同法》规定，在我国，合同违约责任的承担方式主要包括支付违约金、采取补救措施、赔偿损失和实际履行。上述责任形式皆可适用于电子合同的违约救济。当合同的标的为信息产品时，违约救济方式有支付违约金、采取补救措施、赔偿损失、实际履行、继续使用、停止使用和中止访问等。考虑到信息产品独有的特点，上述实际履行、继续使用、停止使用和中止访问等四种救济方式须专门说明。

#### 1. 实际履行

实际履行也称继续履行、特定履行，是违约方不履行合同债务或履行合同债务不符合约定时，由法院强制违约方依照合同的规定继续履行的责任方式。

对于信息产品而言，实际履行具有重要的现实意义。第一，信息产品本身的易复制性使得它不易灭失，违约方在违约后仍然有条件继续履行。第二，信息产品多数具有较高的技术含量，其使用需要相关软件、硬件配套设施的投入，如果守约方另寻其他代替品，显然成本很高。第三，对于信息访问合同而言，被许可方的目的就是获得有关信息，只要不是因为信息内容上的原因而违约的，进行实际履行对当事人双方都是最容易实现的。第四，一般而言，信息产品销售、许可与服务是浑然一体的，这使得信息产品合同当事人的权利义务比其他合同更复杂，涉及当事人的多种利益，实际履行有利于减少当事人尤其是被许可方的利益损失。[①]

实际履行给守约方较大的选择权，守约方可以在权衡利弊的基础上选择接受实际履行或者其他补救措施。

2. 继续使用

对于信息许可使用合同和信息访问合同而言，继续使用是指在许可方违反合同时，未撤销合同的被许可方可以继续使用合同项下的信息和信息权。当然，如果被许可方选择继续使用，则该方仍应受合同条款的约束。

3. 停止使用

停止使用是指在被许可方违约时，许可方可以在撤销许可或解除合同时，请求对方停止使用并交回有关信息。由于信息产品的可复制性，被许可方交回信息的载体或拷贝意义并不大，唯有停止使用才能保护许可方的利益。在特殊情况下，被许可方也可以使用电子自助[②]措施停止信息继续被利用。

4. 中止访问

信息许可访问合同中，当被许可方有严重违约行为时，许可方可以中止其获取信息。中止访问不是违约责任的一种形式，而是许可方对被许可方的一种抗辩行为，是履行中的抗辩。

作为一种抗辩，中止访问必须符合一定的条件。第一，信息许可访问合同必须是双务合同，当事人双方具有对待给付义务。第二，合同约定的义务已到履行期。第三，被许可方未按照合同的约定履行。例如被许可方未按照约定的时间交付使用费等。第四，在许可方采取中止措施之前，应通知被许可方。如果被许可方在通知规定的合理时间内消除了违约行为，则中止访问的抗辩不应采用。

## 法条链接

1.《中华人民共和国合同法》第十一条、第十六条、第二十六条、第三十三条和第三十四条

2.《中华人民共和国电子签名法》

## 深度阅读

1. 刘万啸．自动电文系统错误对合同效力的影响——以“卓越25元门”事件为例．兰州学刊，2011 (8)

2. 孙占利．电子合同与合同的书面形式要求——兼论我国相关立法之完善．重庆邮电大学

---

① 参见杨坚争主编：《经济法与电子商务法》，429页，北京，高等教育出版社，2004。

② 电子自助，是在被许可方侵权或违约的情形下，许可方依照法律规定的条件，采取相应控制措施进行自我保护的行为。

学报（社会科学版），2008（3）

3. 齐爱民等．电子合同的民法原理．武汉：武汉大学出版社，2002

4. 孙占利．电子订约法研究．北京：法律出版社，2008

5. 高富平．电子合同与电子签名法研究报告．北京：北京大学出版社，2005

## 问题与思考

1. 简述电子合同的概念和特征。
2. 电子合同中要约和承诺有何特殊性？
3. 简述电子合同成立的时间和地点。
4. 简述电子代理人的法律地位。
5. 简述电子错误的法律后果。
6. 简述点击合同及其在电子商务中的应用。

# 第四章 电子签名与电子认证法律制度

重点知识

1. 功能等同原则。
2. 电子签名法律效力。
3. 电子认证法律关系。
4. 电子认证机构的法律责任。

## 第一节 电子签名法律制度

### 一、电子签名概论

#### (一) 电子签名的概念和种类

1. 传统签名的概念和功能

传统意义上讲，签名本身就是一个广泛而有分歧的概念，东西方也有不同理解。通常在我国，《辞海》对“签名”的解释是：“在文件上亲笔署名或画押。”[①]《现代汉语词典》的解释是，“签名”是指“写上自己的名字”[②]。如果这样理解则签名必须写上自己的真实名字。在英格兰法上，签名可以仅签姓名的各起首字母，也可以是符号、橡皮章或代理签名。在有些情况下，在印有当事人名字上的纸上写下便条就足够被认定为签名。在订遗嘱、契据和某些种类的合同时，必须签名确认。在苏格兰，签名不包括这些符号、橡皮图章、代签或者印在纸上的姓名名字，除非有法律授权的情形。[③] 由此可以看出东西方在对签名概念理解本身上的差异。此外，签名、签字、签章在汉语中也有细微差别，这更加剧了实践中立法用语的混淆。

① 《辞海》(缩印本)，2122 页，上海，上海辞书出版社，1989。

② 《现代汉语词典》，908 页，北京，商务印书馆，1983。

③ 参见［英］戴维·M·沃克著，李双元等译：《牛津法律大辞典》(The Oxford Companion to Law)，1036 页，北京，法律出版社，2003。

传统的手写签名主要具有三项功能：一是能表明文件的来源，即识别签名人；二是表明签名人对文件内容的确认；三是能够构成签名人对文件内容正确性和完整性负责的根据。

2. 电子签名

电子签名是传统签名在信息化时代的发展，电子签名并非是书面签名的数字化扫描图像，而是附加于一项数据电讯之中或之后的，或与之有逻辑上联系的电子数据信息，它可用来证明数据电讯发出者的身份，确定签名人与数据信息的联系并表明签署者承认该数据电讯中所包含的信息内容。目前国际上并没有统一的定义，根据目前电子签名的技术方案，综合各国立法，可以归为以下几类：

（1）广义的电子签名

所谓广义的电子签名，是指包括数字技术、生物特征技术、电子录音、电传等各种电子技术手段在内的电子签名。关于广义电子签名的概念，主要是以联合国国际贸易法委员会于1996年12月16日第85次全体大会以51/162号决议通过的《电子商务示范法》第7条“签名”条款为蓝本而制定的。

《电子商务示范法》第7条规定：“（1）如法律要求要有一个人签名，则对于一项数据电文而言，倘若情况如下，即满足了该项要求：(a) 使用了一种方法，鉴定了该人的身份，并且表明该人认可了数据电文内含的信息；和（b）从所有各种情况看来，包括根据任何相关协议，所用方法是可靠的，对生成或传递数据电文的目的来说也是恰当的。（2）无论本条第（1）款所述要求是否采取一项义务的形式，也无论法律是不是仅仅规定了无签名时的后果，该款均将适用。（3）本条的规定不适用于下述情况：……”

联合国国际贸易法委员会电子商务工作组第38次会议通过的《电子签名示范法》第2条中重新给出了电子签名的定义：“电子签名是指在数据电文中，以电子形式所含、所附或在逻辑上与数据电文有联系的数据，它可用于鉴别与数据电文有关的签名人和表明此人认可数据电文所含信息。”

上述联合国国际贸易法委员会对电子签名概念的法律界定着重阐明了电子签名的目的和作用，而对电子签名所应用的技术手段几乎没有规定，凡是具有一定鉴别目的，数据电讯中附加的，或与之有逻辑上联系的电子形式的数据，都可成为电子签名的方式，因此，上述定义是广义电子签名概念的典型代表。采用广义电子签名概念的国家目前还有美国1999年《统一电子交易法》（Uniform Electronic Transactions Act），澳大利亚1999年《电子交易法案》，（Electronic Transactions Act 1999）加拿大1999年《统一电子商务法》（Uniform Electronic Commerce Act），英国2000年《电子通信法》（The Electronic Communications Act 2000）等。

（2）狭义的电子签名即数字签名

有人认为电子签名就是数字签名，严格来说这是不准确的，数字签名属于电子签名中的一种，是指以非对称密钥技术为基础的签名，而电子签名还可以包括口令、密钥以及生物特征鉴别法等。不过数字签名是目前广泛使用且技术最为成熟的一种。关于数字签名，美国犹他州的《数字签名法》（Utah Digital Signature Act）是最早以法律形式对数字签名作出规定的。其第3条（10）规定：数字签名，是某人欲以一串比特字节签署，而生成相关的清晰的标识讯息。该讯息是通过单向函数运算，然后对生成的讯息摘要，以非对称性加密术和其私钥进行加密的。

新加坡《电子交易法》第2条规定：数字签名（Digital Signature）是指经由非对称加密系

统和哈希（Hash）函数变换的电子记录组成的电子签名，某人拥有初始未经变换的电子记录和签署者的公钥，就能精确地确定：该变换是否是用与签署者公钥对应的私钥生成的。以及初始电子记录在变换后是否被改变过。该定义就是对数字签名的技术原理进行了全面总结。

（3）折中式概念—可靠电子签名

在广义和狭义电子签名概念间有一个折中的概念，称为可靠电子签名或者强化电子签名（Enhanced signature），也称为高级电子签名（advanced electronic signature，见欧盟《电子签名共同框架指令》）或者安全电子签名（Secure　Electronic Signature，见新加坡 1998 年《电子交易法》）。2000 年 2 月联合国国际贸易法委员会电子商务工作组第 36 届会议在纽约通过了《电子签名统一规则草案》（Draft Uniform Rule on Electronic Signature）第 2 条第 2 项明确定义了“强化电子签名”（Enhanced Electronic Signature），以区别于电子签名，并赋予特定的法律效力，该签名是指经由安全程序和方法所显示的签名，其定义是：“强化电子签名”系指一个电子签名，就该电子签名而言，通过使用一种安全程序，能够表明：（1）该签名就其使用的目的而言对签名持有人是唯一的；（2）该签名系由签名持有人或者由签名人使用一种处于签名持有人唯一控制之下的方式生成并附着于该数据电文；（3）该签名以对电文的完整性提供可靠的保证的方式生成并与数据电文相联系。

3. 电子签名与电子签章

通观世界各国电子商务立法，与电子签名类似的法律概念还有电子签章。电子签名与电子签章所指代的对象相同，只是电子签章的表述显得更为全面，包容性更强一些，包括签名和盖章。我国台湾地区于 2001 年通过的这方面规定即采用电子签章的概念，命名为“电子签章法”。我国《电子签名法》采用电子签名这一概念，对电子印章没有作出规定，留下了空白地带，在司法实践中存在的一些问题还有待探讨。

### （二）电子签名的技术方案及基本原理

1. 数字签名技术

在数字签名技术出现之前，曾经出现过一种“数字化签名”技术，或者称为手写签名或图章的模式识别。简单地说就是在手写板上签名，然后将图像传输到电子文档中，这种“数字化签名”可以被剪切，然后粘贴到任意文档上，这样非法复制变得非常容易，所以这种签名的方式是不安全的。数字签名技术与数字化签名技术是两种截然不同的安全技术，数字签名与用户的姓名和手写签名形式毫无关系。

新加坡《电子交易法》对“数字签名”的定义为：通过使用非对称加密系统和哈希函数来变换电子记录的一种电子签名，使得同时持有最初未变换电子记录和签名人公开密匙的任何人可以准确地判断：（1）该项变换是否是使用与签名人公开密匙相配的私人密匙作成的；（2）进行变换后，初始电子记录是否被改动过。

数字签名在 ISO7498—2 标准中定义为：“附加在数据单元上的一些数据，或是对数据单元所作的密码变换，这种数据和变换允许数据单元的接收者用以确认数据单元来源和数据单元的完整性，并保护数据，防止被人（例如接收者）进行伪造”。美国电子签名标准（DSS，FIPS186—2）对数字签名作了如下解释：“利用一套规则和一个参数对数据计算所得的结果，用此结果能够确认签名者的身份和数据的完整性。”

实现数字签名有很多方法，目前数字签名采用较多的是公钥加密技术，如基于 RSA Date Security 公司的 PKCS（Public Key Cryptography Standards）、Digital Signature Algorithm、x.509、PGP（Pretty Good Privacy）。1994 年美国标准与技术协会公布了数字签名标准而使公钥加密技术广泛应用。

数字签名的具体做法是：将报文按双方约定的 HASH 算法计算得到一个固定位数的报文摘要。在数学上保证，只要改动报文中任何一位，重新计算出的报文摘要值就会与原先的值不相符。这样就保证了报文的不可更改性。将该报文摘要值用发送者的私人密钥加密，然后连同原报文一起发送给接收者而产生的报文即称为数字签名。

接收方收到数字签名后，用同样的 HASH 算法对报文计算摘要值，然后与用发送者的公开密钥进行解密解开的报文摘要值相比较，如相等则说明报文确实来自所称的发送者。

如果接收方对发方数字签名验证成功，就可以说明以下三个实质性的问题：

(1) 该电子文件确实是由签名者的发方所发出的，电子文件来源于该发送者。因为，签署时电子签名数据由电子签名人所控制。

(2) 被签名的电子文件确实是经发方签名后发送的，说明发方用了自己的私钥作的签名，并得到验证，达到不可否认的目的。

(3) 接收方收到的电子文件在传输中没有被篡改，保持了数据的完整性，因为，签署后对电子签名的任何改动都能够被发现。

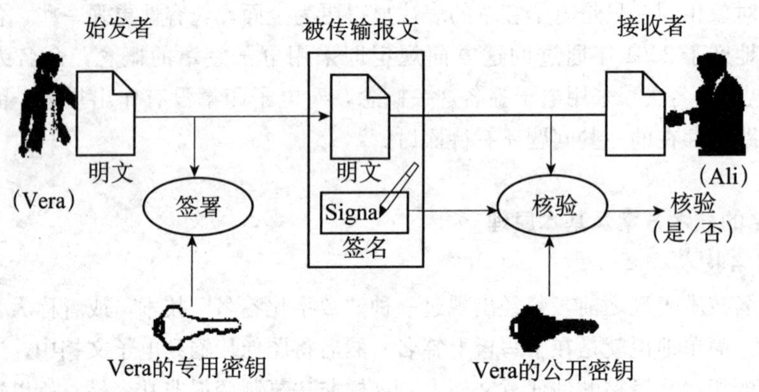


**图 4—1　数字签名过程**

2. 其他电子签名技术简介

(1) 生物识别技术

生物识别技术是利用人体生物特征进行身份认证的一种技术，生物特征是一个人与他人不同的唯一表征，它是可以测量、自动识别和验证的。生物识别系统对生物特征进行取样，提取其唯一的特征进行数字化处理，转换成数字代码，并进一步将这些代码组成特征模板存于数据库中，人们同识别系统交互进行身份认证时，识别系统获取其特征并与数据库中的特征模板进行比对，以确定是否匹配，从而决定确定或否认此人。生物识别技术主要有以下几种：

指纹识别技术。每个人的指纹皮肤纹路是唯一的，并且终身不变，通过将他的指纹和预先保存在数据库中的指纹采用指纹识别算法进行比对，便可验证他的真实身份。在身份识别的前提下，可以将纸质公文或数据电文按手印签名或放于 IC 卡中签名。这种签名需要大容量数据库支持，适于本地面对面处理，不适宜网上传输。

视网膜识别技术。视网膜识别技术利用激光照射眼球的背面，扫描摄取几百个视网膜的特征点，经数字化处理后形成记忆模板存储于数据库中，供以后的比对验证。视网膜是一种极其稳定的生物特征，作为身份认证是精确度较高的识别技术。但使用困难，不适用于直接数字签名和网络传输。

声音识别技术。声音识别技术是一种行为识别技术，用声音录入设备反复不断地测量、记录声音波形变化，进行频谱分析，经数字化处理之后作成声音模板加以存储。使用时将现场采集到的声音同登记过的声音模板进行精确的匹配，识别身份。这种技术精确度较差，使用困难，不适用于直接数字签名和网络传输。

以上身份识别方法适用于面对面场合，不适用远程网络认证及大规模人群认证。

(2) 密码、密码代号或个人识别码

传统的对称密钥加/解密的身份识别和签名方法。甲方需要乙方签名一份电子文件，甲方可产生一个随机码传送给乙方，乙方用事先双方约定好的对称密钥加密该随机码和电子文件回送给甲方，甲方用同样对称密钥解密后得到电文并核对随机码，如随机码核对正确，甲方即可认为该电文来自乙方。此方法适用于远程网络传输，但对称密钥管理困难，不适合大规模人群认证。

在对称密钥加/解密认证中，在实际应用方面经常采用的是 ID＋PIN（身份唯一标识＋口令）。即发方用对称密钥加密 ID 和 PIN 发给收方，收方解密后与后台存放的 ID 和 PIN 进行比对，达到认证的目的。人们在日常生活中使用的银行卡就是用的这种认证方法。此方法适用于远程网络传输，但对称密钥管理困难，不适用于电子签名。

(3) 基于量子力学的计算机

量子计算机是以量子力学原理直接进行计算的计算机，使用一种新的量子密码的编码方法，即利用光子的相位特性编码。由于量子力学的随机性非常特殊，无论多么聪明的窃听者，在破译这种密码时都会留下痕迹，甚至在密码被窃听的同时会自动改变。可以说，这将是世界上最安全的密码认证和签名方法。但是，这种计算机还只是停留在理论研究阶段，离实际应用还很遥远。

3. 电子签名法的立法原则

(1)“技术中立”原则

“技术中立”原则也称“不歧视（平等对待）原则”或“媒介中立”原则，它是电子签名法所独有的法律原则。其含意包括不应歧视不同的通信技术，如数字签名技术或生物识别技术（区别不同的指纹，声纹、视网膜扫描结果，或 DNA 对比等）应在法律上享受同等待遇；和不应歧视不同的媒介，如纸张文件和电子记录应享受平等待遇。在联合国《电子商务示范法》，美国《统一电子交易法》，澳大利亚《电子交易法案》，加拿大《统一电子商务法》等立法中都有体现。我国《电子签名法》第 3 条规定：“当事人约定使用电子签名、数据电文的文书，不得仅因为其采用电子签名、数据电文的形式而否定其法律效力。”此外，我国《电子签名法》第 7 条关于数据电文的证据力规定如下：“数据电文不得仅因为其是以电子、光学、磁或者类似手段生成、发送、接收或者储存的而被拒绝作为证据使用。”这些都是技术中立原则的体现。

(2) 功能等同原则

功能等同标准是联合国《电子商务法示范法》所确立，为各国电子商务立法所普遍遵循的一项基本原则。人们通过分析传统书面文件要求的目的和作用，试图确定如何通过电子商业技术来达到同样的目的或作用。例如，书面文件可供大家阅读；文件可长时间保存不变；文件可复制，以便每一当事方掌握同样一份文本；可通过签字核证文件内容；书面文件还可采用公共当局和法院可接受的形式等。当然，对于上述书面文件的所有功能，电子记录也可提供同样的功能，且具有同样的安全性。在许多情况下，特别是就查明数据的来源和内容而言，后者的可靠程度和速度甚至要比前者高得多。但是，就电子记录本身而言，不能将其视为等同的书面文件，因为电子记录具有不同的性质，不一定能起到书面文件所能起到的全部作用。功能等同原则，由三项等同内容构成：其一，一项数据电文所含信息可以调取以备日后查用，即满足书面要求（书面等同）；其二，只要使用一种方法来鉴别数据电文的发端人并证实该发端人认可了该数据电文的内容，即可达到签字的基本法律功能，也就是说，电子签字在法律效力上可等同于传统的签字；其三，数据电文首次以最终形式形成后保持了完整性且可视读，即满足原件标准。

我国《电子签名法》第 14 条规定："可靠的电子签名与手写签名或者盖章具有同等的法律效力。"此外，电子签名法第 4 至第 7 条关于书面、原件、文件保存、证据等方面也体现了功能等同原则，只要达到同样的功能，符合一定要求，就承认其效力，符合法律规定的要求。

(3) 当事人自治原则

意思自治是传统民法的基本原则，即当事人双方只要意思表示真实，且符合法律规定，就受到法律保护，法律尊重当事人之间的真实意思表示。传统商务中，当事人有权选择合同成立的时间，地点，合同形式等。电子商务是传统商业的延伸，有必要赋予交易双方一定的选择权，体现其自由意志。这在各国电子签名法中也有所体现。我国《电子签名法》第 3 条规定："民事活动中的合同或者其他文件、单证等文书，当事人可以约定使用或者不使用电子签名、数据电文。当事人约定使用电子签名、数据电文的文书，不得仅因为其采用电子签名、数据电文的形式而否定其法律效力。"由此可见，当事人可以约定使用或者不使用电子签名、数据电文。

除此之外，我国《电子签名法》第 9 条规定，数据电文有下列情形之一的，视为发件人发送：1）经发件人授权发送的；2）发件人的信息系统自动发送的；3）收件人按照发件人认可的方法对数据电文进行验证后结果相符的。当事人对前款规定的事项另有约定的，从其约定。第 11 条规定，关于当事人对数据电文的发送时间、接收时间另有约定的，从其约定；第 12 条规定，关于当事人对数据电文的发送地点、接收地点另有约定的，从其约定；第 13 条规定，关于可靠条件的电子签名，当事人也可以自行约定。这些规定都是意思自治原则的体现。

### (三) 电子签名法的立法模式

关于电子签名法的立法模式，根据不同的技术方案，综合世界各国几十部电子商务法，大致可以分为三种类型的解决方案：以联合国国际贸易法委员会为代表的技术非特定化方案，源于美国犹他州的技术特定化方案，以新加坡为代表的折中方案技术中立型。

1. “最低要求方案”（Minalist Approach）

“最低要求方案”也称“技术非特定化方案”。它确立技术的“中立”（technology-neutral）地位，认为电子签名存在多种技术手段，应由市场和消费者去作出判断和选择，立法者只需要提出原则性要求，政府不应对具体技术作出选择。该方案具有示范性的是 1996 年联合国国际贸易法委员会制定的《电子商务示范法》（UNCITRAL Model Law on Electronic Commerce）。技术非特定化方案的理由相对简单：电子签名技术手段的优劣，理应由市场和用户作出判断，立法者只需规定出原则性的标准，而不应越俎代庖；政府直接具体对技术作出选定，风险过大，不仅自身难以承担，而且可能导致电子商务市场的萎缩。反对者则以为，电子签名的技术已趋于成熟，而要使电子商务大众化、市场化，被消费者普遍接受，关键是建立起信心，这就需要政府出面以法律手段消除各种不确定因素，以利于电子商务市场的成长。

2. “数字签名方案”（The Digital Approach）

“数字签名方案”也称“技术特定化方案”。它确定以不对称的加密技术为基础的数字签名作为合法的电子签名技术，对认证机构提出了某些技术和财务的条件要求，规定钥匙持有人的责任并明确了判别电子签名可靠性的条件。一种是坚持技术特定主义，即只承认以特定技术所为的电子签名的法律效力，目前主要代表就是一些国家和地区只承认数字签名的法律地位或以数字签名作为立法基础。德国《信息和通讯服务规范法》、意大利《数字签名法》、我国香港地区的《电子交易条例》等法规均采纳此种立法例。

技术特定化方案的理由是：在现行的电子辨别技术中，计算机口令的安全系数不足，对称密钥加密不适应开放型市场的需要，而眼虹膜网辨别法等技术应用成本过高，唯有公开密钥加密（也叫数字签名）方法，既安全可靠，又能适应开放型市场密钥分发的需要，而且成本也不太高，是较为理想的电子签名技术方案，因而应作为法定的电子签名技术予以确定。只有用公开密钥加密术作出的电子签名，才具有如同手书签名一样的法律效力。而反对者则认为，其一，在电子签名问题上的技术特定化，限制了其他同类技术的发展，是技术开发与应用上的不正当竞争。其二，采用公开密钥加密，将密钥被冒用的责任风险全部推到了持有人（通常为消费者）身上，既不利于消费者的保护，也不利于电子商务市场的大众化，最终将阻碍电子商务的发展。其三，技术的进步性是相对的，用更先进的技术武装起来的黑客，将轻而易举地破译此种密钥。其四，在电子商务市场开始形成、尚不成熟的情况下，就将某种技术标准化，为时过早。所以，公开密钥加密技术的特定化，无论从技术上，还是从公平理念上，抑或从时机上讲，都是站不住脚的。有的法律专家还论证了生物笔迹法的优越性，期望以该方法取代公开密钥加密法。

3. “双轨制方案”（Two-tier Approach）

这是一种“混合型”（hybrid）的折中方案。为了解决上述立法模式上的两难问题，新加坡《电子交易法》采取了折中的办法，一方面规定了电子签名的一般效力，保持技术中立性，适用于以任何技术为基础的电子签名；另一方面，又对所谓“安全电子签名”（即以公共密钥技术为基础的电子签名）作出了特别规定，并建立了配套认证机制。新加坡《电子交易法》这样做的结果是，既保持了法律规范的技术中立性，不拘泥于公共密钥技术，使法律规定具有开放性和前瞻性，又不失现实性，以公共密钥技术为基础作出了具体的规定。这一方案符合立法潮流，兼顾了技术的发展，又肯定了可靠的电子签名，为越来越多的国家采用。我国《电子签名法》采用的是折中型的立法模式，一方面规定了电子签名的一般效力，保持技术中立性，适用于以任何技术为基础的电子签名；另一方面，又对“可靠电子签名”作出了特别规定，对符合特定条件的电子签名赋予其明确的法律地位：“可靠的电子签名与手写签名或者盖章具有同等的法律效力。”（第 14 条）这样既保持了法案的技术中立性，不拘泥于某种特定的技术，使法律规定具有开放性和前瞻性；同时又不失现实性，法律可以全面支持业已成熟的或正在被普遍接受的非对称性公开密钥加密技术的使用，应该说是符合世界潮流、具有前前瞻性的。

## 二、电子签名的法律效力

随着电子商务的发展，电子签名的法律效力成为了人们关注的焦点，甚至成为制约电子商务发展的瓶颈。如何从法律上肯定电子签名的效力，成为世界各国电子商务立法面临的问题。确立电子签名的法律效力，关键在于解决两个问题：一是通过立法确认电子签名的合法性、有效性；二是明确满足什么条件的电子签名才是合法的，有效的。自 1995 年美国犹他州颁布世界上第一部电子签名的法律文件以来，各国纷纷立法，以不同形式肯定了电子签名的法律效力。电子签名的法律效力已在许多立法中得到明确确认。从国际规则看，联合国《国际复合运输条约》（1980）、《汉堡规则》（1978）、《国际贸易术语解释通则》（1990）、《第五次信用证统一规则》（1993）、《电子商务示范法》（1996）等均承认电子签名的效力；从各国家或地区现有立法看，也基本对电子签名的法律效力予以承认。

### （一）电子签名的效力范围

电子签名法的作用就是通过确立电子签名的法律效力，消除电子商务发展中的法律障碍，保护电子商务交易方的合法权益，保障交易安全，为电子商务与电子政务的发展创造有利的法律环境。法律应有一定的前瞻性和包容性，不仅应该考虑到目前电子签名所适用的主要领域，同时也应该考虑到随着社会经济的发展和技术的进步，电子签名可能适用的其他领域。电子交易是一种新兴的交易方式，电子签名、数据电文并未在社会活动中获得广泛应用，广大民众的认知度不高。同时，电子签名、数据电文的应用需要借助一定的技术手段，物质条件也会限制一部分民众使用这种交易方式。由于上述原因，并基于交易安全因素的考虑，一些国家和地区的电子签名法或电子商务法规定某些领域不适用这种交易方式。

我国《电子签名法》参考外国的立法例，并结合我国的实际情况，在该法第 3 条第 3 款规定了电子签名法的适用除外，包括：（1）涉及婚姻、收养继承等人身关系的文书；（2）涉及土地、房屋等不动产权益转让的文书；（3）涉及停止供水、供热、供气、供电等公用事业服务的文书。同时，为了使电子签名法在实施过程中具有更大的灵活性，还规定了一个兜底条款，即法律、行政法规可以对其他不适用电子文书的情形作出规定。同时，考虑到经济、社会等方面的行政管理活动中使用数据电文、电子签名的特殊情况，需要授权国务院依据《电子签名法》制定政务活动和其他社会活动中使用电子签名、数据电文的具体办法。因此，第 35 条规定：“国务院或者国务院规定的部门可以依据本法制定政务活动和其他社会活动中使用电子签名、数据电文的具体办法。”由此看来，按照《电子签名法》的规定，数据电文、电子签名主要适用于商务活动，但又不限于商务活动，可以相应地使用在电子政务中，国务院如果认为哪些政务活动不适用电子签名，可以另行制定行政规章。目前，电子签名主要是在电子商务活动中使用的。随着信息化水平的不断提高，在政府部门对一些经济、社会事务管理中，也开始采用电子手段，如电子报关、电子报税、电子年检以及行政许可法规定的可以采用数据电文方式提出行政许可申请等，这些也都涉及电子签名的法律效力问题，同样需要适用电子签名的有关规定。自从我国推行政府信息化和电子政务以来，公民和法人对电子政务的需求日益强烈，而电子签名和身份认证正是电子政务的基础条件。因此，《电子签名法》在电子政务方面的适用已显得尤为必要，需要相关立法的进一步明确。

### （二）可靠电子签名的法律效力

我国《电子签名法》明确规定，可靠的电子签名与手写签名或者盖章具有同等的法律效力。如果签名人按照法律要求合法使用了电子签名，该电子签名将依法产生法律效力，具体说来如下：

1. 对签名人的效力

对签名人的效力而言，电子签名具有与传统签名相同的功能，一是能表明文件的来源，即签名人承认其为文件的签署者，在签名人和文件之间建立起联系；二是表明签名人对文件内容的确认；三是表明签名人对文件内容正确性和完整性负责的根据。

2. 对数据电讯内容的效力

电子签名和数据电文紧密联系，经过电子签名的数据电文即表明其得到了签名人的认可，在符合证据客观性、关联性、合法性等要求的条件下，可以作为证据使用。数据电文作为证据使用涉及电子证据的问题，本书有专章讲述。

3. 对法律行为的效力

当法律规定某种法律行为必须以书面签名形式作出时，以电子签名对数据电文的签署，就充分地满足了这一要求。当然，某一电子签名签署的具体的法律行为，是否成立或生效，最终要以调整该法律行为的特别法来衡量。譬如，要以合同法规范对电子签名签署的要约、承诺的生效与否进行判断，而其合同法上的效力，不是强化电子签名本身所能决定的。但是，无论如何，电子签名对法律行为的成立与生效，起着极其重要的作用。当以电子签名签署的要约、承诺本身符合合同法的基本规范时，那么对该要约或承诺的电子签名，就决定着合同成立与生效的时间、地点等重要的法律行为因素。

## 三、数据电文

### （一）数据电文的概念

数据电文（data message）也称为电子信息、电子通信、电子数据、电子记录、电子文件等。数据电文一词最早在国际法律文件中出现是在 1986 年联合国欧洲经济委员会和国际标准化组织共同制定的《行政、商业和运输、电子数据交换规则》。该规则规定，贸易数据电文是指当事人之间为缔结或履行贸易交易而交换的贸易数据。1996 年联合国《电子商务示范法》采用了这一概念，该法规定，“数据电文”是指经由电子手段、光学手段或者类似手段生成、储存或者传递的信息，这些手段包括但不限于电子数据交换、电子邮件、电报、电传或者传真。各国电子签名法或电子商务法也对数据电文作了类似的规定。联合国国际贸易法委员会《电子商务示范法》颁布指南对数据电文作了更为详细的解释：第一，“数据电文”的概念并不仅限于通信方面，还应包括计算机产生的并非用于通信的记录。“电文”这一概念应包括“记录”这一概念。第二，所谓类似手段，并不仅指现有的通信技术，而且包括未来可预料的各种技术。“数据电文”定义的目的是要包括所有以无纸形式生成、储存或传输的各类电文。为此，所有信息的通信与储存方式，只要可用于实现与定义内所列举的方式的相同功能，都应当包括在类似手段中。第三，“数据电文”的定义还包括其废除或修改的情况。

根据我国《电子签名法》的规定，数据电文的概念包含两层意思：第一，数据电文使用的是电子、光、磁手段或者其他具有类似功能的手段；第二，数据电文的实质是各种形式的信息。

根据联合国《电子商务示范法》，利用数据电文进行的各种信息传输是有效的，不得仅仅以某项信息采用数据电文形式为理由而否定其法律效力、有效性或可执行性。我国新《合同法》也已将数据电文列为可以有形地表现所载内容的形式。

联合国《电子商务示范法》第 9 条规定，在任何法律诉讼中，证据规则的适用在任何方面均不得以下述任何理由否定一项数据电文作为证据的可接受性：（1）仅仅以它是一项数据电文为由；或（2）如果它是举证人按合理预期所能得到的最佳证据，以它并不是原样为由。

对于以数据电文为形式的信息，应给予应有的证据力。在评估一项数据电文的证据力时，应考虑到生成、储存或传递该数据电文的办法的可靠性，保持信息完整性的办法的可靠性，用以鉴别发端人的办法，以及任何其他相关因素。

联合国《电子商务示范法》第 11 条进一步规定，就合同的订立而言，除非当事各方另有协议，一项要约以及对要约的承诺均可通过数据电文的手段表示。如使用了一项数据电文来订立合同，则不得仅仅以使用了数据电文为理由而否定该合同的有效性或可执行性。第 12 条同时规定，就一项数据电文的发端人和收件人之间而言，不得仅仅以意旨的声明或其他陈述采用数据电文形式为理由而否定其法律效力、有效性或可执行性。我国《电子签名法》第 7 条规定：“数据电文不得仅因为其是以电子、光学、磁或者类似手段生成、发送、接收或者储存的而被拒绝作为证据使用。”可见数据电文的证据效力在我国已经得到明确，只要数据电文具备证据客观性、关联性和合法性三项基本属性，就可以作为证据使用，但需要结合具体情况分析，本书将在电子证据一章中详细探讨。

### （二）数据电文符合法定书面形式要求的规定

在传统的民商法律中，合同的签订与履行以及交易中的文件、单据等无不涉及书面形式要求。例如，《担保法》第 13 条规定：“保证人与债权人应当以书面形式订立保证合同。”第 23 条规定：“保证期间，债权人许可债务人转让债务的，应当取得保证人书面同意，保证人对未经其同意转让的债务，不再承担保证责任。”第 38 条规定：“抵押人和抵押权人应当以书面形式订立抵押合同。”《仲裁法》第 16 条规定：“仲裁协议包括合同中订立的仲裁条款和以其他书面方式在纠纷发生前或者纠纷发生后达成的请求仲裁的协议。”《草原法》第 14 条规定：“承包经营草原，发包方和承包方应当签订书面合同。”《海商法》第 128 条规定：“船舶租用合同，包括定期租船合同和光船租赁合同，均应当书面订立。”据统计，在我国法律、行政法规和部门规章中，涉及书面形式要求的有五十多件。联合国国际贸易法委员会《电子商业示范法》及其颁布指南列举的书面形式的功能包括：确保有可以看得见的证据；引起当事人的注意；保证所有利益相关人都可读到该文件；提供一份永久记录；便于复制；使之可以通过签字方式进行验证；等等。但是，电子交易中的文件是通过数据电文的发送、交换、传输、储存来形成的，没有书面载体。从传统法律的角度来看，电子文件显然不能满足书面形式的要求。这无疑限制了电子商务对某些商务领域的进入，阻碍了电子商务的发展。1999 年 3 月 15 日第九届全国人民代表大会第二次会议通过的《合同法》第 11 条规定："书面形式是指合同书、信件和数据电文（包括电报、电传、传真、电子数据交换和电子邮件）等可以有形地表现所载内容的形式。"这一条通过扩大解释"书面形式"，使之包含数据电文，在解决电子商务法律障碍方面做了有益的探索，但该条简单把"数据电文"等同于"书面形式"，并不科学。

为了解决法律上的这一障碍，联合国国际贸易法委员会提出了"功能等同法"的解决方案。"功能等同法"立足于分析传统书面要求的目的和作用，以确定如何通过电子技术来达到这些目的或作用。通过对传统书面规范体系进行剖析，从中抽象出功能标准；再从电子商务交易形式中找出具有相应效果的手段，以确定其效力。比如，书面文件可以实现如下功能：提供的文件大家都可以识读，提供的文件在长时间内可以保持不变，可以复制文件以便使每一方当事人都掌握同一形式内容的副本，可以通过签名核证内容，提供的文件为公共当局和法院可以接受的形式。接着，就研究通过什么样的技术手段可以使数据电文达到与上述书面文件等同的功能。据此，联合国《电子商务示范法》规定，"如法律要求信息须采用书面形式，则假若一项数据电文所含信息可以调取以备日后查用，则满足了该项要求"。

我国《电子签名法》借鉴了联合国《电子商务示范法》。根据该法规定，视为满足法律、法规要求的书面形式的数据电文应当具备两个条件：

（1）能够有形地表现所载内容。即数据电文所要表达的内容能够通过某种形式表现出来，这种表现形式所有人都可以识读，也就是说，数据电文应当具有可读性。这是对符合书面形式要求的数据电文的最基本要求。

（2）可以随时调取查用。即数据电文的内容应当是固定的，能够在一定的时间内稳定存续，在需要的时候可以重复展示，供当事人随时查阅。

此外，数据电文是以电子形式存在的，这种特殊的存在形式决定了数据电文的易更改性。但是，关于数据电文的书面形式规定要求并未对数据电文是否"不可更改"作出要求，一项数据电文只要能够有效地表现所载内容并可供随时调取查用，就认为其符合书面形式要求。至于其是否是不可更改的以及是否具有证据效力，则还需要依据本法的其他规定进行判断。

### （三）数据电文符合法定原件形式要求的规定

原件，即原始文件、原始资料，一般是指信息内容首次以书写、印刷等形式固定与其上的纸质或其他有形的媒介物。原件形式要求，主要是在诉讼法中提出的。《民事诉讼法》第 68 条规定："书证应当提交原件。物证应当提交原物。提交原件或者原物确有困难的，可以提交复制品、照片、副本、节录本。"此外，原件还与物权凭证和流通票据有关，因为原件的独一无二概念对这种单据特别重要。涉及"原件"要求的文件还有：贸易文件，如重量证书、农产品证书、质量或数量证书、检查报告、保险证书等。原件形式要求构成电子商务的一个主要障碍。

在这一问题上，联合国《电子商务示范法》同样采用了“功能等同法”。从文书原件所要达到的功能出发，找到实现“原件”功能的基本要求，然后再规定符合这一要求的数据电文就视为符合原件的形式要求。据此，联合国《电子商务示范法》规定：“如果法律要求信息必须以其原始形式展现或留存，倘若情况如下，则一项数据电文即满足了该项要求：1. 有办法可靠地保证自该信息首次以最终形式生成，作为一项数据电文或充当其他用途之时起，该信息保持了完整性；2. 如要求将该信息展现，可将该信息显示给观看信息的人。”同时还规定了判断数据电文“完整性”的标准，即：“1. 评定完整性的标准应当是，除加上背书及在通常传递、储存和显示中所发生的任何变动之外，有关信息是否保持完整，未经改变；2. 应根据生成信息的目的并参照所有相关情况来评定所要求的可靠标准。”许多国家和地区也遵循了联合国《电子商务示范法》的思路，对数据电文的原件形式要求作出了规定。我国《电子签名法》借鉴了联合国《电子商务示范法》和有关国家、地区的相关立法，规定符合法律、法规规定的原件形式要求的数据电文，应当具备下列条件：

（1）能够有效地表现所载内容并可供随时调取查用。即该数据电文应当符合法律规定的书面形式要求。

（2）能够可靠地保证自最终形成时起，内容保持完整、未被更改。但是，在数据电文上增加背书以及数据交换、储存和显示过程中发生的形式变化不影响数据电文的完整性。

传统民商事法律中的背书，是指当事人在票据、单证等的背面记载有关事项并签字的行为。数据电文以电子形式存在，并无正面、背面之分，此处所讲的背书实际是指达到传统民商事法律背书行为的等同功效的一种技术手段。如果采取某种技术手段可以在数据电文上达到与传统背书行为同样的功能，造成同样的法律后果，我们就可以将其视为“在数据电文上背书”，并且不影响数据电文内容的完整性。

### （四）数据电文符合法定文件保存要求的规定

文件保存要求通常是为审计或者税收目的提出的。在一些法律中，为了使某一文书所含信息在一定的时间内均可以调取查用，会对其保存提出要求。《税收征收管理法》规定，从事生产、经营的纳税人、扣缴义务人必须按照国务院财政、税务主管部门规定的保管期限保管账簿、记账凭证及其他有关资料。一项文书如果要达到法律规定的保存要求，一般要满足以下条件：（1）该文书能够被随时调取查用；（2）该文书所载内容能够被准确地重现，即每次调取查用时，所呈现的文书内容同该文书最初形成时的内容是完全一致的；（3）对文书原始性的要求，即最好能够保存与原始文书有关的各种信息。

传统法律对文件保存的要求主要是针对纸质书面文书提出的，但是如果数据电文能够提供文件保存的功能，那么就应视为满足了法律规定的文件保存要求。联合国《电子商务示范法》规定：“如果法律要求某些文件、记录或者信息须予以留存，则此种要求可以通过留存数据电文的方式予以满足，但要符合下述条件：1. 其中所含信息可以调取，以备日后查用；2. 按照其生成、发送或者接收时的格式留存了该数据电文，或以可证明能使所生成、发送或接收的信息准确重现的格式留存了该数据电文；3. 如果有的话，留存可据以查明数据电文的来源和目的地以及该电文被发送或接收的日期和时间的任何信息。”有关国家和地区的电子商务法或电子签名法一般也有类似规定。

我国《电子签名法》借鉴了联合国《电子商务示范法》和有关国家、地区的法律，规定符合下列条件的数据电文视为满足法律、法规规定的文件保存要求：

（1）能够有效地表现所载内容并可供随时调取查用。即数据电文应满足法律规定的书面形式要求。

（2）数据电文的格式与其生成、发送或者接收时的格式相同，或者格式不相同但是能够准确表现原来生成、发送或者接收的内容。该项条件是要求数据电文能够准确表现其原始内容，为此一般要求数据电文按照其原始格式保存。但是，在电子环境下，要求数据电文毫无变动地保存，有时并没有必要，因为有些文件可以通过压缩、加密的形式保存，这种保存方式也不会影响文件内容的准确重现。因此本项规定，数据电文保存的格式也可以与其生成、发送或者接收时的格式不相同，但必须能够准确地表现原来生成、发送或者接收的内容。

（3）能够识别数据电文的发件人、收件人以及发送、接收的时间。

这一项条件所设定的标准实际上高于对文件保存所作的一般要求。它规定除了保存数据电文本身外，还能识别数据电文的来源，包括发件人、收件人以及发送、接收的时间等信息。这样规定是为了涵盖可能需要保存的所有信息。满足了这三项条件，即可视为满足了文件保存的要求。

### （五）数据电文归属与确定

1. 发送主体的确认

数据电文的归属，就是如何认定数据电文的发出者或者其主体问题。它是数据电文的法律后果的先决条件。电子签名是对数据电文效力的确认，建立起数据电文与签名者之间的联系。正如书面文件可能会被他人冒名签署一样，在电子环境下，也可能出现冒名发出的数据电文。如果谁是发件人不明确，或是有争议，如何判断该数据电文的归属呢？这种情况下如何确定数据电文的效力，就需要适用数据电文归属的推定规则，这些规则是电子签名法律效力的补充。在一定情况下，数据电文可以视为发件人发送。这样，可以使法律关系变得稳定，有利于保护交易对方当事人的合理信赖。

（1）代理。发件人如果明确授权他人发送一项数据电文，则成立一种代理关系。发件人为被代理人，被授权者为代理人。依据我国《民法通则》的规定，代理人在代理权限内，以被代理人的名义实施民事法律行为，被代理人对代理人的代理行为，承担民事责任。未取得授权、超越授权或者授权终止后发送数据电文的，代理人没有代理权、超越代理权或者代理权终止以及表见代理等情况，具体按我国《民法通则》和《合同法》等相关规定处理。

（2）自动交易。在电子交易中，有些合同的订立和履行是通过计算机程控的数据电文自动完成的。发件人的信息系统自动发送数据电文。这种信息系统也被称为“电子代理人”。在电子数据交换（EDI）中，这种情况很常见。例如我们从网上书店订购图书，该书店通过其计算机系统接受和确认要约，交易就自动成立了。这种情况下发件人的信息系统自动发送的，推定为发件人发送。

（3）收件人按照发件人认可的方法对数据电文进行验证后结果相符的。发件人与收件人可以事先约定：如果收件人采用某种验证程序对所收到的数据电文进行验证后，验证结果表明该数据电文是发件人发出的，则收件人可以认定该数据电文归属于发件人。发件人也可以单方面认可该种验证程序，或者经过与中间人（如认证机构）的协议确定该验证程序，并同意凡符合该程序要求条件的数据电文，均承担受其约束的义务。在有些情况下，可能有人会盗用发件人的系统或签名生成数据等信息来发送数据电文。收到数据电文后，只要正确地使用了事先经发件人同意的验证程序来进行验证，收件人即有权视该数据电文为发件人发送。因为发件人有义务防止自己的系统或者有关信息被盗用。一旦发件人疏于这项义务，即应为其疏忽行为负责。当然，根据民法一般原则，如果收件人明知或应知所收到的数据电文不是发件人发送的，则收件人无权将该数据电文视为发件人发送的。如果发件人在知道他人冒用了自己的系统或有关信息后，立即对收件人发出通知告知这一情况，则收件人自知悉这一情况时起，不应继续将该数据电文归属于发件人。

我国《电子签名法》第 9 条对数据电文的归属作出了规定："数据电文有下列情形之一的，视为发件人发送：（一）经发件人授权发送的；（二）发件人的信息系统自动发送的；（三）收件人按照发件人认可的方法对数据电文进行验证后结果相符的。"

2. 数据电文的接收确认

对于传统书面文件的接收，一般由接受人签字或盖章，即表明接受人收到了该书面文件，同时产生相应的法律效力。如何确认接受方是否接收到数据电文，这就是数据电文接收确认的问题。根据我国《电子签名法》第 10 条规定：法律、行政法规规定或者当事人约定数据电文需要确认收讫的，应当确认收讫。发件人收到收件人的收讫确认时，数据电文视为已经收到。

确认收讫类似于邮政系统中的回执制度。确认收讫有两种情形：一种是强制性确认收讫，即法律、行政法规规定数据电文须经确认收讫。我国目前尚未有法律、行政法规对数据电文的确认收讫作出明确的规定。但是，随着我国电子商务的迅速发展，今后可能会有一些法律、行政法规对数据电文的确认收讫作出规定。在这种情形下，数据电文就必须经确认收讫。另一种是当事人约定数据电文须经确认收讫。在第二种情况中，还包括发件人要求确认收讫的情况。发件人可以在发送数据电文之时或之前提出该要求，也可以通过该数据电文本身提出该要求。除了上述情形外，确认收讫不是数据电文产生法律效力的要件。对于必须经过确认收讫的，在收到确认之前，数据电文可视为从未发送。发件人收到确认的，可以推定有关数据电文已经由收件人收到。但这并不表明收件人收到的信息与发件人发送的信息相符，也不能将确认收讫理解为收件人对发件人作出的承诺。确认收讫是否可以视为承诺，要看该确认收讫的具体内容而定。

3. 发送和接收的时间和地点

数据电文何时发出，又是何时收到，在法律上有着重要意义：以该数据电文发出的要约、承诺是否生效，合同是否已经成立，文件是否已按时递交给有关政府机构，一宗贸易是什么时候完成的，诸如此类的问题，都与时间因素相关。

通常数据电文的发送时间为该数据电文进入发件人控制之外的某个信息系统的时间。所谓"发件人控制之外的某个信息系统"，既可以是收件人的信息系统，也可以是某一中间人的信息系统。收件人指定特定系统接收数据电文的，数据电文进入该特定系统的时间，视为该数据电文的接收时间。收件人指定的系统不一定就是本人的系统。一切以指定为准。如果数据电文实际上到达的是收件人的系统但并非所指定的那个系统，一般以收件人检索到数据电文的时间为收到时间。收件人未指定特定系统的，数据电文进入收件人的任何系统的首次时间，视为该数据电文的接收时间。“进入”时间，是指在该信息系统内可加以处理的时间，至于收件人是否已经检索、读取该数据电文，则非所问。正如邮件投入收信人邮箱时即认为已经送达，而不论收信人是否开封阅知一样。如果数据电文未能进入收件人信息系统，则不能认为该数据电文已经到达。

同发送和接收时间一样，发送和接收地点也有很重要的法律意义。《合同法》规定，承诺的生效地点为合同成立的地点；《民事诉讼法》规定，合同的双方当事人可以在书面合同中协议选择被告住所地、合同履行地、合同签订地、原告住所地、标的物所在地人民法院管辖。在冲突法中，地点还影响到准据法的选择。

法律倾向于赋予那些与交易有密切联系的地点以法律意义。因此，一般规定发件人的主营业地为数据电文的发送地点，收件人的主营业地为数据电文的接收地点，没有主营业地的，其经常居住地为发送或者接收地点。至于数据电文的实际发送和接收地点，即信息系统所在地，并不具有法律意义。基于当事人意思自治原则，当事人对数据电文的发送地点和接收地点另有约定的，从其约定。

我国《电子签名法》对于数据电文发送和接收时间和地点作出了如下规定：

关于发送时间规定：数据电文进入发件人控制之外的某个信息系统的时间，视为该数据电文的发送时间。收件人指定特定系统接收数据电文的，数据电文进入该特定系统的时间，视为该数据电文的接收时间；未指定特定系统的，数据电文进入收件人的任何系统的首次时间，视为该数据电文的接收时间。当事人对数据电文的发送时间、接收时间另有约定的，从其约定。

关于接收地点的规定：发件人的主营业地为数据电文的发送地点，收件人的主营业地为数据电文的接收地点。没有主营业地的，其经常居住地为发送或者接收地点。当事人对数据电文的发送地点、接收地点另有约定的，从其约定。

综上所述，对于电子签名发送和接收时间和地点，首先遵循当事人意思自治原则，可以自行约定。如果没有约定，按照法律规定确定。

# 第二节　电子认证法律制度

## 一、电子认证概述

### （一）电子认证的概念和性质

1. 电子认证的概念

电子签名可以依赖于很多技术来实现，有些电子签名可能并不需要认证，例如一些以生物识别技术生成的电子签名，其直接依据签名人的生理特征就可以辨别电子签名的真伪。在目前，各国电子商务或者电子签名立法中确认的需要认证的电子签名一般指的是数字签名。在传统的签字（盖章）使用中，为了防止签字（盖章）方提供伪造虚假或被篡改的签字（盖章）或者防止发送人以各种理由否认该签字（盖章）为其本人所为，一些国家或地区采取通过具有权威性公信力的授权机关对某印章提前作出备案，并可提供验证证明的方式，防止抵赖或伪造等情形发生。

作为第三方的数字签名认证机构通过给从事交易活动的各方主体颁发数字证书、提供证书验证服务等手段来保证交易过程中各方主体电子签名的真实性和可靠性。电子认证的目的是把电子签名和交易联系起来，确保对方得到的电子签名不是其他人假冒的。

具体说来，电子认证指一个国家承认的认证机构通过颁发数字证书和管理公共密匙来检验带有电子签名的文件所有人及其内容的真实性。

2. 电子认证的性质

电子认证服务，是指为电子签名相关各方提供真实性、可靠性验证的公众服务活动。电子认证是一种信用服务。认证机构并不向在线当事人出售任何有形商品，也不提供资金或劳动力资源。它所提供的服务成果，只是一种无形的信息，包括交易相对人的身份、公共密钥、信用状况等情报。

3. 电子认证的具体操作程序

电子认证的具体操作程序为：发件人在做电子签名前，签署者必须将他的公共密钥送到一个经合法注册，具有从事电子认证服务许可证的第三方，即 CA 认证中心，登记并由该认证中心签发电子印鉴证明（Certificate）。尔后，发件人将电子签名文件同电子印鉴证明一并发送给对方，收件方经由电子印鉴佐证及电子签名的验证，即可确信电子签名文件的真实性和可信性。由此可见，在电子文件环境中，CA 认证中心扮演的角色与上述传统书面文件签字（盖章）环境中的第三者（户政事务所）的角色有异曲同工之妙。CA 认证中心正起到一个行使具有权威性公证的第三人的作用。而经 CA 认证机关颁发的电子印鉴证明就是证明两者之间的对应关系的一个电子资料，该资料指明及确认使用者名称及其公共密钥。使用者从公开地方取得证明后，只要查验证明书内容确实是由 CA 机关所发，即可推断证明书内的公开密钥确实为该证明书内相对应的使用者本人所拥有。如此，该公共密钥持有人无法否认与之相对应的该密钥为他所有，进而亦无法否认经该密钥所验证通过的电子签名不为他所签署。

4. 认证机构的风险

同时，认证机构在提供认证服务的过程中会面临许多潜在风险。其风险的种类主要有：（1）运用技术过失致使数字记录丢失；（2）对信息未进行严格审查致使证书含虚假陈述，第三人信赖其陈述，并基于证书的等级进行交易，将损坏认证机构的可信度；（3）未经过合理适当的辨别而终止或撤销证书；（4）由于服务器故障或周期性离线修整而造成认证服务中断；（5）内部人员即认证机构有权访问证书数据库的雇员制作虚假证书或涂改证书记录；（6）外部人员使用多种方法改造认证机构的通用协议；（7）作为网络机构随着技术更新其淘汰率高，服务可能难以长期维持，但是某些长期证书的管理又需要服务一直持续下去不能中断；等等。

### （二）PKI 与数字证书简介

由于电子认证涉及一些技术问题，了解认证机构有必要对一些基本技术概念进行简要介绍。认证机构提供的认证服务活动是建立在 PKI 体系基础上的。

1. PKI 体系

PKI 是“Public Key Infrastructure”的缩写，意为“公钥基础设施”。简单地说，PKI 技术就是利用公钥理论和技术建立的提供信息安全服务的基础设施。公钥体制是目前应用最广泛的一种加密体制，在这一体制中，加密密钥与解密密钥各不相同，发送信息的人利用接收者的公钥发送加密信息，接收者再利用自己专有的私钥进行解密。这种方式既保证了信息的机密性，又能保证信息具有不可抵赖性。目前，公钥体制广泛地用于 CA（Certificate Authority）认证、数字签名和密钥交换等领域。

公钥基础设施（PKI）是信息安全基础设施的一个重要组成部分，是一种普遍适用的网络安全基础设施。PKI 是 20 世纪 80 年代由美国学者提出来的概念，实际上，授权管理基础设施、可信时间戳服务系统、安全保密管理系统、统一的安全电子政务平台等的构筑都离不开它的支持。数字证书认证中心（CA）、审核注册中心（RA）、密钥管理中心（KM）都是组成 PKI 的关键组件。作为提供信息安全服务的公共基础设施，PKI 是目前公认的保障网络社会安全的最佳体系。在我国，PKI 建设在几年前就已开始启动，截至目前，金融、政府、电信等部门已经建立了三十多家 CA 认证中心。

一个标准的 PKI 域必须具备以下主要内容：

（1）认证机构（CA ）。CA 是 PKI 的核心执行机构，是 PKI 的主要组成部分，业界人士通常称它为认证中心。从广义上讲，认证中心还应该包括证书申请注册机构（RA），它是数字证书的申请注册、证书签发和管理机构。CA 是保证电子商务、电子政务、网上银行、网上证券等交易的权威性、可信任性和公正性的第三方机构。（2）证书和证书库。（3）密钥备份及恢复。（4）密钥和证书的更新。（5）证书历史档案。（6）客户端软件。（7）交叉认证。

2. 数字证书

这是由认证中心经过数字签名后发给网上交易主体（企业或个人）的一段电子文档。在这段文档中包括主体名称、证书序号、发证机构名称、证书有效期、密码算法标识、公钥信息和其他信息等。利用数字证书，配合相应的安全代理软件，可以在网上交易过程中检验对方的身份真伪，实现交易双方的相互信任，并保证交易信息的真实性、完整性、私密性和不可否认性。

3. 数字证书原理

数字证书采用公钥体制，即利用一对互相匹配的密钥进行加密、解密。每个用户自己设定一把特定的仅为本人所有的私有密钥（私密），用它进行解密和签名；同时设定一把公共密钥（公钥）并由本人公开，为一组用户所共享，用户加密和验证签名。当发送一份保密文件时，发送方使用接收方的公钥对数据加密，而接收方则使用自己的私钥解密，这样信息就可以安全无误地到达目的地了。通过数字的手段保证加密过程是一个不可逆过程，即只有用私有密钥才能解密。公开密钥技术解决了密钥发布的管理问题，用户可以公开其公开密钥，而保留其私有密钥。

用户也可以采用自己的私钥对信息加以处理，由于密钥仅为本人所有，这样就产生了别人无法生成的文件，也就形成了数字签名。采用数字签名，能够确认以下两点：第一，保证信息是由签名者自己签名发送的，签名者不能否认或难以否认。第二，保证信息自签发之后到收到为止未曾作过任何修改，签发的文件是真实原始文件。

## 二、认证机构的设立与管理

### （一）认证机构概述

认证机构的英文为 Certification Authority，简称 CA，亦称为认证中心、验证机构或凭证管理中心等。为了保证电子签名的真实性，保障交易安全，发件人在做电子签名前，签署者必须将他的公共密钥送到经合法注册、具有从事电子认证服务许可证的第三方，即电子认证机构（CA 认证中心）登记并由该认证中心签发电子印鉴证明。可见，CA 认证中心起到一个行使具有权威性公证第三人的作用。电子认证的目的就是通过 CA 认证中心对公共密钥进行辨别和认证（包括跨国认证），以防止或减少因密钥的丢失、损毁或解密等原因造成电子文件交易环境的不确定因素及不安全性风险。

电子认证机构的主要功能是接受注册请求，处理和批准请求以及颁发和管理数字证书；保管公共密钥，应有关当事人的申请进行身份认证。根据我国《电子认证服务管理办法》第 17 条的规定，电子认证服务机构应当保证提供下列服务：（1）签发、管理电子签名认证证书；（2）确认签发的电子签名认证证书的真实性；（3）提供电子签名认证证书目录信息查询服务；（4）提供电子签名认证证书状态信息查询服务。

### （二）设立模式与条件

综合世界各国电子商务立法，各国对认证机构的管理各有其模式，总的来说，可分为以下类别：

1. 行业自律型

即政府完全不介入、不干预，认证机构通过市场竞争建立信誉，以求生存和发展。采用这一管理模式的多为拥有雄厚的技术和资金优势，市场发育成熟，社会信用制度健全，民间认证体系已趋完善的国家和地区。澳大利亚、美国的加利福尼亚州是采用这种方法的典型代表。这种自由宽松的交易环境，或许有利于电子商务企业施展才华，却不利于广大消费者的参与。

2. 政府监管与市场培育相结合型

采用这种方式管理认证机构的国家多数规定了自愿认可制度，即法律规定认证机构并不一定取得许可，但是经过政府许可的认证机构可享受责任限额等优惠条件。政府对认证机构管理只实行有限介入，不进行全面干预。采用这种方式的有新加坡、英国、奥地利等国家。一般规定如下：认证机构的管理机关应当由政府主管部门（如财政部或商务部等）和全国认证机构协会来承担，后者是根据法律而成立的行业协会，并不具体从事认证业务，协会负责成立一个电子认证标准审查委员会，具体对适用于电子认证行业的标准负责开发、修订与确认，并且负责对其会员所采用的密码、标准的选定。任何官方的和非官方的实体，都可以成为认证机构，但它必须是在全国认证协会登记的成员。

3. 政府集中管理型

多数发展中国家，由于技术资金处于劣势、市场发育不完善，同时又要加快发展，因而多采用政府干预，以发展本国认证体系，如马来西亚。但是，一些发达国家也保留了浓厚的政府介入特色，规定由信息通信部或者相关大臣发放许可。如韩国、日本都属于对认证机构实施许可、审批的国家。其具体做法大致如下：（1）以法律授权政府相关的机构（通常为商务署），对认证机构进行管理，颁发许可证；（2）规定认证机构所必须具备的可靠条件，包括硬件、软件、业务人员等方面；（3）政府允许符合法定条件的认证机构承担有限责任；（4）法律上推定经认证机构核实的电子签名具有证据力。该种方法充分显示了政府的行政力量，其目的是让安全数字签名完全成为手书签名的替代品，进而促使广大的消费者进入电子商务领域。①

我国依照《电子签名法》执行的应该是一种通过登记许可政府集中管理的模式，我们认为这是在目前我国市场经济体系不够完善、有效的信用制度及第三方认证体系尚未建立、电子商务与信息化发展很不均衡及安全性有待提高的大环境下作出的明智选择，是符合我国目前电子商务与信息化发展环境的。《电子认证服务管理办法》第 5 条规定了电子认证服务机构应当具备的条件；第 6 条规定了申请电子认证服务许可的，应当向工业和信息化部提出；第 10 条规定工业和信息化部自接到申请之日起 45 日内作出是否许可的书面决定。

关于认证机构的设立条件，各国都有关于资金、技术设备、专业人员等具体要求。《电子签名法》第 17 条规定了电子认证服务提供者应当具备以下条件：（1）有与提供电子认证服务相适应的专业技术人员和管理人员；（2）有与提供电子认证服务相适应的资金和经营场所；（3）有符合国家安全标准的技术和设备；（4）有国家密码管理机构同意使用密码的证明文件；（5）法律、行政法规规定的其他条件。

由于《电子签名法》的上述规定过于笼统，实践中缺乏可操作性，我国《电子认证服务管理办法》第 5 条具体规定了电子认证服务机构设立的具体条件：（1）有独立的企业法人资格；（2）电子认证服务的专业技术人员、运营管理人员、安全管理人员和客户服务人员不少于 30 名；（3）注册资金不低于人民币 3 000 万元；（4）有固定的经营场所和满足电子认证服务要求的物理环境；（5）有符合国家有关安全标准的技术和设备；（6）有国家密码管理机构同意使用密码的证明文件；（7）法律、行政法规规定的其他条件。

### （三）证书业务规范

在电子认证中，认证机构的主要职责即是证书的颁发与公布、管理、中止和撤销及保存等，统称为认证机构的证书业务规范。新加坡《电子交易法》规定，“证书（certificate）是指为支持数字签名而签发的记录，该数字签名，能够确定持有独有密钥的人的身份，以及其他一些重要的特征”。根据我国《电子签名法》定义，电子签名认证证书，是指可证实电子签名人与电子签名制作数据有联系的数据电文或者其他电子记录。

#### 1. 证书的颁发

申请人申请电子签名认证证书，认证机构对申请人身份进行检验，并对有关材料审查，如果符合证书颁发条件，将颁发给申请人认证证书。

根据我国《电子签名法》第 20 条的规定电子签名人向电子认证服务提供者申请电子签名认证证书，应当提供真实、完整和准确的信息。电子认证服务提供者收到电子签名认证证书申请后，应当对申请人的身份进行查验，认证机构向用户颁发认证证书后，并对有关材料进行审查。认证机构向申请人颁发认证证书后还有义务通过信息公告栏向社会公布。

---

① 参见田凤常：《电子签名与认证提供者的法律责任》，载《信息与安全》，2006（10）。

2. 证书的管理

认证机构发布证书后，持有人可能申请更新证书、撤销证书，证书由于有效期届满而失效，由于私钥泄密或其他原因而作废等，认证机构有责任对此一系列情况做记录，以便社会公众及时了解认证证书的效力情况，维护电子签名和电子认证的公信力，保障交易安全。关于证书的管理，我国《电子认证服务管理办法》第 30 条规定，有下列情况之一的，电子认证服务机构应当对申请人提供的证明身份的有关材料进行查验，并对有关材料进行审查：(1) 申请人申请电子签名认证证书；(2) 证书持有人申请更新证书；(3) 证书持有人申请撤销证书。

3. 证书的中止与撤销

证书颁布后，由于特殊情况的出现，如用户申请、个人用户死亡、法人用户不再存续，用户私钥泄密等，证书可能被中止或撤销。中止是证书效力的暂时中止，当法定事由消除后证书重新恢复效力。撤销指证书的彻底无效。

我国《电子认证服务管理办法》第 29 条规定，有下列情况之一的，电子认证服务机构可以撤销其签发的电子签名认证证书：(1) 证书持有人申请撤销证书；(2) 证书持有人提供的信息不真实；(3) 证书持有人没有履行双方合同规定的义务；(4) 证书的安全性不能得到保证；(5) 法律、行政法规规定的其他情况。

我国相关法律没有关于证书效力中止的规定。电子认证服务机构更新或者撤销电子签名认证证书时，应当予以公告。

4. 认证信息的保存

认证机构的证书业务规范还包括保存与认证相关的信息，我国《电子签名法》第 24 条规定，电子认证服务提供者应当妥善保存与认证相关的信息，信息保存期限至少为电子签名认证证书失效后五年。

5. 电子认证国外证书认证问题

电子商务具有跨国界、开放性的特点，世界各国共享电子商务的技术成果，同时也分享相同或类似的电子商务法律规范。关于电子认证，一个问题是国外的认证证书是否可以得到国内的承认？目前国际上对外国认证机构和认证证书的承认主要有以下三种方式：一是通过国际条约或双边协定来处理，凡是加入条约或协定的国家，均可承认对方国家认证机构在本国颁发的证书的效力；二是行政核准方式，即符合本国规定的认证政策和可信性条件标准的境外认证机构，在获得境内行政部门的许可后，可在境内开展认证活动，其颁发的证书与境内认证机构颁发的证书具有同等效力；三是认证担保方式，即境外认证机构寻求境内认证机构提供担保，由后者承担前者在国内发放证书所产生的风险。

我国《电子签名法》第 26 条规定：“经国务院信息产业主管部门根据有关协议或者对等原则核准后，中华人民共和国境外的电子认证服务提供者在境外签发的电子签名认证证书与依照本法设立的电子认证服务提供者签发的电子签名认证证书具有同等的法律效力。”作为配套规定，《电子认证服务管理办法》第 42 条明确：“经工业和信息化部根据有关协议或者对等原则核准后，中华人民共和国境外的电子认证服务机构在境外签发的电子签名认证证书与依照本办法设立的电子认证服务机构签发的电子签名认证证书具有同等的法律效力。”但究竟境外的电子认证服务提供者在境外签发的电子签名认证证书如何与依照该法设立的电子认证服务提供者签发的电子签名认证证书取得同等的法律效力，应按照什么样的程序操作，应提交哪些材料等，还是一个尚未明确的问题，急需在进一步的相关规定中得到明确。

### （四）认证服务的暂停、终止和接受

电子认证服务机构属于特殊性质的服务机构，其服务的暂停、终止对社会公众，尤其是电子认证申请人或信赖方具有重大影响，也关系到整个电子认证服务行业的信誉度等。一般法人机构的解散或破产等只需按照普通破产或法人终止程序就可以，而特殊行业如银行、保险公司等有其特殊的法律规定。与之类似，法律对于电子认证服务的暂停、终止和接受也具有特殊规定，设立了报告、协商承接、指定承接等制度。具体来说，电子认证服务机构拟在《电子认证服务许可证》的有效期内终止电子认证服务的，应该在60日内向主管部门（工业和信息化部）报告，申请办理证书注销手续，向工商行政管理机关申请办理注销登记或变更登记；电子认证服务机构拟暂停或者终止电子认证服务的，应在暂停或者终止电子认证服务 90 日前，就业务承接及其他有关事项通知有关各方；未能就业务承接事项与其他电子认证服务机构达成协议的，应当申请工业和信息化部安排其他电子认证服务机构承接其业务。电子认证服务机构被依法吊销电子认证服务许可的，其业务承接事项的处理按照工业和信息化部的规定进行。电子认证服务机构有根据工业和信息化部的安排承接其他机构开展的电子认证服务业务的义务。

## 三、电子认证法律关系

电子认证通常由多方当事人参加，有证书申请人（通常也是电子签名人），证书信赖人，还有电子认证服务提供者，即为电子签名人和电子签名依赖方提供电子认证服务的第三方机构。同时由于国家行政机关对电子认证的监管，特定国家行政机关，如我国工业和信息化部对电子认证服务者提供监管。在电子认证过程中，他们各方享有一定的权利，履行一定的义务，形成电子认证法律关系。其中认证机构和用户之间是典型的合同关系，这点在我国《电子认证服务管理办法》中已得到了肯定。《电子认证服务管理办法》第 22 条规定，电子认证服务机构受理电子签名认证申请后，应当与证书申请人签订合同，明确双方的权利义务。关于信赖方和认证机构的关系，学理上有不同说法，笔者认为不存在合同上的权利义务关系，属于根据法律规定产生的一种信赖利益关系。

电子签名与电子认证政策法律用以调整认证中心、证书用户、国家行政机关与不特定的社会公众之间在认证电子交易过程中所发生的法律关系，调整对象主要包括平等主体之间民商事法律关系和非平等主体之间的行政法律关系。

### （一）电子签名人（证书拥有人）的义务

在认证关系中，证书拥有人（亦称签署者）是认证机构的客户，是接受认证服务的一方。它除了应履行一般的支付服务费用义务外，还应履行一些与认证服务关系的特性相应的义务。这些义务主要包括两点，即真实陈述义务和私密钥控制义务。

1. 真实陈述之义务

真实陈述认证机构要求其提供的事项与资料，是证书用户在申请证书时所应履行的基本义务。因为就其身份、地址、营业范围、证书信赖等级的真实陈述，是证书可信赖性产生的前

提，否则，将构成对证书体系信赖性的损害，并因此而承担一定的法律责任。

2. 私密钥控制之义务

当证书颁发并接收之后，用户就在真实陈述义务之外，又增加了一项私密钥控制义务。它是证书用户所应负的，针对不特定的任何人的义务，实际上是一种与认证机构的公正发布信息的义务相并列的社会责任。没有用户对其私密钥的独占性控制，认证机构就是再认真审核、公正发布信息，都无法保证电子签名证书的安全性。控制私密钥，使其处于独占之安全状态，不仅是用户保护自身利益所必需的，同时，也是维护证书体系信誉的不可或缺的措施。根据联合国《电子签名示范法》第 8 条，签名人有如下义务：

（1）签名制作数据可用于制作具有法律效力签名的，各签名人应当做到如下：

1）采取合理的谨慎措施，避免他人未经授权使用其签名制作数据；

2）在发生下列情况时，毫无不应有的迟延，利用认证服务提供人依照该法第 9 条提供的手段，或作出合理的努力，向签名人可以合理预计的依赖电子签名或提供支持电子签名服务的任何人发出通知：(a) 签名人知悉签名制作数据已经失密；或 (b) 签名人知悉导致签名制作数据可能已经失密的重大风险情况；

3）在使用证书支持电子签名时，采取合理的谨慎措施，确保签名人作出的关于证书整个寿命周期的或需要列入证书内容的所有实质性表述均精确无误和完整无缺。

（2）签名人应当对其未能满足第 1 款的要求承担法律后果。

我国的《电子签名法》中，对上述二方在数字签名使用和认证上应各负有的义务的规定是较为一致的，并规定了其各自应负的法律责任：

电子签名人应履行以下义务：

1）提供真实、完整、准确信息的义务。电子签名人向电子认证服务提供者申请电子签名认证证书，应当提供真实、完整和准确的信息。（第 20 条）

2）妥善保管电子签名制作数据的义务。电子签名人应当妥善保管电子签名制作数据。（第 15 条）

3）及时告知的义务。电子签名人知悉电子签名制作数据已经失密或者可能已经失密时，应当及时告知有关各方，并终止使用该电子签名制作数据。（第 15 条）

不履行义务即要承担相应责任，对此我国《电子签名法》第 27 条也有明确规定："电子签名人知悉电子签名制作数据已经失密或者可能已经失密未及时告知有关各方、并终止使用电子签名制作数据，未向电子认证服务提供者提供真实、完整和准确的信息，或者有其他过错，给电子签名依赖方、电子认证服务提供者造成损失的，承担赔偿责任。"

### （二）电子签名依赖方（证书信赖方）的义务责任：

电子签名依赖方，是指基于对电子签名认证证书或者电子签名的信赖从事有关活动的人。不一定事先与认证机构存在合同关系，但他是认证关系的受益方之一。要求其承担相应的义务，是保障其利益的前提条件。联合国《电子签名统一规则》第 11 条规定，相对方（即证书信赖人）如不能履行下列行为，应承担法律责任：（1）采取合理的步骤核查签名的可靠性；（2）在电子签名有证书证明的情况下，采取合理的步骤；或（3）核查证书的有效性或证书的吊销或撤销；以及（4）遵守任何有关证书的限制。

电子签名依赖方的责任与义务在我国《电子签名法》中未作规定。电子签名依赖方是较为被动的一方，应以合理方式对电子签名进行验证。电子签名人与电子签名依赖方之间一般表现为商务合同关系，主要受《合同法》的调整，一般要求其作为善意的谨慎商人尽到合理的注意义务即可。

**（三）认证机构的义务**

电子认证服务提供者，处于整个电子签名认证法律关系的中心地位。数据电文和数字签名的真实性、完整性和不可否认性，都基于对电子签名的有效认证，其依据就是认证人颁发的电子签名认证证书。认证人的工作就是通过颁发证书用以证明证书上所载公钥与签名人之间的关系，并以其专业能力和执业资格使依赖方据以验证数字签名的真实性和完整性。

我国《电子签名法》规定其义务如下：

（1）依法申请许可资格，遵守国务院工业和信息化部的管理规则，并接受工业和信息化部的监督。《电子签名法》第18条规定："从事电子认证服务，应当向国务院信息产业主管部门提出申请，并提交符合本法第十七条规定条件的相关材料。国务院信息产业主管部门接到申请后经依法审查，征求国务院商务主管部门等有关部门的意见后，自接到申请之日起四十五日内作出许可或者不予许可的决定。予以许可的，颁发电子认证许可证书；不予许可的，应当书面通知申请人并告知理由。申请人应当持电子认证许可证书依法向工商行政管理部门办理企业登记手续。"

（2）公开义务或信息披露义务，即公开其名称、许可证号、电子认证业务规则，包括责任范围、作业操作规范、信息安全保障措施。根据我国《电子签名法》第18条第3款、第19条的规定，取得认证资格的电子认证服务提供者，应当按照国务院信息产业主管部门的规定在互联网上公布其名称、许可证号等信息。电子认证服务提供者应当制定、公布符合国家有关规定的电子认证业务规则，并向国务院信息产业主管部门备案。电子认证业务规则应当包括责任范围、作业操作规范、信息安全保障措施等事项。

此外，《电子认证服务管理办法》第12条规定："取得认证资格的电子认证服务机构，在提供电子认证服务之前，应当通过互联网公布下列信息：（一）机构名称和法定代表人。（二）机构住所和联系办法。（三）《电子认证服务许可证》编号。（四）发证机关和发证日期。（五）《电子认证服务许可证》有效期的起止时间。"第21条规定："电子认证服务机构在受理电子签名认证证书申请前，应当向申请人告知下列事项：（一）电子签名认证证书和电子签名的使用条件。（二）服务收费的项目和标准。（三）保存和使用证书持有人信息的权限和责任。（四）电子认证服务机构的责任范围。（五）证书持有人的责任范围。（六）其他要事先告知的事项。"

（3）谨慎审核义务，即以合法的手段，审查签名人的身份及相关情况。根据我国《电子签名法》第20条第2款规定，电子认证服务提供者收到电子签名认证证书申请后，应当对申请人的身份进行查验，并对有关材料进行审查。

（4）电子认证服务提供者有关保证义务，即保证认证证书内容在有效期内完整、准确，并保证依赖方能够证实或者了解认证证书所载内容及其他有关事项。根据我国《电子签名法》第22条的规定，电子认证服务提供者应当保证电子签名认证证书内容在有效期内完整、准确，并保证电子签名依赖方能够证实或者了解电子签名认证证书所载内容及其他有关事项。

（5）妥善保存与认证相关的信息义务。

电子签名人向电子认证服务提供者申请电子签名认证证书，应当提供真实、完整和准确的信息。这些信息涉及的面比较广，既可能包括申请人的个人隐私，也可能涉及申请人的商业秘密，如果这些信息被泄露，可能会损害电子签名人的利益。根据我国《电子签名法》第 24 条，电子认证服务提供者应当妥善保存与认证相关的信息，信息保存期限至少为电子签名认证证书失效后五年。同时我国《电子认证服务管理办法》第 18 条细化了这一义务："电子认证服务机构应当履行下列义务：（一）保证电子签名认证证书内容在有效期内完整、准确；（二）保证电子签名依赖方能够证实或者了解电子签名认证证书所载内容及其他有关事项；（三）妥善保存与电子认证服务相关的信息。"

（6）妥善解决认证人暂停或终止服务后续工作的义务。

根据我国《电子签名法》第 23 条的规定，应当在暂停或者终止服务 90 日前，就业务承接及其他有关事项通知有关各方。此外，电子认证服务提供者拟暂停或者终止电子认证服务的，还应当履行以下义务：

1）报告。电子认证服务提供者应当在暂停或者终止服务 60 日前向国务院信息产业主管部门报告，使其了解情况。

2）协商承接。电子认证服务提供者除在法定期限内向国务院信息产业主管部门报告外，还要与其他电子认证服务提供者就业务承接进行协商，协商达成一致意见的，对业务承接事项作出妥善安排。

3）指定承接。电子认证服务提供者未能就业务承接事项与其他电子认证服务提供者达成协议的，应当申请国务院信息产业主管部门安排其他电子认证服务提供者承接其业务。

### （四）认证机构的责任

1. 民事责任

总体来说，电子认证服务提供者承担过错推定责任。根据我国《电子签名法》第 28 条的规定，电子签名人或者电子签名依赖方因依据电子认证服务提供者提供的电子签名认证服务从事民事活动遭受损失，电子认证服务提供者不能证明自己无过错的，承担赔偿责任。这里《电子签名法》规定了较为严格的过错推定责任认定制度，要求认证人"证明自己无过错"方可解脱责任，如果不能证明自己没过错就必须承担责任。电子认证服务提供者作为保障电子商务交易安全的专业服务提供商，因其行为直接影响交易双方的利益，且就技术和过程掌控能力而言，在三者中处于优势地位，所以法律规定了过错推定责任，要求电子认证服务提供者能尽最大的注意义务，否则面临承担责任的危险，这对于保护电子签名人和电子签名依赖方利益具有重大意义，有利于建立电子认证信用制度。但民事活动损失包括直接损失和间接损失，可预见损失和不可预见损失等，可能数额相当巨大，同时由于电子认证服务的特殊性质及业务风险，对认证机构的风险责任加以限制也是有必要的，以促进电子认证服务市场的发展，这需要在我国立法中进一步明确。

2. 行政责任

（1）电子认证服务提供者未在暂停或者终止服务前向国务院信息产业主管部门报告的责

任。《电子签名法》第30条规定："电子认证服务提供者暂停或者终止电子认证服务，未在暂停或者终止服务六十日前向国务院信息产业主管部门报告的，由国务院信息产业主管部门对其直接负责的主管人员处一万元以上五万元以下的罚款。"

（2）未经许可提供电子认证服务的责任。《电子签名法》第29条规定："未经许可提供电子认证服务的，由国务院信息产业主管部门责令停止违法行为；有违法所得的，没收违法所得；违法所得三十万元以上的，处违法所得一倍以上三倍以下的罚款；没有违法所得或者违法所得不足三十万元的，处十万元以上三十万元以下的罚款。"此条使我国电子认证服务市场的准入制度更加严密，旨在保证市场的有序活动，防止其因未经许可的认证提供者的非法经营活动受到影响。

3. 刑事责任

《电子签名法》第31条规定："电子认证服务提供者不遵守认证业务规则、未妥善保存与认证相关的信息，或者有其他违法行为的，由国务院信息产业主管部门责令限期改正；逾期未改正的，吊销电子认证许可证书，其直接负责的主管人员和其他直接责任人员十年内不得从事电子认证服务。吊销电子认证许可证书的，应当予以公告并通知工商行政管理部门。"

《电子签名法》对负责电子认证服务业监督管理工作的部门的工作人员的违法行为的处罚也作了规定：伪造、冒用、盗用他人的电子签名，构成犯罪的，依法追究刑事责任；给他人造成损失的，依法承担民事责任。依照该法负责电子认证服务业监督管理工作的部门的工作人员，不依法履行行政许可、监督管理职责的，依法给予行政处分；构成犯罪的，依法追究刑事责任。

## 法条链接

1.《中华人民共和国电子签名法》
2.《电子认证服务管理办法》

## 深度阅读

1. 刘满达．电子签名的法律效力认定．法学，2011（2）
2. 刘满达．电子签名认证中的消费者权益保护．法学，2009（1）
3. 欧阳武等．中国电子签名法原理与条文解析．北京：人民法院出版社：2005
4. 高富平．电子合同与电子签名法研究报告．北京：北京大学出版社，2005

## 问题与思考

1. 什么是电子签名？简述一个电子签名的主要条件。

2. 广义电子签名与狭义电子签名有什么不同？
3. 论述可靠电子签名的法律效力。
4. 什么是电子认证？简述其具体操作程序。
5. 简述电子认证机构的设立条件和模式。

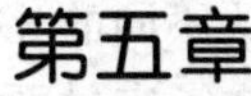

# 第五章 电子支付法律制度

重点知识

1. 电子支付法律基本原则。
2. 电子货币的法律风险。
3. 非金融机构支付业务的法律问题。

## 第一节 电子支付概述

### 一、电子支付的定义和种类

支付是为了清偿债权债务关系而将资金从债务人账户转移到债权人账户的过程，支付工具和支付系统随着人类社会的进步而演变。20世纪50年代末，当计算机在银行业务中得到应用后，全球开始利用计算机、终端机、电子信息网络等电子通信设备建立了高速划拨资金的电子支付系统。

1. 电子支付的定义

电子支付（electronic payment）是指“单位、个人直接或授权他人通过电子终端发出支付指令，实现货币支付与资金转移的行为”①。这一定义相比以往电子支付的定义，具有以下两个特别之处：

其一，电子支付的工具是电子终端，即电子通信设备，不仅仅包括电子计算机和网络，还包括所有的电子终端，如电话、自动柜员机（ATM）等。

其二，电子支付的资金来源并非局限于商业银行。美国《统一商法典》给电子支付所下的定义是：“电子支付是支付命令发送方将存放于商业银行的资金，通过传输线路划入收益方开户

① 中国人民银行2005年颁布的《电子支付指引（第1号）》第2条。

银行，以支付收益方的一系列过程。”随着电子商务的发展，越来越多的第三方支付平台[①]的出现，人们电子支付的资金来源不仅仅包括商业银行，还包括了第三方支付公司等非金融机构。

2. 电子支付的种类

电子支付按照不同的分类标准可以分为不同的分类。

（1）依据支付指令发起方式的不同，电子支付可分为网上支付、电话支付、移动支付、销售点终端交易、自动柜员机交易和其他电子支付。《电子支付指引（第 1 号）》即采用了该种分类方法。

（2）依据支付金额的大小及客户对象范围，电子支付可分为小额电子支付（消费性电子支付）和大额电子支付（商业性电子支付）。前者主要应用于 B2C 电子商务，服务对象主要是广大的个人消费者、从事商品和劳务交换的工商企业[②]，交易频繁发生，交易金额相对较小；后者则是 B2B 电子商务的重要手段，服务对象主要包括货币、黄金、外汇、商品市场的经纪商和交易商，在金融市场从事交易活动的商业银行，以及从事国际贸易的工商企业[③]，支付资金流量大。

（3）根据支付系统处理划拨的类型不同，电子支付可分为贷记划拨和借记划拨。借记划拨是指债权人向银行发出支付指令，以向债务人收款的划拨。贷记划拨是指债务人向银行发出支付指令向债权人付款的划拨，债务人银行借记债务人账户，使在同一银行或另一银行中的收款人账户得到贷记。

此外，依据支付系统的封闭性程度，电子支付还可分为专用网络（银行 POS、ATM）上支付和在开放网络（Internet）上支付。

3. 电子支付工具

电子支付工具包括电子支付系统和接入设备两个方面。

（1）电子支付系统

电子支付系统是指一系列交易主体参与的，以计算机网络系统为依托，由一系列支付工具、程序和设备组成的，用于实现电子货币转账的体系。[④] 常见的电子支付系统包括自动结算所系统（ACH）、电汇系统、自动柜员机系统（ATM）、销售点系统（POS）和电子银行系统。[⑤]

（2）接入设备

常见的电子支付接入设备包括信用卡、借记卡和智能卡等。[⑥] 信用卡（credit card）是指由商业银行或者其他金融机构发行的具有消费支付、信用贷款、转账结算、存取现金等全部功能

---

① 目前对第三方支付还没有准确的定义，但是一般认为第三方支付是在电子商务买卖双方之间建立的一个中立的支付平台，为网上购物提供资金划拨渠道和服务的企业。在交易中，买方选购商品后，使用第三方支付平台提供的账户进行货款支付，由第三方支付平台通知卖家货款到达、进行发货；买方检验物品后，就可以通知付款给卖家，第三方支付平台再将款项转至卖家账户。目前，我国第三方支付平台的代表有支付宝、财付通等。

② 参见刘颖：《电子资金划拨法律问题研究》，63 页，北京，法律出版社，2001。

③ 参见刘颖：《电子资金划拨法律问题研究》，126 页，北京，法律出版社，2001。

④ 参见齐爱民、崔聪聪：《电子金融法》，149 页，北京，北京大学出版社，2007。

⑤ 参见陈健：《电子支付法研究》，60～95 页，北京，中国政法大学出版社，2006。

⑥ 参见陈健：《电子支付法研究》，95～120 页，北京，中国政法大学出版社，2006。

或者部分功能的电子支付卡[①]；借记卡（debit card）是指先存款、后消费（或取现），没有透支功能的银行卡，其按功能不同，又可分为转账卡（含储蓄卡）、专用卡及储值卡；智能卡（smart card），又称“集成电路卡”，是在大小和普通信用卡相同的塑料卡片上嵌置一个或多个集成电路构成的卡片。

## 二、电子支付立法概况

全球范围内，美国于1978年颁布的《电子资金传输法》标志着电子支付法的产生。但由于该法仅仅调整消费性电子资金传输，美国1989年制定的《统一商法典》第4A编（Article 4A of Uniform Commercial Code）成为世界上第一部专门调整大额电子资金划拨的法律。到1996年2月，美国《统一商法典》第4A编已被美国所有的州以及哥伦比亚特区采用，成为美国《统一商法典》中被采用范围最广的一编。美国《统一商法典》第4A编所确立的大部分概念和规则被国际组织及世界其他国家在电子支付立法中所采用。美国国会在2003年10月制定了《21世纪支票结算法》并于2004年10月28日生效，赋予了“替代支票”（substitute checks）以纸质支票相同的法律效力，是一部支票电子化的立法。

联合国国际贸易法委员会于1992年5月15日通过了《国际贷记划拨示范法》（UNCITRAL Model Law on International Credit Transfers），该法处理的业务起初由发端人向银行下达指令，将特定金额资金划归受益人支配，涉及指令发送人和接收银行的义务、接收银行的付款时间以及划拨推迟或出现差错时银行对发送人或发端人的赔偿责任限制等事项。

欧盟在20世纪90年代中期就开始对电子支付进行监管，1998年7月发布了《欧盟电子货币指令》草案，2000年10月正式发布《电子货币机构指令》（EMI Directive），标志着欧盟关于电子货币的法律框架正式形成。

除了国际组织与各国政府制定的法律文件之外，国际组织及各国金融自治组织的规则及银行业务惯例，也将在调整电子支付关系中起到重要作用。国际标准化组织（ISO）银行业委员会制定的电子资金划拨《标准术语》、国际商会银行委员会正在拟定的《银行间支付规则草案》等，即属国际组织制定的自治规范；而英国银行协会的《银行惯例守则》，就是国内金融自治规范。

我国在电子支付领域主要的立法有2005年10月中国人民银行制定的《电子支付指引（第1号）》。这种“指引”性规范性文件的法律效力层次低于部门规章，是为了给电子支付业务的创新和发展创造较为宽松的制度环境，用以引导和规范电子支付行为，待条件成熟后再上升至相应的部门规章或法律法规。《电子支付指引（第1号）》重点调整银行及其客户在电子支付活动中的权利义务关系，界定了电子支付的概念、类型和业务原则；统一了电子支付业务申请的条件和程序；规范了电子支付指令的发起和接收；强调了电子支付风险的防范与控制；明确了电子支付业务差错处理的原则和要求。

中国人民银行2010年6月、12月相继发布了《非金融机构支付服务管理办法》及其实施

---

① 此为全国人民代表大会常务委员会《关于〈中华人民共和国刑法〉有关信用卡规定的解释》中对刑法中信用卡的定义。

细则，对目前发展迅速的第三方电子支付服务行为进行了规范，有效地防范市场风险，保护当事人合法利益。非金融机构提供支付服务，依法应取得《支付业务许可证》，成为支付机构。2011 年 5 月，包括支付宝、财付通在内的首批 27 家公司获得了中国人民银行颁发的《支付业务许可证》。为进一步规范非银行支付机构网络支付业务，防范支付风险，保护当事人合法权益，中国人民银行于 2015 年 12 月 28 日发布《非银行支付机构网络支付业务管理办法》，自 2016 年 7 月 1 日起施行。

除此之外，我国在电子支付相关立法还包括中国人民银行在 1996 年颁布的《信用卡业务管理办法》和 1999 年颁布的《银行卡管理办法》，中国银行业监督管理委员会 2006 年颁布的《电子银行业务管理办法》等。

## 三、电子支付法律基本原则

电子支付法律基本原则是贯穿于整个电子支付法律制度和规范中的根本规则，是电子支付立法、司法和实践活动所必须遵守的带有普遍指导意义的基本行为准则。电子支付法律基本原则是电子支付法律制度的目的，是制定电子支付法律制度的立法准则，不提供具体的、可操作的行为模式，在电子支付法律规范对具体的电子支付法律关系缺乏规定时，能发挥行为规范和裁判规范的功能。电子支付法律制度作为电子商务法的重要内容之一，电子商务法的基本原则对电子支付仍然适用，但是这些基本原则在电子支付法律领域的内涵又不尽相同。

### （一）安全原则

对于电子支付来说，安全是首要的。媒介的变化，电子支付相比传统的支付活动，效率已经大大提高，但是安全性问题更加突出。网络的技术性和开放性决定了电子支付系统容易受到攻击，电子资金账户的安全性难以保证，这就要求电子支付法律制度不得不更多地考虑安全问题。从目前全球电子商务产业的发展来看，电子支付的安全已经不再单纯是一个技术问题，更多的是法律问题。电子支付法律制度一方面提高交易者身份的确定性，防止交易者的抵赖，主要是通过电子签名和电子认证来实现；另一方面明确电子支付的安全风险法律责任分担，严格制裁危害电子支付安全的各种违法行为。

### （二）功能等同原则

功能等同原则是指除法律另有规定外，在电子支付中，对与传统支付活动功能相同的行为赋予同等的法律效力。电子支付极大地提高了资金流转的速度，节约交易成本，电子支付的使用需要进一步推广。但是电子支付应用范围扩大遭遇到其行为的法律效力限制，使得交易者不敢贸然使用电子支付。我国电子签名法采用功能等同原则，《电子支付指引（第 1 号）》客观上也在鼓励电子支付领域中电子签名的使用。

### （三）技术中立原则

技术中立原则指电子支付法律制度对于各种电子支付的技术、软件和媒体等采取中立的态度，不歧视任何一种技术、软件和媒体，鼓励新技术的采用和推广。依据技术中立原则，为了提高支付安全，网络银行所采取的每一种支付技术都会得到同等对待。

## 四、电子支付法律关系

电子支付法律关系是电子支付法律所调整的电子支付当事人之间的权利义务关系。与其他法律关系一样，电子支付法律关系也主要由主体、内容和客体三个要素构成。

### （一）电子支付法律关系的主体

电子支付涉及的当事人主要包括发端人、受益人、银行和认证机构等4个。①

1. 发端人，即电子支付中的付款人，根据其与发端人银行所订立的服务协议，向发端人银行发出付款的指示。

2. 受益人，即电子支付中的收款人，根据其与受益人银行的服务协议，要求受益人银行妥当接受所划拨来的资金。

3. 银行，包括发端人银行、受益人银行和中间银行。银行是电子支付中的信用机构、支付中介和结算中介，其提供电子支付服务的依据是银行与电子支付客户所订立的金融服务协议。

4. 认证机构（CA）：即在网上建立的一种权威的、可信赖的、公正的第三方信任机构，为参与电子商务各方的各种认证要求提供证书服务，确认用户身份。

### （二）电子支付法律关系的内容

电子支付法律关系内容比较复杂，各方当事人相互之间都形成合同关系，这些合同关系构成电子支付法律关系的内容。

1. 发端人与受益人之间的合同关系。发端人与受益人订立的合同关系，可以是买卖合同或者其他合同关系，合同所确立的一项重要内容是发端人向受益人支付一定的价款。

2. 发端人、受益人与银行之间的金融服务合同关系。发端人与受益人分别与银行订立的金融服务合同，这里可以是同一家银行，也可以是不同的银行。作为发端人银行，在整个资金划拨的传送链中，承担着如约执行资金划拨指示的责任，一旦资金划拨失误或失败，应向客户进行赔偿；作为受益人银行，一方面受益人银行与客户的服务协议要求它妥当地接受所划拨来的资金，即它一接收到发端人银行送来的资金划拨指示，便立即履行义务，如有失误或延误，则应按受益人银行与其客户的服务协议来处理。另一方面，发端人银行与受益人银行一般都是某一电子资金划拨系统的成员，相互负有合同义务，如受益人银行未能妥当执行资金划拨指示的，则应同时向发端人银行和受益人承担责任。

3. 认证机构与用户之间的认证服务合同关系。在电子支付活动中，发端人、受益人都有可能成为证书用户，其相对方则成为证书信赖方。

---

① 关于电子支付法律关系主体，众说纷纭："电子支付涉及的当事人主要包括消费者、商家、银行和认证中心等"（张楚主编：《电子商务法教程》，189页，北京，清华大学出版社，2005）电子支付法律关系的主体一般有8个，包括"发端人、发端人银行、受益人、受益人银行、中间银行、网络在线服务商、认证机构和支付系统等"（齐爱民、崔聪聪：《电子金融法研究》，155页，北京，北京大学出版社，2007）。

### （三）电子支付法律关系的客体

电子支付法律关系的客体是电子支付行为。交易双方通过电子支付行为，实现资金从发端人银行账户到受益人银行账户的划拨。

## 第二节　电子资金划拨关系与规范

### 一、电子资金划拨的概念

电子资金划拨与电子支付的概念几乎是同时出现的，可以等同。只不过在实践中，电子资金划拨偏重的是实质性，强调支付结算的内在实质是资金结算双方账户内资金的借记或贷记划拨，而电子支付更注重形象性，强调支付结算的外在过程是由一方通过电子媒介向另一方完成资金交付。① 因此，本节不再给电子资金划拨给予一个概括性定义。

联合国国际贸易法委员会在 1986 年制定的《电子资金划拨法律指南》中，给电子资金划拨的定位为“指在资金划拨过程中的一个或更多环节，以前是通过传统纸质方式完成的而现在是通过电子方式完成的”。美国 1978 年《电子资金划拨法》则把“电子资金划拨”定义为“除发端于支票、期票或其他类似的纸质凭证的交易以外，通过电子终端、电话、电传设施、计算机、磁盘等，命令、指示或委托金融机构借记或贷记账户的任何资金划拨”。

### 二、电子资金划拨关系的当事人

联合国《电子资金划拨法律指南》中将电子资金划拨关系双方当事人定义为资金的“划拨人”（transferor）和资金的“受拨人”（transferee）。现行电子资金划拨多为贷方划拨，即债务人作为发端人，向其代理行发出支付指令，发端人代理行通过中介银行或直接向受益人代理行发出支付指令，直至款项最终到达受益人。电子资金划拨关系中的当事人最多可有五方：（1）资金划拨人（或称发端人）；（2）划拨人代理银行；（3）受拨人（或称受益人）；（4）受拨人代理银行；（5）其他参与电子资金划拨的银行（或称中介银行）。

### 三、电子资金划拨的立法模式

目前世界上的电子资金划拨立法有两种类型。一是以大陆法系国家，如法国、德国、日本等为代表的“一般法律调整”，即不专门就电子支付立法，而是适用一般的法律，或以合同或惯例对之进行调整。另一种是以美国为代表的“专门立法调整”。1978 年的美国《电子资金划拨法》是专门调整小额电子资金划拨的法律；美国《统一商法典》第 4A 编全面调整大额电子

① 参见张德芬：《小额电子资金划拨法研究》，5 页，郑州，郑州大学出版社，2006。

资金划拨中产生的法律关系。目前，美国《统一商法典》第4A编已被美国所有的州以及哥伦比亚特区采用，成为美国《统一商法典》中被采用范围最广的一编。

为使国际电子资金划拨统一化，一些国际组织已采取了相应措施。如国际标准化组织(ISO)银行业委员会制定的电子资金划拨《标准术语》，已为国际认同。联合国国际贸易法委员会第25届会议于1992年5月15日通过了《国际贷记划拨示范法》，联合国大会于1992年11月25日批准。《国际贷记划拨示范法》采纳了美国《统一商法典》第4A编的大部分概念和规则，并向全世界推荐。

## 四、大额电子资金划拨的法律问题

大额电子资金划拨通常涉及以下法律问题：

1. 支付指令的接收及认证问题

(1) 银行对支付指令的接受或拒绝

电子资金划拨中的支付指令，指发端人通过互联网向其代理银行发出指令，要求该行向特定的受益人支付一笔固定或可确定数量的资金。美国《统一商法典》第4A编规定：支付指令指发送人对接收银行的一项指令，这项指令以口头方式、电子方式或书面形式发送，是支付或使另一家银行支付固定的或可确定的货币金额给受益人的指令，必须符合以下主要条件：

1) 除规定资金划拨的时间以外，支付指令不得附有任何其他条件；

2) 指令必须由发送方通过互联网直接向特定的接收银行或其代理人的电子资金划拨接收系统发出；

3) 指令中的金额必须是固定或可确定的；

4) 支付的受益人为特定的对象；

5) 要求接收银行无条件付款的指令。

银行应与客户在服务协议中，对上述支付指令的形式要件明确约定。若银行收到不符合上述要求的支付指令，或支付金额超出了客户在银行的存款额，应及时通知指令人不予执行并说明原因。除上述两情形外，据美国《统一商法典》第4A编和联合国国际贸易法委员会《国际贷记划拨示范法》的规定，任何接收银行是否接受并执行一项支付命令完全是自愿的，即银行有权拒绝任何支付指令，除非双方事先另行订有协议。但是，银行若拒绝一项支付指令，需以最合理的方式通知发送指令方。

(2) 支付指令的认证问题

当发端人代理行接收到一项付款指令时，除了需审查该项支付指令是否具备形式要件、客户是否存有足够的资金外，还须对该指令予以认证。认证，即指银行为确认发出支付指令客户的身份所采取的鉴别措施，以防止未经银行客户授权者伪装成客户，向其代理银行发出支付指令，以骗取划拨资金。

盗用资金所有人的密码及相关信息进行诈骗的情况，是网上银行面临的主要风险。由此产生的损失应由银行，还是客户自身承担？对此，美国《统一商法典》第4A编中的“安全程序”规则值得借鉴。所谓“安全程序”，是指在客户与银行约定使用的密码或其他有效的身份认证手段。一般而言，客户只对经过其授权的支付指令负责。如果银行和客户通过协议建立了安全程序，在电子资金划拨中欺诈所造成的损失分担依照《统一商法典》第4A编的规定来解决；如果银行和客户未通过协议建立安全程序，在电子资金划拨中出现欺诈所造成的损失的分担应通过《统一商法典》第4A编以外的原则，特别是代理法的原则处理。①

美国《统一商法典》第4A编规定，若银行收到的指令经过了安全程序的证实，由这一指令所产生的后果，应由客户承担。一般规则下，未经授权的支付命令造成损失的风险由银行承担。客户承担未经授权的支付指令造成的损失，必须满足以下4个条件：1）代理银行与其客户达成协议，约定客户输入支付指令必须经安全程序确认；2）该安全程序必须具备商业上的合理性；3）银行出于诚实及善意接受支付指令；4）银行遵守了安全程序。如果银行遵从了以上条件，则客户应当承担支付指令引起的相应后果。倘若银行未能满足以上要求，则须对该支付指令的后果负责。

2. 电子资金划拨的完成

一笔电子划拨于何时可认定业已完成，十分关键。因为资金划拨参与行一旦按照发端人的支付指令完成了划拨，其行为就不能撤回。

美国《统一商法典》第4A编规定：受益人的账户被贷记后，即使受益人尚未提取贷记的款项，其对贷记款项的权利也不可剥夺。一旦受益人银行支付了受益人，该支付即具有终结性和不可撤销性。这就是接受人终结原则。对何时认可发端人代理行已完成了划拨指令，联合国国际贸易法委员会《电子资金划拨指南》提出了6种方案：(1) 发端人在其代理行账户被借记时，视为划拨的终结点；(2) 受益人银行接受划拨指令的时间；(3) 受益人在其代理行账户被贷记的时间；(4) 受益人代理行向受益人发出其账户已被贷记的通知时；(5) 划拨资金到达受益人账户时。其中，第 (1) 种方案对发端人代理行较为有利，第 (2)、(3) 种对受益人代理行较为有利。银行在作为发端人代理行时，一般将第 (1) 种方案纳入与客户签订的“网上银行服务协议”中。这样，当客户向其代理行发出支付指令后，一旦代理行借记了发端人的账户，其执行即告完结，发端人从此时起无权要求撤销其支付指令，也无权要求退回划拨的资金。

3. 支付指令有误时的责任承担问题

支付指令有误包括以下情况：

(1) 支付指令表述有误。是指支付指令中存在实际与表述不一致的信息，如受益人名称有误、受益人名称和账号不符等。此类错误在电子划拨中时有出现。美国《统一商法典》第4A编规定，当存在对受益人情况误述，不能确定受益人时，任何人无权作为受益人。受益人代理行有权不接受发端人代理行的支付指令，发端人代理行应将款项退回发端人。由此造成利息及其他损失，由发端人自行承担。

(2) 支付指令错误。是指支付指令的内容本身存在错误，或在传输过程中产生了错误。该错误并非欺诈，关键在于损失责任如何分担，应由指令发送人承担，还是由指令接收人承担。

美国《统一商法典》第4A编规定，指令发送人应对其支付指令的正确性负责。若因支付指令有误导致了损失，该损失应由发送人承担。但是，若发送人做到以下三点，则损失应由指

---

① Bruce J. Summers, The Payment System-Design, Management, and Supervision, IMF, 1994, p. 67；刘颖：《电子资金划拨及其法律问题》，载梁慧星主编：《民商法论丛》，第7卷，23页，北京，法律出版社，1997。

令接收人承担：1）发送人完全按照其与接收人约定的错误检测安全程序发送了支付指令；2）接收指令人未遵循约定的安全程序；3）若接收指令人完全按照安全程序行事，损失不会发生。发送人不能证明以上三点之一的，均应承担因支付指令错误造成的损失。

对于支付指令在传输过程中出现的错误，即所谓“转换错误”，指既非发送人亦非接收人造成，而是由于电子划拨系统故障致使支付指令出现的错误。据美国《统一商法典》规定，亦应由发端人承担由此造成的损失。我国对此尚未有明确的法律规定，所以，对于传输过程中出现的支付指令错误的损失承担问题，最好以协议的方式予以明确约定。

（3）支付指令执行错误问题。是指支付指令本身并无差错，但是接收指令的一方却在执行过程中出现了差错。对此支付指令发出人本身并无过错，故不应承担责任。而指令接收人错误执行指令，存在过错，应对由此造成的损失负责。因此，当出现超额或重复付款时，代理银行仅能要求发端人支付其指令范围内的金额，对超额部分，应按不当得利规则要求受益人返还；当出现支付短款的情况时，代理银行除应补足短款外，还应赔偿支付迟延的利息。

4. 退款保证与间接损失

当支付指令接收人不当履行支付指令造成划拨未能完成时，应适用退款保证原则。其内容是：在资金划拨未能完成的情况下，该划拨行为所涉及的每一个指令发送方，均有权得到相当于支付指令本金及其应计利息的退款。

根据美国《统一商法典》规定，银行迟延执行、不当执行或根本未执行支付指令，其应承担的责任仅限于返还相当于划拨资金本金和利息以及划拨费用的款项。除非另有约定，银行不承担划拨未能完成造成的间接损失，如划拨人预期可得的利润。因为电子划拨的优越性在于其迅捷与价廉。若要求银行因其低微的划拨服务费，而承担巨额间接损失赔偿，则有失公平。而且，要求银行在接收划拨指令之前，判断该项划拨的重要程度，不仅十分困难，而且会大大降低资金划拨的速度。只有划拨发端人自身最清楚该项支付的重要性，应为重大划拨事项投保并明确告知其代理银行。所以，除非当事人另有约定，银行不对间接损失承担赔偿责任。

## 五、小额电子资金划拨的法律问题

小额电子资金划拨主要涉及以下法律问题：

1. 卡或其他存取工具的发行

卡或其他存取工具是客户发动小额电子资金划拨的工具，由金融机构应客户请求而发行，并与客户账户相对应。美国《电子资金划拨法》规定：“除以下情况外，任何人都不得向消费者发行以发动电子资金划拨为目的的该消费者账户的任何卡、密码或其他存取工具：（1）应以发动电子资金划拨为目的之要求或申请发行；或（2）作为更新或替换已接收的卡、密码或其他存取工具而发行，不论该存取工具是初始发行者发行还是继任者发行。”①

2. 未经授权的划拨的责任归属

美国《电子资金划拨法》与《E条例》将“未经授权的电子资金划拨”定义为，“消费者以外的人未经实际授权启动的从消费者账户划出资金而消费者本人并未获得任何利益的电子资

---

① EFTA 15 U. S. C 1093i（a）. 转引自齐爱民、刘颖主编：《网络法研究》，220页，北京，法律出版社，2003。

金划拨”。它不包括以下任何一种电子资金划拨：（1）由消费者提供了与其账户相对应的卡、密码或其他存取工具的其他人启动的，除非消费者已通知金融机构该人不再被授权启动该电子资金划拨；（2）由消费者或与其共谋的任何人为欺诈目的而启动的；（3）由金融机构错误启动的。

对于未经授权的电子资金划拨的风险责任，一般来说，只有在满足下列先决条件的前提下，消费者才对涉及其账户的未经授权的电子资金划拨承担责任：（1）该划拨是使用一个消费者已接收的卡或存取工具发动的；（2）金融机构已提供一种方法，以确定持有存取工具的消费者身份；（3）金融机构已向消费者进行关于消费者对未经授权的划拨的责任的披露，已向消费者提供在消费者认为已经发生或可能发生未经授权的划拨情况时接收通知的人员或办公室的电话号码或地址，以及金融机构的营业日。[①]

## 第三节　电子货币与虚拟货币的法律问题

### 一、电子货币的法律问题

#### （一）电子货币的概念

由于电子货币是一个新生事物，目前对电子货币尚没有明确统一的定义。按照马克思主义政治经济学原理，货币本质上是充当一般等价物的商品。历史上，货币经历了从实物货币到金属货币，再到纸币的发展过程。伴随着经济全球化与电子通信技术的迅猛发展，银行的转账与结算技术已经使货币电子化成为可能。目前关于电子货币的定义总结主要有以下几种：

1. 有关国际组织的定义

目前全球还没有一个国家法律对电子货币进行准确定义，只有少数的国际金融组织以及美国等国的金融组织在一些文件报告中对电子货币进行定义。其中主要的是国际清算银行巴赛尔银行监督委员会和欧盟。

欧洲中央银行 1998 年 8 月发布的《电子货币》报告中将“电子货币”定义为：“以电子方式存储在技术设备中的货币价值，是一种预付价值的无记名支付工具，被广泛用于向除电子货币发行人以外的其他人的支付，但在交易中并不一定涉及银行账户。”[②]

国际清算银行巴赛尔银行监督委员会在 1996 年 8 月《电子货币的安全》报告中将“电子货币”称为“预付价值产品”，是“预付价值的支付工具，消费者所有的或可以得到的资金被存储在电子设备中，并由消费者占有，当消费者使用该设备从事交易时，所存储的价值数额随之增加或减少”，包括“储值卡或电子钱包”。

欧盟 2000 年 9 月 18 日发布的《关于电子货币机构业务开办、经营与审慎监管的 2000/46/EC 指令》第 1 条第 3 款对电子货币的定义为“电子货币乃指一种存储于电子设备上的货币价

① 参见齐爱民、刘颖主编：《网络法研究》，222～223 页，北京，法律出版社，2003。

② Report on Electronic Money European Central Bank August 1998.

值，它表现为对发行人所享有的请求权”①。

以上的定义都肯定了电子货币所具备的货币价值，同时都认可电子货币是一种支付工具，并非一种新的货币。

2. 电子货币的理论定义

我国学者对电子货币的定义，有代表性的有四种：“电子货币的使用者以一定的现金或存款，从发行者处兑换并获得代表相同金额的数据，并以可读写的电子信息方式储存起来，需清偿债务时，使用者可通过某些电子化媒介或方法，将该电子数据直接转移给支付对象，此种电子数据便称为电子货币”②；电子货币即“通过电子信息的交换来完成债务清偿的支付工具”③；“电子货币是货币价值的电子化形式，以数字化数据形式存储在计算机等一定的电子设备中，并能通过该电子设备而使用的资金，通过对它的交换或者增减就能完成资金的划拨”④；“电子货币可以被认为是由消费者占有的，存储在一定电子装置之中的，代表一定的货币价值的‘储值’或‘预付价值’的产品。”⑤

上述四种对电子货币的定义大同小异，可以总结电子货币所具有的特征：首先，电子货币的存在形式是电子数据，如“电子信息”“数字化数据”“存储在一定电子装置中”等；其次，电子货币是一种支付手段；最后，电子货币是货币价值的电子化，依附于实体货币，并非独立于现金货币或存款货币之外的一种新的货币形式，因此更多的被称为“预付价值”产品。

### （二）电子货币的法律地位

电子货币是在传统货币基础上发展起来的。电子货币主要被设计用来替代流通中的通货。它与传统货币在本质、职能及作用等方面是相同的，本质上都是充当一般等价物的特殊商品。具有价值尺度、流通手段、支付手段、储藏手段和世界货币五种职能，而且，它与传统货币相比，具有巨大的优越性。但是，电子货币虽冠以“货币”之名，但并不是真正的货币。首先，电子货币虽然具有交易媒介功能，但是其作用还不充分。多数电子货币的收受者不能直接将此电子货币用于另一交易的支付。它还不是被社会大众广泛接受的交换中介，不能完全的自由流通。其次，电子货币的价值是以既有的现金、存款为前提的，是其发行者将既有货币的价值电子化的产物。其本身并不构成独立的记账单位，没有独立的信用，不是最终的清偿手段，而且需要通过结算来进行。最后，各国的法律都对货币实行严格管制，对货币形态都以法律形式作出明确的规定，即只有法定货币才是真正的货币。所谓法定货币，是指法律明确指定的债务偿还货币，在债务人以其偿还其债务时，债权人没有予以拒绝的权利，必须予以接受。例如，《中华人民共和国人民币管理条例》第3条规定：“中华人民共和国的法定货币是人民币。以人民币支付中华人民共和国境内的一切公共的和私人的债务，任何单位和个人不得拒收。”电子货币目前还不是国家法律规定的法定货币，它的流通取决于发行者和一定范围内的使用者之间的合同安排，对订约范围外的使用者而言，电子货币不具有偿付功能和流通性，故可以拒收。

① 张德芬：《小额电子资金划拨法研究》，郑州，郑州大学出版社，2006。

② 张楚主编：《电子商务法》，268页，北京，中国人民大学出版社，2001。

③ 张庆麟：《电子货币的法律性质初探》，载《武汉大学学报（社会科学版）》，2001（5）。

④ 张德芬：《小额电子资金划拨法研究》，7页，郑州，郑州大学出版社，2006。

⑤ 唐应茂：《电子货币与法律》，13页，北京，法律出版社，2002。

总之，目前电子货币不是一种新的货币品种，也不会替代现有的实体货币。它只是基于实体货币而诞生的用于电子支付体系的一种新的支付方式。

### (三) 电子货币的种类

目前对电子货币最为常见的分类是以电子货币价值的储存载体为标准，将电子货币分为以卡类为基础的电子货币、以计算机为基础的电子货币和混合型的电子货币。以卡类为基础的电子货币，又称“以硬件为基础的电子货币”，是指将电子货币的价值储存在银行或财务机构发行的信用卡、借记卡或智能卡中，从而实现以卡片的芯片或磁条的计算、存储等功能来实现货币转移的支付工具；以计算机为基础的电子货币，又称“以软件为基础的电子货币”或“以网络为基础的电子货币”，是指将电子货币的价值储存在计算机中的某个特殊软件中，借助互联网来实现货币转移的支付工具。混合型的电子货币则是将两者结合起来，电子货币的价值储存在银行卡上，可以借助互联网来实现货币转移。

此外，以储值卡应用的广泛程度，可以将电子货币分为封闭式和开放式两种类型；以交易时是否需要同中央数据库相联系，进行联机授权，可以把电子货币分为联机型和脱机型电子货币；根据电子货币发行人数目，可以将电子货币分为只有单一发行人的电子货币和有多个发行人的电子货币；根据使用寿命的长短，可以将电子货币分为一次性的和可重复使用的电子货币等等。①

### (四) 电子货币的发行主体

欧盟的《关于电子货币机构业务开办、经营与审慎监管的 2000/46/EC 指令》（以下简称《2000/46/EC 指令》）和《修改〈关于信用机构业务开办与经营的 2000/12/EC 指令〉的 2000/28/EC 指令》将电子货币的发行权赋予了信用机构，同时对电子货币机构进行审慎监管，限定了电子货币机构的业务范围，只能涉及电子货币发行业务与发行以外的其他业务两大类。电子货币发行以外的业务，一般只局限于提供与电子货币密切关联的金融与非金融服务和代表其他企业或公共机构在电子设备上存储数据两种。美国目前也没有将电子货币的发行权限制在银行。

因此，电子货币的发行主体一般来说包括有两类，第一类是银行等金融机构，第二类是非金融机构。在我国尚没有建立起对电子货币发行的监管法律体系，电子货币的发行主体资格问题还存在争议。越来越多的非金融机构介入到电子货币的发行中去，滋生了诸多问题，给消费者权益带来损害，也冲击了我国的金融管理秩序。目前我国中国人民银行有关电子货币规范的行政规章正在起草中。

### (五) 电子货币的回赎

电子货币一般都具有可回赎性。电子货币的回赎是指电子货币持有人在电子货币的有效期内可以要求发行者将未用完的余额兑换成现实中的法定货币。“电子货币实际上都是赋予了购

---

① 参见唐应茂：《电子货币与法律》，29～35 页，北京，法律出版社，2002。

买人回赎的权利。”[①] 欧盟的《2000/46/EC指令》第3条明确规定，电子货币持有人在有效期间，可要求发行人按硬币或钞票面值回赎电子货币，或通过要求发行人除收取办理该操作所严格必需之费用外免费划账而回赎电子货币。同时，该条款还要求发行人与持有人之间的合同必须清楚地说明回赎的条件，且可以约定一个回赎的最低门槛，只要该门槛不可超过10欧元。

### （六）电子货币的风险分析

电子货币在给经济发展带来高效率和积极作用的同时，也给我们带来潜在的风险，尤其是对金融发展的挑战与威胁同样也是巨大的。

1. 技术安全风险

在网络金融环境中电子货币的大量风险控制工作是由电脑程序和软件系统完成的，所以，电子信息系统的技术性和管理性安全就成为电子货币的最为重要的技术风险。这种风险来自三个方面：

（1）计算机系统硬件、数据库和应用程序的设计缺陷等不确定因素。根据发达国家的经验，系统停机对金融业造成的损失最大。尽管近几年电信运营商对数据通信设备投入较大，并采取了一些提高通信质量的措施，但数据通信线路异常中断的现象仍时有发生，成为制约电子货币发展的重要因素。金融机构一级法人采用计算机系统数据大集中模式是必然的发展趋势，但在数据集中的同时也带来了风险的集中，数据中心所采用的数据库系统能否支持海量数据处理，应用程序设计是否科学完善同样会产生风险。

（2）一旦遭攻击将严重影响客户对电子货币的接受程度，甚至导致信誉危机。电子货币无法通过物理方式防伪，只能依赖于加密算法、数字签名等手段，由此，一旦关键数据和密码被攻破，伪造起来相当容易，可以说，伪造电子货币的出现可足以摧毁整个交易与支付系统。更为严重的是，在电子货币和网络金融的背景下，支付、清算风险的波及速度加快，范围变大，风险的发生与传递可能就在同一时间内，这就使得纠正错误的回旋余地缩小，补救成本加大。

（3）计算机病毒破坏等因素。计算机网络病毒可通过网络进行扩散，传播速度是单机的几十倍，一旦某个程序被感染，则整台机器、整个网络也很快被感染，破坏力极大。另外，当计算机系统及网络通信发生故障，或病毒破坏造成支付系统不能正常运转时，还会影响正常的支付行为，降低货币的流动性，甚至会导致整个网络的瘫痪，是一种系统性风险。

2. 流动性风险

这一风险是指网络金融机构没有足够的资金满足客户兑现电子货币的风险。风险的大小与电子货币的发行规模和余额有关。发行的规模越大，用于结算的余额越大，发行者不能等值赎回其发行的电子货币或清算资金不足的可能性越大。因为目前的电子货币是发行者以既有货币（现行纸币等信用货币）所代表的现有价值为前提发行的，是电子化、信息化了的交易媒介，尚不是一种独立的货币。交易者收取电子货币后，并未最终完成支付，还需要从发行电子货币的机构收取实际货币，相应地，电子货币发行者就需要满足这种流动性要求。当发行者实际货币储备不足时，就会产生流动性危机。流动性风险也可由网络系统的安全因素引起。另外当计算机系统及网络通信发生故障，或病毒破坏造成支付系统不能正常运行时，还会影响正常的支

① 唐应茂：《电子货币与法律》，129页，北京，法律出版社，2002。

付行为，降低货币的流动性。

3. 电子货币规模的扩大将可能带来更庞大的国际游资

电子货币出现后，各种市场主体将会利用其便捷的电子化手段和较低的交易成本经常性地调整货币的持有结构，减少手持现金和活期存款的比例，增加以追逐高额短期回报为目标的金融资产比例，从而可能形成更大数量的国际游资。同时，电子货币的“无形性”使其活动失去了时间和地域的限制，交易过程更加不透明，导致国际投机资本的运作更具隐蔽性和复杂性，其与金融监管当局之间的信息不对称程度将趋于严重，增加了金融当局对其进行控制的难度。大量国际游资的突发性转移无疑将引致金融市场的波动，而电子货币的快速传播特征又会使这种波动迅速蔓延，造成整个金融体系的不稳定。

4. 法律风险

这一风险是指由于网络金融立法相对落后和模糊而导致的交易风险。电子货币在我国还处于起步阶段，许多法律法规尚未明确，如在电子货币的市场准入、交易者的身份认证、电子合同的有效性确认等方面尚无完备的法律规范。因此，在网络金融条件下利用电子货币提供或接受金融服务，签订经济合同就会面临有关权利与义务等方面的相当大的法律风险，容易陷入不应有的纠纷之中，使交易者面临关于交易行为及其结果的更大的不确定性，增大了电子货币的交易费用，甚至影响到电子货币的健康发展。

综上所述，由于电子货币是基于网络信息技术而产生的，这使得电子货币在延续、融合传统货币风险的同时，也更新、扩充了传统货币风险的内涵和表现形式。因此，电子货币会使传统货币风险在发生程度和作用范围上产生放大效应，如市场价格波动风险、国际风险发生的突然性、传染性都增强了，危害也更大。因此在电子货币风险的监管和控制上也就应该具有不同于传统货币风险管理的手段和方式。

## 二、虚拟货币的法律问题

### （一）虚拟货币的概念

随着网络社会的崛起，网络服务商为了满足其交易便利性和安全性的需求，而发行虚拟货币。网络发行虚拟货币的行为大量存在，已经滋生诸多社会问题，需要法律予以规范调整。

虚拟货币是指网络服务商发行的能够在互联网上存在的、购买自己或者签约服务商所提供的商品或服务的一种电子数据。这与电子货币不属于同一概念。“以Q币为代表的虚拟币并不是货币，不属于虚拟货币或电子货币的范畴”①，“由于功能单一，使用范围有限，发行人兼为商品或服务的提供人，或局限在某个地域范围内，因而不具有电子货币的性质”②。根据欧盟委员会对电子货币的定义，发行人兼为商品或服务的提供者时，发行人所发行的储值卡不属于电子货币。欧盟的《2000/46/EC指令》对电子货币机构进行审慎监管，限定了电子货币机构的业务范围，只能涉及电子货币发行业务与发行以外的其他业务两大类。发行以外的业务，一般只局限于提供与电子货币密切关联的金融与非金融服务和代表其他企业或公共机构在电子设

① 付竹：《以Q币为视角探析虚拟币对现行货币体系的影响》，载《金融经济》，2007（4）。
② 张德芬：《小额电子资金划拨法研究》，16～17页，郑州，郑州大学出版社，2006。

备上存储数据两种。由此可见，发行虚拟货币并提供消费商品或服务的网络服务商是被排除在电子货币机构之外的。那么这种虚拟货币也并非《2000/46/EC指令》中所称的电子货币。也就是说，尽管电子货币的发行主体被认为不仅仅包括银行，还包括非银行金融机构和非金融机构，但是网络服务商发行货币主要是用于消费自己的商品或服务，与以发行电子货币为主要业务的主体还是有着本质上的区别。因为业务范围不同，所带来了这些主体在经营风险上的不同，由此会带来回赎性以及存款性质的不同。

**（二）虚拟货币的种类**

通过虚拟货币的产生根源的分析，按照虚拟货币产生的来源不同，可以把网络社会中所存在的虚拟货币分为两种：

1. 消费者通过接受网络服务所挣取的虚拟货币。主要是网络服务商在提供网络服务过程中提供给用户挣取虚拟货币的机会，例如用户在游戏中的财富通过游戏币的形式表现出来，可以用游戏币在游戏中购买各种虚拟物品。其实不少网络服务商还提供这类虚拟货币与其发行的某种与现实货币等价的虚拟货币的互换[①]，由此这类虚拟货币也一样购买到普通虚拟货币所能够购买的商品或服务。

2. 消费者以现实货币购买的虚拟货币。消费者在虚拟货币发行人处以在线支付或者购买实物卡充值的形式，一般等价的购买数额相同的虚拟货币。[②] 消费者可以拿这种虚拟货币直接去购买发行人或其他网络服务商所提供的商品或服务，也可以将这种虚拟货币兑换成第一种虚拟货币，在各种网络服务中使用。

两者之间的关系如图5—1所示。值得注意的是，目前我国对这两种虚拟货币都未提供回赎机制，但是消费者可以将这两种货币通过私下交易的途径兑换成为现实货币。这两种虚拟货币风险的法律防范出现不同，“消费者通过接受网络服务所挣取的虚拟货币”更多层面上是一种虚拟财产的保护的法律问题；而“消费者以现实货币购买的虚拟货币”更多层面上是一种电子支付方式的法律问题。

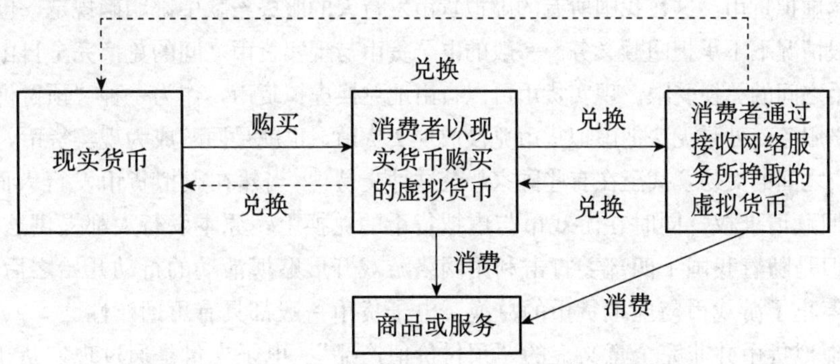


**图5—1 现实货币、虚拟货币、游戏币三者关系图**

① 如腾讯就提供网络游戏中所挣取的游戏币与其所发行的Q币的互换，1Q币＝10000游戏币。在2007年2月底国家14部委下发《关于进一步加强网吧及网络游戏管理工作的通知》之后，腾讯宣布关闭了游戏币与Q币的互换。

② 如腾讯的Q币购买的价格就是一元人民币购买1Q币。

### （三）虚拟货币与电子货币的异同点

1. 虚拟货币与电子货币的相同点

虚拟货币作为网络服务商发行的，用来购买自己所提供的商品或服务，在本质上也是一种支付工具，与电子货币有着非常多相同之处。

首先，两者都以电子数据的形式存在。一般认为电子货币在形态上包括以IC卡为媒质的智能卡，以及以计算机为基础的电子货币两种，无论哪一种，都是以电子数据形式存在。虚拟货币被众人划入以计算机为基础的电子货币，以电子数据形式在计算机系统内存在并通过网络传输。

其次，两者都是一种支付工具。两者都是适应现代社会的发展，满足人们对非现金支付工具的需求而产生的。同时电子货币和虚拟货币都是无记名的支付工具。虚拟货币或许与一定的账户相捆绑，这类账户具有一定的网络ID，但这类ID是虚拟的，与现实社会中的记名完全不同，仍然是一种无记名。①

2. 虚拟货币与电子货币的不同点

虚拟货币与电子货币也存在着明显的不同，主要表现在以下几个方面：

首先，虚拟货币的发行主体是网络服务商，即非金融机构。如前面所述，电子货币的发行机构包括银行、非银行金融机构和非金融机构。网络社会中，为了提高交易效率及安全，诸多“类金融”行为出现。“类金融”行为就是一种具有金融性质的行为，但是国家法律法规并没有将其作为金融行为来进行监管，虚拟货币以及第三方支付等都属于此列。虚拟货币的发行主体不仅发行虚拟货币，而且本身提供用其虚拟货币消费的商品或服务。② 虚拟货币的发行主体并不是银行，而是网络服务商。诸如网络游戏运营商在游戏中发行虚拟货币，玩家可以拿这些虚拟货币去购买各种道具。任何网络服务商都有可能发行虚拟货币。这些虚拟货币的主体都是以提供某种互联网服务为主营业务，虚拟货币的发行是为了辅助主营业务的推进而开展的。而电子货币的发行主体都是以发行电子货币为主营业务。

其次，虚拟货币的回赎性完全受限。虚拟货币持有人即消费者一旦购买虚拟货币，一般不能要求发行人回赎虚拟货币。这在我国所有的虚拟货币发行人的服务条款中都明确规定，也就是虚拟货币发行人一般情况下不承担回赎义务。一般的电子货币与现实货币之间的兑换完全自由，而虚拟货币与现实货币之间的兑换受限。现实货币可以自由地兑换虚拟货币，作为一种“预付价值产品”存在。但从网络服务商处是无法把虚拟货币兑换成现实货币，也就是回赎成为现实货币，只能通过私下与其他用户之间的交易，甚至在有些国家严禁这种交易。③ 当然在虚拟货币发行人面临破产时，消费者享有回赎请求权。同时在游戏币与虚拟货币的兑换上，原本发行人都提供这两种虚拟货币的兑换，但是随着我国十四部委打击利用网络游戏开展赌博活动的行动开始之后，众虚拟货币发行人都停止了游戏币与虚拟货币的兑换。电子货币一般都具有可回赎性。

最后，虚拟货币并非完全意义上的“预付价值产品”。电子支付是通过现实货币兑换得来，这种兑换实际上就是一种预付价值的行为。消费者用现实货币兑换得来的电子货币或者虚拟货

---

① 目前实名制在多项网络管制中使用，如BBS，但我国并没有实行彻底的网络实名制，网络ID与真实身份是无法等同起来。

② 参见李爱君：《电子货币发行主体的法律规范》，载《法制日报》，2006-05-18，理论版。

③ 如韩国，参见《韩国禁止玩家交易虚拟货币》，载《人民邮电报》，2007-01-17。

币被储存在电子设备或计算机账户中，由消费者占有，交易被体现为所存储的价值数额随之增加或减少。在对虚拟货币的分类中，第一类虚拟货币——“消费者通过接收网络服务所挣取的虚拟货币”就并非一种“预付价值产品”，这并非消费者用现实货币兑换得来，而是依靠自己的“劳动”在接收网络服务过程中创造的。

**（四）虚拟货币的法律规范**

韩国网络游戏产业的发达，也较早地面临了虚拟财产和虚拟货币所带来的诸多问题。韩国已经立法承认网络游戏玩家对虚拟财产的所有权，但是面对虚拟货币带来的利用游戏虚拟货币、物品兑换成现金进行赌博的现象的猖獗问题，韩国在 2006 年 12 月底通过了《游戏产业振兴法修正案》，其中禁止虚拟货币交易，不允许将游戏里的虚拟物品、游戏币兑换成现金，对于已经开展此类服务的 ebay 等电子商务网站将禁止提供这种现金交易的服务。违者将处以 5 年以下有期徒刑或给予 5 000 万韩元以下的罚款。①

我国有关对虚拟货币的直接规范管理，最早来自于中国人民银行等 14 个部委在 2007 年 2 月 15 日发布的《关于进一步加强网吧及网络游戏管理工作的通知》中打击利用网络游戏赌博行为中所涉及虚拟货币的规定。中国人民银行开始着手于网络游戏中的虚拟货币的规范和管理，防范虚拟货币冲击现实经济金融秩序。在通知中规定：“要严格限制网络游戏经营单位发行虚拟货币的总量以及单个网络游戏消费者的购买额；严格区分虚拟交易和电子商务的实物交易，网络游戏经营单位发行的虚拟货币不能用于购买实物产品，只能用于购买自身提供的网络游戏等虚拟产品和服务；消费者如需将虚拟货币赎回为法定货币，其金额不得超过原购买金额；严禁倒卖虚拟货币。违反以上规定的，由中国人民银行按照《中华人民共和国中国人民银行法》第 32 条、第 46 条的规定予以处罚。”

《中国人民银行法》第 32 条规定的是中国人民银行对各种金融行为的检查监督权力，第 46 条规定的是罚则。由此可见，中国人民银行注意到虚拟货币对金融监管体系的威胁，一旦形成威胁，将对虚拟货币的发行按照金融行为来进行管理。

2009 年 6 月，文化部、商务部发出《关于加强网络游戏虚拟货币管理工作的通知》，对虚拟货币的具体管理进一步明确与细化。该通知强调严格市场准入，加强主体管理；规范发行和交易行为，防范市场风险；加强市场监督，严厉打击利用虚拟货币从事赌博等违法犯罪行为；加大执法力度，净化市场环境。

# 第四节　网络银行的法律制度

## 一、网络银行的概念和分类

1. 概念

所谓网络银行（Internet bank），又被称为电子银行或“虚拟银行”（Virtual bank）。网络

① 参见《韩国禁止玩家交易虚拟货币》，载《人民邮电报》，2007 - 01 - 17。

银行有狭义和广义之分。狭义上的网络银行专指利用互联网为客户提供服务的银行；广义上的网络银行不局限于利用互联网公开提供服务，还包括局域网（Intranet）、GSM 网、有线电视网等。与传统银行相比，网络银行的经营成本低，信息化技术和手段要求高，服务空间和时间不受任何限制。

2. 分类

根据网络银行是否独立于传统银行，可以将网络银行分为两类：独立型网络银行和依存型网络银行。独立型网络银行，是指银行的设立和各项业务的提供均通过互联网提供，没有与之相对的传统银行存在的网络银行①；而依存型网络银行是传统银行利用互联网提供网上服务而设立的网络银行，实质上是传统银行的一个业务部门。目前，我国的网络银行都属于依存型网络银行。

## 二、网络银行的市场准入问题

目前，包括美国、英国、法国和新加坡等国以及我国香港地区在内都建立了网络银行的市场准入制度，基本上都是从现有银行从事网络银行业务和设立网络银行机构两个方面来对网络银行进行市场准入管理的。

我国香港地区现行法律规定，银行开办网络银行业务无须得到金融管理局的批准，但事前应就有关风险管理事宜与金融管理局进行“商讨”。银行须提供独立第三方出具的安全评估报告。独立的网络银行机构（不包括现有银行向客户提供网络银行服务）的设立条件，根据《虚拟银行的认可》的规定，分为所有虚拟银行（网络银行）须满足的条件和香港本地注册和海外注册虚拟银行的具体条件。依照其规定，所有虚拟银行须满足的条件包括虚拟银行应符合《银行条例》附件 7 规定的最低条件；必须在香港设有实体办事处；虚拟银行必须设置与其计划经营的业务相适应的安全系统；虚拟银行必须分析其承受的风险类别的性质，以及制定适当政策、程序规则以及控制措施来处理这些风险；虚拟银行必须能提出适当的业务计划，能够在扩展市场占有率的期望与为资产及资本赚取合理回报的需要两者间取得合理平衡；虚拟银行必须在其服务章程及条款内列明客户的权利义务；虚拟银行可把其电脑操作业务外包给第三方服务供应商，但须遵守金融管理专员发出有关外包工作指引所规定的条件。在本地注册成立的虚拟银行必须满足的特殊条件是：按照现行的认可政策，本地注册成立的虚拟银行不得是新成立的机构，只可通过将现有本地注册成立的认可机构转型而设立；由基础稳固的银行或在金融界信誉良好及具备适当经验的受监管金融机构持有最少 50%的股本。海外注册虚拟银行须具备的特殊条件是：希望以分行形式在香港经营的虚拟银行必须来自已具备电子银行监管制度的国家；海外注册虚拟银行的总资产必须超过 160 亿美元；海外注册虚拟银行须遵守“三家分行”规定，但此项规定只适用于其实体办事处，并不适用于其电子分行网络。②

根据《中国人民银行法》的规定，银行和非银行金融机构的设立、变更、终止及其业务范围都必须经过人民银行的审批。网络银行作为银行的一种，虽然它的经营方式、业务范围和传

① 1995 年 10 月 18 日在美国诞生的全球第一家网上银行“安全第一网络银行”就是独立型网络银行。

② 参见齐爱民、崔聪聪：《电子金融法》，115～118 页，北京，北京大学出版社，2007。

统的商业银行有所变化，但是，它的营业性质仍属于金融服务，因此，网络银行的设立、变更及经营行为都要受《中国人民银行法》的调整，以确保我国金融业的健康发展。

传统银行的设立，根据我国商业银行法的规定，应当具备五个基本条件：(1) 具备符合《商业银行法》和《公司法》的章程；(2) 有一定限额的注册资本金；(3) 有符合专业和专业要求的管理人员；(4) 有健全的组织机构和管理制度；(5) 有符合要求的营业场所、设施和安全防范措施等。由于网络银行的运营环境的特殊性，独立型网络银行的设立，除了应当具备以上基本要求外，对其市场准入的相关法律要求应当更高。具体可以考虑以下几方面：

(1) 网络银行的设立必须首先符合网络管理方面的法律法规；

(2) 有支持网络银行运营的安全、可靠的软、硬件系统；

(3) 有保障网络银行运营所必需的专业管理和技术人员；

(4) 有符合网络银行运营所需的最低限额注册资本。

2006 年 3 月 1 日中国银行业监督委员会颁布的《电子银行业务管理办法》正式实施，其对我国网络银行的市场准入做了明确规定。

我国对金融机构申请开办电子银行业务，根据电子银行业务的不同类型，分别适用审批制和报告制：利用互联网等开放性网络或无线网络开办的电子银行业务，包括网上银行、手机银行和利用掌上电脑等个人数据辅助设备开办的电子银行业务，适用审批制；利用境内或地区性电信网络、有线网络等开办的电子银行业务，适用报告制；利用银行为特定自助服务设施或与客户建立的专用网络开办的电子银行业务，法律法规和行政规章另有规定的遵照其规定，没有规定的适用报告制。金融机构开办电子银行业务后，与其特定客户建立直接网络连接提供相关服务，属于电子银行日常服务，不属于开办电子银行业务申请的类型。

我国金融机构开办电子银行业务，应当具备下列条件：

(1) 金融机构的经营活动正常，建立了较为完善的风险管理体系和内部控制制度，在申请开办电子银行业务的前一年内，金融机构的主要信息管理系统和业务处理系统没有发生过重大事故；

(2) 制定了电子银行业务的总体发展战略、发展规划和电子银行安全策略，建立了电子银行业务风险管理的组织体系和制度体系；

(3) 按照电子银行业务发展规划和安全策略，建立了电子银行业务运营的基础设施和系统，并对相关设施和系统进行了必要的安全检测和业务测试；

(4) 对电子银行业务风险管理情况和业务运营设施与系统等，进行了符合监管要求的安全评估；

(5) 建立了明确的电子银行业务管理部门，配备了合格的管理人员和技术人员；

(6) 中国银监会要求的其他条件。

金融机构开办以互联网为媒介的网上银行业务、手机银行业务等电子银行业务，除了具备上述条件之外还应具备以下特殊条件：

(1) 电子银行基础设施设备能够保障电子银行的正常运行。

(2) 电子银行系统具备必要的业务处理能力，能够满足客户适时业务处理的需要。

(3) 建立了有效的外部攻击侦测机制。

(4) 中资银行业金融机构的电子银行业务运营系统和业务处理服务器设置在中华人民共和

国境内；

（5）外资金融机构的电子银行业务运营系统和业务处理服务器可以设置在中华人民共和国境内或境外。设置在境外时，应在中华人民共和国境内设置可以记录和保存业务交易数据的设施设备，能够满足金融监管部门现场检查的要求，在出现法律纠纷时，能够满足中国司法机构调查取证的要求。

外资金融机构开办电子银行业务，除应具备上述所列两个方面条件外，还应当按照法律、行政法规的有关规定，在中华人民共和国境内设有营业性机构，其所在国家（地区）监管当局具备对电子银行业务进行监管的法律框架和监管能力。

## 三、网络银行的风险

网络银行的发展导致货币电子化、银行机构虚拟化、银行业务全球化、金融产品个性化，这决定了其引发风险的因素与传统银行很不相同。网络银行除具有传统银行经营中存在的信用风险、流动性风险、市场风险和利率风险外，主要集中表现在以下四方面：

1. 操作风险

它主要包括以下几种情况：（1）系统被非法侵入，即黑客侵入系统内部；客户保密信息被第三方非法截获；系统被带人病毒，导致银行系统数据崩溃。（2）电子货币被伪造，罪犯在并未进行预先支付的情况下偷换或复制电子货币以获得物品和资金，而银行必须对这种假币造成的损失负责。（3）系统技术失效，系统交易处理出现故障，数据完整性和可靠性出现问题，导致公众负面反应和造成交易损失。（4）外部供应商风险，银行网络技术的服务供应商可能并未提供预期技术，存在系统缺陷和可靠性，而银行必须对其损失负责。此外，操作风险还可能由于银行内部职员欺诈篡改账户数据、截留电子货币卡等违法犯罪造成。

2. 信誉风险

网络银行的信誉风险主要集中在三方面：（1）系统存在广泛的技术缺陷，例如客户无法登录系统或者账户信息受损，客户停用该银行产品和服务，信息传播后可能产生挤提、挤兑现象。（2）系统存在重大的安全缺陷，黑客侵入或者一种病毒被植入银行系统，造成数据被破坏，事故发生后可能突然大批客户逃离该行。（3）利用与其他机构相同或相似的系统或产品，如果一家机构出现问题，客户就会认为其他机构也将随之出现问题，从而导致客户流失。

3. 法律风险

网络银行法律风险主要表现在以下几方面：（1）法律法规不明确，银行与有关商客、客户的关系、签名有效性等不明确，包括对客户信息披露不足，客户不清楚纠纷解决程序等，对客户隐私未能采取有效保密措施，以及在银行与链接网站之间关系不清，责权利不明造成纠纷，客户可能起诉至法庭，使银行可能招致司法、监管惩罚，或者造成声誉上不良影响。（2）犯罪分子洗钱，犯罪分子可能利用银行的电子银行业务和电子货币系统从事洗钱等犯罪活动，银行可能因此违反反洗钱等有关法律。（3）证书授权风险，罪犯利用伪造的证书以银行的名义销售给客户，受骗的客户可能起诉银行。此外，在国际上也可能造成国外司法管辖风险，即银行通过国际互联网吸引国外客户，发售的电子货币也可能在注册地以外流通，银行未能遵守该国法律，造成意想不到的法律纠纷。

4. 市场信号风险

网络银行的市场信号风险主要是指由于信息不对称而导致的其面临的不利选择和道德风险引发的业务风险。例如，由于网络银行无法在网上鉴别客户的风险程度而处于不利地位；在虚拟金融服务市场上，网上客户由于不了解每家银行提供的服务质量情况，而导致客户将会按照他们对网络银行提供服务的平均质量来确定预期的购买价格，这个价格将低于提供高质量服务网络银行能够接受的价格，其结果有可能导致保护低质量银行而将高质量银行挤出市场。

## 四、网络银行的市场监督与管理

银监会是我国对网络银行业务实施市场监督与管理的机构。银监会对网络银行的监管主要表现在对网络银行业务实施非现场监管、现场检查和安全监测，对电子银行安全评估实施管理，并对网络银行的行业自律组织进行指导和监督。

1. 网络银行的自我评估

依照《电子银行业务管理办法》，金融机构应定期对网络银行业务发展与管理情况进行自我评估，并应每年编制《网络银行年度评估报告》。金融机构的《网络银行年度评估报告》应至少包括以下几方面内容：

(1) 本年度网络银行业务的发展计划与实际发展情况，以及对本年度网络银行发展状况的分析评价；

(2) 本年度电子银行业务经营效益的分析、比较与评价，以及主要业务收入和主要业务的服务价格；

(3) 网络银行业务风险管理状况的分析与评估，以及本年度网络银行面临的主要风险；

(4) 其他需要说明的重要事项。

2. 重大安全事故和风险事件的报告制度

《电子银行业务管理办法》规定，金融机构应当建立网络银行业务重大安全事故和风险事件的报告制度，并保持与监管部门的经常性沟通。对于网络银行系统被恶意攻破并已出现客户或银行损失，网络银行被病毒感染并导致机密资料外泄，以及可能会引发其他金融机构网络银行系统风险的事件，金融机构应在事件发生后 48 小时内向中国银监会报告。

3. 网络银行安全评估

网络银行安全评估是金融机构开办或持续经营网络银行业务的必要条件，也是金融机构网络银行业务风险管理与监管的重要手段。金融机构应按照中国银监会的有关规定，定期对网络银行系统进行安全评估，并将其作为网络银行风险管理的重要组成部分。

金融机构网络银行安全评估工作，应当由符合一定资质条件、具备相应评估能力的评估机构实施。评估机构开展网络银行安全评估业务的资质条件和网络银行安全评估的相关制度由银监会制定，同时银监会负责对评估机构参与网络银行安全评估的业务资质进行认定。

## 第五节　非金融机构支付服务的法律问题

随着我国电子商务的发展，已经有大量的非金融机构从事支付服务，对其规范管理势在必行。中国人民银行陆续发布了《非金融机构支付服务管理办法》及其实施细则、《非银行支付机构网络支付业务管理办法》等部门规章，规范了非金融机构支付服务行为，防范支付风险，保护当事人的合法权益，

### 一、非金融机构支付业务的界定

非金融机构支付服务，是指非金融机构在收付款人之间作为中介机构提供下列部分或全部货币资金转移服务：(1) 网络支付；(2) 预付卡的发行与受理；(3) 银行卡收单；(4) 中国人民银行确定的其他支付服务。

其中网络支付，是指依托公共网络或专用网络在收付款人之间转移货币资金的行为，包括货币汇兑、互联网支付、移动电话支付、固定电话支付、数字电视支付等；预付卡，是指以营利为目的发行的、在发行机构之外购买商品或服务的预付价值，包括采取磁条、芯片等技术以卡片、密码等形式发行的预付卡；银行卡收单，是指通过销售点（POS）终端等为银行卡特约商户代收货币资金的行为。

非金融机构提供支付服务，应当依法取得中国人民银行颁发的《支付业务许可证》，成为支付机构。

### 二、《支付业务许可证》的取得

《非金融机构支付服务管理办法》及其实施细则对《支付业务许可证》的申请人、出资人条件以及申请所需材料作了详细规定。

1.《支付业务许可证》的申请人应当具备下列条件：(1) 在中华人民共和国境内依法设立的有限责任公司或股份有限公司，且为非金融机构法人；(2) 有符合本办法规定的注册资本最低限额；(3) 有符合本办法规定的出资人；(4) 有 5 名以上熟悉支付业务的高级管理人员；(5) 有符合要求的反洗钱措施；(6) 有符合要求的支付业务设施；(7) 有健全的组织机构、内部控制制度和风险管理措施；(8) 有符合要求的营业场所和安全保障措施；(9) 申请人及其高级管理人员最近 3 年内未因利用支付业务实施违法犯罪活动或为违法犯罪活动办理支付业务等受过处罚。

其中申请人拟在全国范围内从事支付业务的，其注册资本最低限额为 1 亿元人民币；拟在省（自治区、直辖市）范围内从事支付业务的，其注册资本最低限额为 3 千万元人民币。注册资本最低限额为实缴货币资本。

2.《支付业务许可证》的申请人的主要出资人应当符合以下条件：(1) 为依法设立的有限责任公司或股份有限公司，这里必须是国内企业。外商投资支付机构的业务范围、境外出资人

的资格条件和出资比例等，由中国人民银行另行规定，报国务院批准。（2）截至申请日，连续为金融机构提供信息处理支持服务2年以上，或连续为电子商务活动提供信息处理支持服务2年以上。（3）截至申请日，连续盈利2年以上。（4）最近3年内未因利用支付业务实施违法犯罪活动或为违法犯罪活动办理支付业务等受过处罚。

3.《支付业务许可证》的申请人应当向所在地中国人民银行分支机构提交下列文件、资料：（1）书面申请，载明申请人的名称、住所、注册资本、组织机构设置、拟申请支付业务等；（2）公司营业执照（副本）复印件；（3）公司章程；（4）验资证明；（5）经会计师事务所审计的财务会计报告；（6）支付业务可行性研究报告；（7）反洗钱措施验收材料；（8）技术安全检测认证证明；（9）高级管理人员的履历材料；（10）申请人及其高级管理人员的无犯罪记录证明材料；（11）主要出资人的相关材料；（12）申请资料真实性声明。

4.《支付业务许可证》的申请人应当在收到受理通知后按规定公告下列事项：（1）申请人的注册资本及股权结构；（2）主要出资人的名单、持股比例及其财务状况；（3）拟申请的支付业务；（4）申请人的营业场所；（5）支付业务设施的技术安全检测认证证明。

中国人民银行分支机构依法受理符合要求的各项申请，并将初审意见和申请资料报送中国人民银行。中国人民银行审查批准的，依法颁发《支付业务许可证》并予以公告。《支付业务许可证》自颁发之日起，有效期5年。支付机构拟于《支付业务许可证》期满后继续从事支付业务的，应当在期满前6个月内向所在地中国人民银行分支机构提出续展申请。中国人民银行准予续展的，每次续展的有效期为5年。

## 三、从事支付业务的非金融机构的法律义务

1. 按照《支付业务许可证》核准的业务范围从事经营活动，不得从事核准范围之外的业务，不得将业务外包。支付机构不得转让、出租、出借《支付业务许可证》。

2. 按照审慎经营的要求，制订支付业务办法及客户权益保障措施，建立健全风险管理和内部控制制度，并报所在地中国人民银行分支机构备案。

3. 制定支付服务协议，明确其与客户的权利和义务、纠纷处理原则、违约责任等事项。支付机构应当公开披露支付服务协议的格式条款，并报所在地中国人民银行分支机构备案。

4、支付机构接受客户备付金时，只能按收取的支付服务费向客户开具发票，不得按接受的客户备付金金额开具发票。支付机构接受的客户备付金不属于支付机构的自有财产。支付机构只能根据客户发起的支付指令转移备付金。禁止支付机构以任何形式挪用客户备付金。

支付机构接受客户备付金的，应当在商业银行开立备付金专用存款账户存放备付金。支付机构只能选择一家商业银行作为备付金存管银行，且在该商业银行的一个分支机构只能开立一个备付金专用存款账户。支付机构应当与商业银行的法人机构或授权的分支机构签订备付金存管协议，明确双方的权利、义务和责任。支付机构应当向所在地中国人民银行分支机构报送备付金存管协议和备付金专用存款账户的信息资料。

支付机构的实缴货币资本与客户备付金日均余额的比例，不得低于10%。所谓客户备付金日均余额，是指备付金存管银行的法人机构根据最近90日内支付机构每日日终的客户备付金总量计算的平均值。

5. 支付机构应当按规定核对客户的有效身份证件或其他有效身份证明文件，并登记客户身份基本信息。支付机构明知或应知客户利用其支付业务实施违法犯罪活动的，应当停止为其办理支付业务。

6. 支付机构应当具备必要的技术手段，确保支付指令的完整性、一致性和不可抵赖性，支付业务处理的及时性、准确性和支付业务的安全性；具备灾难恢复处理能力和应急处理能力，确保支付业务的连续性。

7. 支付机构应当依法保守客户的商业秘密，不得对外泄露。

8. 支付机构应当按规定妥善保管客户身份基本信息、支付业务信息、会计档案等资料。

9. 支付机构应当接受中国人民银行及其分支机构定期或不定期的现场检查和非现场检查，如实提供有关资料，不得拒绝、阻挠、逃避检查，不得谎报、隐匿、销毁相关证据材料。

## 四、支付账户的概念和分类

1. 概念

支付账户最初是支付机构为方便客户网上支付和解决电子商务交易中买卖双方信任度不高而为其开立的，与银行账户有明显不同。

（1）提供账户服务的主体不同。支付账户由支付机构为客户开立，主要用于电子商务交易的收付款结算。银行账户由银行业金融机构为客户开立，账户资金除了用于支付结算外，还具有保值、增值等目的。

（2）账户资金余额的性质和保障机制不同。支付账户余额的本质是预付价值，类似于预付费卡中的余额，该余额资金虽然所有权归属于客户，却未以客户本人名义存放在银行，而是支付机构以其自身名义存放在银行，并实际由支付机构支配与控制。同时，该余额仅代表支付机构的企业信用，法律保障机制上远低于《人民银行法》《商业银行法》保障下的央行货币与商业银行货币，也不受存款保险条例保护。一旦支付机构出现经营风险或信用风险，将可能导致支付账户余额无法使用，不能回提为银行存款，使客户遭受财产损失。因此，《非银行支付机构网络支付业务管理办法》规定，支付机构应当在客户清晰理解支付账户余额性质和相关风险的前提下，由客户本着“自愿开立、自担风险”的原则申请开立支付账户。

2. 个人支付账户的分类

《非银行支付机构网络支付业务管理办法》将个人支付账户分为三类（表 5—1）。其中，Ⅰ类账户只需要一个外部渠道验证客户身份信息（例如联网核查居民身份证信息），账户余额可以用于消费和转账，主要适用于客户小额、临时支付，身份验证简单快捷。为兼顾便捷性和安全性，Ⅰ类账户的交易限额相对较低，但支付机构可以通过强化客户身份验证，将Ⅰ类账户升级为Ⅱ类或Ⅲ类账户，提高交易限额。

Ⅱ类和Ⅲ类账户的客户实名验证强度相对较高，能够在一定程度上防范假名、匿名支付账户问题，防止不法分子冒用他人身份开立支付账户并实施犯罪行为，因此具有较高的交易限额。鉴于投资理财业务的风险等级较高，《非银行支付机构网络支付业务管理办法》规定，仅实名验证强度最高的Ⅲ类账户可以使用余额购买投资理财等金融类产品，以保障客户资金安全。

上述分类方式及付款功能、交易限额管理措施仅针对支付账户，客户使用银行账户付款（例如银行网关支付、银行卡快捷支付等）不受上述功能和限额的约束。

**表 5—1　　个人支付账户分类表**

| 账户类别 | 余额付款功能 | 余额付款限额 | 身份核实方式 |
|---|---|---|---|
| Ⅰ类账户 | 消费、转账 | 自账户开立起累计 1 000元 | 以非面对面方式，通过至少一个外部渠道验证身份 |
| Ⅱ类账户 | 消费、转账 | 年累计 10 万元 | 面对面验证身份，或以非面对面方式，通过至少三个外部渠道验证身份 |
| Ⅲ类账户 | 消费、转账、投资理财 | 年累计 20 万元 | 面对面验证身份，或以非面对面方式，通过至少五个外部渠道验证身份 |

## 五、网络支付客户权益保护措施

1. 知情权。《非银行支付机构网络支付业务管理办法》要求支付机构以显著方式提示客户注意服务协议中与其有重大利害关系的事项，采取有效方式确认客户充分知晓并清晰理解相关权利、义务和责任；并要求支付机构增加信息透明度，定期公开披露风险事件、客户投诉等信息，加强客户和舆论监督。

2. 选择权。《非银行支付机构网络支付业务管理办法》要求支付机构充分尊重客户真实意愿，由客户自主选择提供网络支付服务的机构、资金收付方式等，不得以诱导、强迫等方式侵害客户自主选择权；支付机构变更协议条款、提高服务收费标准或者新设收费项目，应以客户知悉且自愿接受相关调整为前提。

3. 信息安全。《非银行支付机构网络支付业务管理办法》要求支付机构制定客户信息保护措施和风险控制机制，确保自身及特约商户均不存储客户敏感信息，并依法承担因信息泄露造成的损失和责任。

4. 资金安全。《非银行支付机构网络支付业务管理办法》要求支付机构及时处理客户提出的差错争议和投诉，并建立健全风险准备金和客户损失赔付机制，对不能有效证明因客户原因导致的资金损失及时先行赔付；要求支付机构对安全性较低的支付账户余额付款交易设置单日累计限额，并对采用不足两类要素进行验证的交易无条件全额承担客户风险损失赔付责任。

### 法条链接

1.《非金融机构支付服务管理办法》及其实施细则

2.《非银行支付机构网络支付业务管理办法》

## 深度阅读

1. 郭德香，朱涛．电子支付服务监管法律问题思考．学习论坛，2014（10）

2. 蔡秉坤．我国网络交易中的电子支付法律关系分析与法制完善思考．兰州学刊，2013（3）

3. 李爱君．电子货币法律问题研究．北京：知识产权出版社，2008

4. 周忠海．网络银行法律问题研究．北京：知识产权出版社，2008

5. 苏宁．虚拟货币的理论分析．北京：社会科学文献出版社，2008

## 问题与思考

1. 电子支付当事人及其权利与义务的关系。
2. 电子货币所面临的法律风险有哪些？
3. 网络银行有哪些特殊的市场准入。
4. 请思考电子支付业务与国家信息主权之间的关系。
5. 请了解比较海峡两岸电子支付立法发展。

# 第六章 电子商务中的知识产权问题

重点知识

1. 域名争议的解决途径。

2. 信息网络传播权的保护。

3. 电子商务商业方法专利保护的可行性。

## 第一节 域名权

### 一、域名系统及其管理

#### (一) 域名

要了解域名系统，首先要了解互联网（或称因特网，Internet）。互联网是由计算机通过 TCP/IP 网络工作协议连接而成的信息交换和共享媒介。连接到互联网上的每一台计算机都有其特定的标识——IP 地址（Internet Protocol Address，如 66.218.71.80）。我们在日常生活中看到网站和其他网络资源，实际上就是储存在这些计算机中的特定文档和程序。

所谓域名（Domain Name），是网络设备和主机在互联网中的字符型地址标识（如 gov.cn、sina.com 等）。在域名系统中，域名数据库是整个系统的核心，数据库中存储有每个域名所对应的 IP 地址，域名持有人申请到一个域名后，就获得一个设置域名数据库的权限，可以自主决定其所拥有的域名究竟将指向特定域名所指向的 IP 地址，这一过程称为域名解析。它把作为互联网寻址基础的 IP 地址转换（或称作翻译）为与人们的语言习惯相似的表达方式（如上述 IP 地址对应的域名 www.yahoo.com）。有了域名系统，人们就不必再使用枯燥难记 IP 地址访问其他计算机，大大方便了互联网的运用，促进了互联网在民用领域的推广。正因如此，域名系统最早的缔造者美国人波斯特尔博士（Dr. Jonathan B. Postel）获得了人们的交口称赞。[①]

经过不断改进，目前的英文域名系统已较为成熟。它由树状结构构成，顶级域名分为类别

① See The Law Of Cyberspace，Harvard Law Review，1999 Vol. 112：1663.

域名和地区域名，类别域名有：.com（商业组织）、.edu（教育机构）、.gov（政府机构）、.mil（军事单位）、.net（提供网络服务的单位）、.org（非赢利性组织）、.int（国际组织）等，地区域名则由不同国家和地区的简称构成（如中国为“.cn”）。各个地区域名下，又有不同的类别域名和更下一级的地区域名，一般每个域名还有服务器类别标识。除了这些约定俗成的部分外，一个完整的域名还有其独特的核心部分，如“www.fadou.net”中的“fadou”。以下简要介绍域名的结构。

一个完整的域名以分级表示，各级名字之间用“.”号分隔。在域名中，从左到右最后一个“.”的右边部分称为一级域名，左边部分称为二级域名；域名“cnnic.com.cn”中“cn”是一级域名，“com”是二级域名。二级域名的左边部分称为三级域名，三级域名的左边部分称为四级域名，以此类推。例如，域名“news.zhangchu.com.cn”中“zhangchu”是三级域名，“news”就是四级域名。

1. 顶级域名

顶级域名，是指域名体系中根根节点下的第一级域的名称，也就是上文提到的一级域名。顶级域名的分配和审批由互联网名字与编号分配机构（Internet Corporation for Assigned Names and Numbers，简称 ICANN，又译“互联网域名与地址管理机构”）负责。顶级域名通常是两个或三个英文字母的缩写。顶级域名根据服务内容和注册管理权限不同又分为三种。

（1）通用顶级域名

目前，互联网通用顶级域名主要有 7 个，分别是：.com、.net、.org、.int、.edu、.gov 和 .mil。它们的注册服务内容和注册规则如下：

下列 3 个通用顶级域名向全球互联网用户开放注册：

.com——最初设计为用于商业机构；

.net——最初设计为用于网络服务机构；

.org——最初设计为用于非营利组织。

下列通用顶级域名仅面向国际组织机构开放：

.int——用于各类国际组织。

由于历史原因，下列域名限美国专用：

.edu——用于美国教育机构；

.gov——用于美国政府机构；

.mil——用于美国军事机构。

（2）国家（或地区）顶级域名

1）国家（或地区）顶级英文域名。

目前有二百四十多个国家（或地区）顶级域名，它们用两个字母缩写来表示，例如，“cn”代表中国，“uk”代表英国，“sg”代表新加坡，“hk”代表香港地区。当然，并非所有的国家（或地区）顶级代码域名都已投入使用，比如，有的国家（或地区）可能还没有接入 internet。

2）中文顶级域名。

根据原信息产业部《中国互联网络域名管理办法》以及《关于中国互联网络域名体系的公告》的规定，我国互联网络域名体系在顶级域名“cn”之外暂设“中国”“公司”和“网络”3 个中文顶级域名。如：注册“中国政法大学.中国”，将自动获得“中国政法大学.cn”，同时注册一条简体域名只能匹配一条繁体域名。对于国内一些著名企业的单位名称、驰名商标、地理名称等，中国互联网络信息中心（CNNIC）进行了保护性预留。

（3）新增顶级域名

由于 Internet 的飞速发展，通用顶级域名下可注册的二级域名越来越少。2000 年 11 月 15 日，ICANN 董事会批准增加下列 7 个顶级域名及相应的运营商。

. info——2001 年开放注册，适用于提供信息服务的企业，由 Afilias 公司运营管理；

. biz——2001 年开放注册，适用于商业公司，由 NeuLevel 公司运营管理；

. name——2001 年开放注册，适用于个人的通用顶级域名，由 Global Name Registry 公司运营管理；

. pro——2002 年开放注册，适用于医生、律师、会计师等专用人员的通用顶级域名，由 RegistryPro 公司运营管理；

. coop——2001 年开放注册，适用于商业合作机构的专用顶级域名，由 DotCooperation, LLC 公司运营管理；

. aero——2001 年开放注册，适用于航空运输业的专用顶级域名，比利时国际航空通信技术协会（Societe Internationale de Telecommunications Aeronautiques SC，简写 SITA）运营管理；

. museum——2001 年开放注册，使用博物馆的专用顶级域名，由博物馆域名管理协会（Museum Domain Management Association，简写 MuseDoma）运营管理。

2. 二级域名

在完整的域名中，从左到右最后一个“.”的左边部分称为二级域名，命名规则由对应的顶级域名管理机构制定，并由对应的机构来管理。在我国，顶级域名“. cn”下采用层次结构设置了各级域名。根据原信息产业部《关于中国互联网络域名体系的公告》，顶级域名 CN 之下，设置“类别域名”和“行政区域名”两类英文二级域名。

（1）类别域名

目前，中国互联网络域名体系中，“类别域名”的设置数为 7 个：

ad—适用于科研机构；

com—适用于工、商、金融等企业；

edu—适用于中国的教育机构；

gov—适用于中国的政府机构；

mil—适用于中国的国防机构；

net—适用于提供互联网络服务的机构；

org—适用于非营利性的组织。

（2）行政区域名

目前，中国互联网络域名体系中，“行政区域名”的设置数为 34 个，适用于我国的各省、自治区、直辖市、特别行政区的组织：

gj—北京市；sh—上海市；tj—天津市；cq—重庆市；he—河北省；sx—山西省；nm—内蒙古自治区；ln—辽宁省；jl—吉林省；hl—黑龙江省；js—江苏省；zj—浙江省；ah—安徽省；fj—福建省；jx—江西省；sd—山东省；ha—河南省；hb—湖北省；hn—湖南省；gd—广东省；

gx—广西壮族自治区；hi—海南省；sc—四川省；gz—贵州省；yn—云南省；xz—西藏自治区；sn—陕西省；gs—甘肃省；qh—青海省；nx—宁夏回族自治区；xj—新疆维吾尔自治区；tw—台湾省；hk—香港特别行政区；mo—澳门特别行政区。

3. 三级域名

在完整的域名中，二级域名的左边部分称为三级域名，由相对应的二级域名所有人来管理。由于各个顶级域名的管理政策不一样，这个管理者可以是专门的域名管理机构，也可以是公司或个人。例如，域名“sina. com. cn”中，三级域名“sina”列在“. com. cn”二级域名数据库和系统中，而这个数据库和域名系统由中国互联网络信息中心（CNNIC）来管理和维护。根据我国的域名管理政策，由中国互联网络信息中心（CNNIC）定义“. cn”下的二级域名(包括“类别域名”和“行政区域名”，比如 . com. cn，bj. cn 等)，用户只能注册相应二级域名下的三级域名（如 beijing. gov. cn 等）。

### （二）域名系统的管理

在域名的发源地美国，域名的管理权一开始直接掌握在政府手中。20 世纪 60 年代至 80 年代，域名系统的主要发明者波斯特尔博士作为美国国防部高级研究计划署的雇员管理着当时的国际互联网数码分配当局（Internet Assigned Numbers Authority，IANA)，但这种由单个人说了算了的行政管理体制天生存在的不稳定性逐渐被人们所诟病。[①] 1992 年 12 月 31 日，美国国家科学基金会（NSF，属于美国政府）与网络方案公司（Network Solutions Inc.，NSI）达成协议，确立了由 NSI 负责国际互联网域名协调和维护的机制。随着网络的不断发展，各国对 NSI 通过合同关系与 NSF 签订协议来管理域名系统的方式仍十分忌惮（这种方式在本质上仍然是美国政府管理域名系统，只不过是通过合同授权给 NSI 而已)，害怕美国借此操纵互联网，因而建立“正式而稳固的管理结构”成为许多“把自己的未来紧系于互联网”的利益集团共同的呼声。[②]

经过数年的探索，在美国、欧盟等政府以及世界知识产权组织等国际组织的共同努力下，一个独立于政府的、民间的国际顶级域名管理机构在 1998 年 11 月建立，这就是国际互联网名址分配公司（ICANN)。ICANN 是一个非盈利性的组织，由一个纯粹民间性质的委员会管理，各国政府和政府间国际组织只能作为互联网用户和没有投票权的建议者存在。[③] ICANN 与 NSI 不同，它只负责域名根服务器的管理，不直接进行域名注册服务（这可以保证它的非盈利性和独立性)，域名注册服务则由 ICANN 授权给 NSI 等几家商业机构完成。

我国目前的域名系统管理体制采用的是工业和信息化部和“域名注册管理机构”双重管理的模式：一方面，工业和信息化部“负责中国互联网络域名的管理工作”[④]；另一方面，“域名注册管理机构和各级域名持有者根据本办法及相关规定的要求，负责其下一级域名的注册管理及服务。”[⑤] 我国目前的“域名注册管理机构”是“中国互联网信息中心”(CNNIC)。

---

① See The Law of Cyberspace，Harvard Law Review，1999 Vol，112：1663.

② See Management of Internet Names and Address，63 Fed. Reg. 31，741，31，742 (1998).

③ See Management of Internet Names and Address，63 Fed. Reg. Supra note 34，at 31，750 (1998).

④ 《中国互联网络域名管理办法》第 4 条。

⑤ 《中国互联网络域名管理办法》第 8 条。

尽管法律中没有明确界定CNNIC的民间组织性质，但从字里行间可以看出：立法者实际上是将中国的“域名注册管理机构”定位为民间组织。首先，立法规定的原信息产业部职责中，有这样的规定：“管理在中华人民共和国境内设置并运行域名根服务器的域名根服务器运行机构。”这说明“域名注册管理机构”只是行政相对人。其次，如上段所述，把“域名注册管理机构”和域名持有者放在一起表述，也体现了其非政府性。

《中国互联网络域名管理办法》不但明确规定了“域名注册管理机构”的非政府性，而且依照国际惯例将域名注册的职能从“域名注册管理机构”划分出去，由商业机构——域名注册服务机构来运作。遗憾的是，正是由于法律规则的不清晰，导致CNNIC在实际运行过程中尚未完全超脱于商业服务之外，它仍然直接接受中文域名、“.cn”域名和“通用网址”的注册申请。

## 二、域名权及其特征

### （一）各种学说

迄今为止，学界对域名权究竟是不是一种独立的权利，域名权的性质如何等问题，尚无统一意见。归纳起来，主要有权利否认说、民事利益说和知识产权说等几种。

持权利否认说的学者认为，没有必要赋予域名本身任何独立的知识产权权利，域名只是一种在网络环境下发挥技术功能的字符型符号，不可能也没有必要给予它任何独立的知识产权权利。①

持民事利益说的学者认为，“尽管域名尚未被WIPO作为一种知识产权来保护，但不一定就要否认其至少是一种民事权益，否则域名就会处于毫无被保护可能的尴尬被动的地位”②。

很多学者认为域名权属于知识产权的范畴，但他们间的分歧也是十分大的。③

### （二）域名权的概念和特征

本书支持知识产权说的观点，并进一步认为：域名权是一种与商标权、企业名称权、版权等传统知识产权相区别的，独立的新型知识产权类别。所谓域名权，从技术上讲就是域名持有人通过其掌握的域名密码，自由解析域名的权限，从法律意义上说，是合法的域名持有人所享有的，排他性的控制域名解析和分配的权利。④

理解域名权，应注意以下几个方面的特征：

1. 域名权是域名持有人所享有的一种民事权利。所谓域名持有人，就是通过域名申请程

---

① 参见唐广良：《INTERNET域名纠纷及其解决》，载郑成思主编：《知识产权文丛》，第4卷，北京，中国政法大学出版社，2000。

② 蒋志培：《中国域名纠纷案件的司法实践与理论探索》，载《知识产权审判指导与参考》，第3卷，北京，法律出版社，2001。

③ 文献的详细回顾，参见董皓：《域名权及相关权利研究》，载张平主编：《网络法律评论》，第4卷，北京，法律出版社，2004。

④ 对域名权的法律属性的详细分析，参见董皓：《域名权及相关权利研究》，载张平主编：《网络法律评论》，第4卷，北京，法律出版社，2004。

序，善意地在域名管理机构注册了特定域名的人。注册成功之后，域名持有人可以自由决定将域名指向某一特定的计算机（IP 地址），也可以决定不将域名指向任何地址。

2. 域名权是一种排他性的对世权和支配权。域名权不是对域名注册商或域名管理机构的请求权，而是一种对域名本身的绝对权利，它可以对抗所有无权解析域名或者非法获得域名解析密码的人。作为一种支配性的权利，域名持有人可以自由处置自己的域名权——如转让、许可使用等。

3. 要区分域名权与域名持有人对组成域名的符号的其他权利。域名持有人对域名的支配权，限于将“域名符号”作为“域名”使用时，排除他人妨碍的权利——所谓“将域名符号作为域名使用”，是指将组成域名的字符用于网址定位这一目的，除此之外的行为，不属于域名权的主张范围。例如，某甲拥有 abcd. com 域名的域名权，那只意味着某甲有权禁止他人盗用其密码，违背其意志将 abcd. com 解析到网络上的某个 IP 地址的权利，至于别人使用“abcd”或“abcd. com”字符串，或者这些字符串组成的图形申请商标，则某甲是无权加以干涉的。当然，如果某甲按照商标法的规定，合法取得了“abcd. com”文字商标的商标专用权，那么他是可以根据商标法，以商标权人的地位向侵害其商标权的人主张权利的。总之，域名权人注册域名的行为，是不能获得域名权以外的其他知识产权及其他民事权利的。

4. 域名系统的技术特征使侵害域名权的行为模式具有唯一性。由于域名系统是一个全球统一的系统，每个域名在整个互联网中都是唯一的，所以没有人可能通过注册相同的域名的方法来侵害他人的域名权（注意 abcd. com、abcd. cn、abcd. com. cn、abcd. gov 分别是不同的域名，它们各自之上可以有独立的域名权）。要侵犯域名持有人（即域名申请人）的域名权，只可能采取获得解析权限密码的手段来控制特定的域名。在掌握解析密码的前提下，侵权人可以对域名进行重新解析，也可以更改密码以阻碍域名持有人对域名的解析。

5. “网域霸占者”（Cyber squatter）不是域名权的侵权人，而是商标权的侵权人。一些预测到互联网广阔前途的人，抢在大企业之前，将这些企业拥有的驰名商标中的字符注册为自己的域名，包括“麦当劳”（Mcdonalds. com）、“可口可乐”（Cocacola. com）在内的许多著名商标都曾经遭到抢注，而这些在网络上恶意抢注他人的驰名商标的人，便被称为“网域霸占者”。

有学者认为“网域霸占者”就是“在网络虚拟空间中，将原本应当属于他人合法所有的虚拟不动产——域名，恶意占为己有”的人。[①] 这种观点错误地理解了该词汇所涉及的法律关系。所谓网域霸占，是指行为人把知名商标抢先注册为域名，且行为人注册域名的根本目的不在于将这些域名使用到自己的网站上，而在于将这些域名以高价销售给原商标所有人。行为人往往并不将他们所注册的域名指向互联网上的 IP 地址，或者只是将域名解析到一个十分简单的页面上。另一些抢注者虽然没有向驰名商标所有人提出出售或出租域名的要约，并且也建立了有实质内容的网站，但由于驰名商标的号召力是通过其所有人的长期投入而形成的，因此这些人实际也是在无偿占有本应属于驰名商标所有人的利益。[②]

“网域霸占者”是依照“先申请、先注册”规则而抢先获得与驰名商标相同或相近的域名

---

① 参见邓炯：《美国〈反域名抢注消费者保护法〉介评》，载 CNNIC 网站（http：//www. cnnic. net）。

② 有的学者将这种行为称为“盗用”域名，以与纯粹只“注”不“用”的行为区分。参见薛虹：《网络时代的知识产权法》，348 页，北京，法律出版社，2000。

的人，由于法律对驰名商标的特殊保护，一旦系争域名被证明的确侵犯了驰名商标专用权，那就意味着“网域霸占者”与域名注册服务商间缔结的合同属无效合同。[①] 换句话说，“网域霸占者”侵犯的是驰名商标所有人的商标权[②]——域名权和商标权在这种特定情况下产生了冲突，域名权让位于驰名商标专用权。所以，“网域霸占者”不是域名权的侵权人，而恰恰是域名权在形式上的合法拥有人，只是由于驰名商标制度对一切标志都产生影响，才使这种形式上对域名的合法拥有仍不能对抗在先的驰名商标权。[③]

## 三、域名权的知识产权属性之界定

人们对知识产权的属性的分析，都是建立在对既有的、被公认为知识产权的权利的归纳总结基础上的。正因此，诸如“无形性”“专有性”“时间性”“地域性”“可复制性”等被多数学者认同的知识产权特性，往往都是在某一种知识产权上显现得突出一些，而在另一些知识产权上不太显著。而且，正如郑成思教授所言，在学者们归纳出的种种“特点”中，有的讲的是权利的客体的特性，有的说的则是权利的特征——“知识产权”这个词汇本身在不同的时期，就有不同的范围。[④] 所以本书认为，即使域名权不能够完全体现出上述所有既有的知识产权的特性，也不妨碍人们将其纳入知识产权范畴。

当然，并非凡是新产生的民事权利都可以纳入知识产权范畴。域名权应该被承认为一种新的知识产权，主要是基于四个因素：

1. 无论形式上有多么简单，域名都是一种智力劳动的成果（这里的智力劳动，不但包括创造域名，而且包括选择域名），事实上，我们所看到的都只是域名的符号，这种符号作为域名起到网址定位的作用过程是无形的，这是域名权应该成为一种全新的知识产权的基础。

2. 域名权具有传统知识产权理论意义上的专有性、时间性等特性，这使域名权与传统的知识产权相似，可以被作为知识产权的一种新类别。

3. 域名权是对一切人的绝对权，这符合了知识产权的对世权性质

4. 可能与域名权产生冲突的权利（如商标权、商号权等）大多被纳入了知识产权的范畴，把域名权作为知识产权的一种，有利于在立法和司法中对这些权利进行统一考虑。

上述因素互相联系，在它们的共同作用下，将域名权作为一种新的知识产权类别看待是合适的。

因此，域名是一种网络定位的技术手段，每个域名由特定的文字、数字和符号构成，它本

---

① 根据《中华人民共和国合同法》第 52 条，恶意串通，损害国家、集体或者第三人利益的合同无效。

② 淡化理论源于美国，美国在 1995 年通过了《联邦反淡化法》(The Federal Trademark Dilution Act of 1995，15 U. S. C. 1125 (c) (Supp. III 1998))。关于淡化理论，参见 Greiwe，Antidilution Statutes：A New Attack on Comparative Advertising，72 TMR 178，186 (1982)。关于美国淡化理论在网域霸占中的演进，参见 Amy Y. Wu：The Evolution of Anti-squatting Efforts in The United States，载《中原财经法学》第 5 期。

③ 中国互联网络信息中心（CNNIC）作为中国“. cn”域名及中文域名的注册管理机构，建立了一个“域名预留保护机制”。企业需要提供证明材料，比如系本企业的商标或企业名称，经审核属实后，相关域名就被进入预留保护体系，第三人无法实现注册和使用。我们认为，这个机制尽管在一定程度上可以起到防止域名滥用的作用，但这一机制本身其实混淆了商标与域名，把两种不同属性的事物弄到了一起，不利于规则体系的完整化与周延性。

④ 参见郑成思：《知识产权法》，3、11 页，北京，法律出版社，1997。

身不存在属于哪一种权利的问题，只可能成为权利的客体。域名持有人通过与域名注册服务商缔结合同的办法来注册域名，在注册成功以后，域名持有人获得了对域名的排他性解析使用权利——本书将其称为域名权，这个域名权的客体是域名。作为域名的符号和文字在被用于其他非网址定位用途时，就不再是真正意义上的“域名”，也不再可能成为域名权的客体，而只可能成为其他权利——如商标权、商号权等——的客体。

## 第二节　域名争议及其解决机制

### 一、域名争议在美国的产生及《反网域霸占消费者保护法案》

#### （一）域名争议的产生

互联网和域名发端于美国，与域名有关的法律纠纷也最早出现在美国。美国法院处理基于商标权的域名争议时，采用了“商标淡化”（dilution）的理论。[①] 根据该理论，只要域名对既有的驰名商标（well-known marks）造成淡化，那么域名持有者的域名权就要被转让给驰名商标的所有人。之所以采用淡化理论来解决注册域名对商标可能产生的侵权问题，是与网域霸占行为的大量出现而又暂时没有专门针对这种行为的法律规范的现实密不可分的。除了上述典型的网域霸占行为外，还有一些抢注者则注册了对驰名商标进行贬损的域名（例如 microsoft-sucker. com），并在该域名所指向的网站上刊载一些不利于驰名商标及其所有者形象的内容。由于域名注册和解析行为本身并不会在任何商品或者服务上使用商标，所以不存在使消费者混淆产品的来源地的问题，所以，如果不适用淡化理论而适用通常意义上的商标侵权（infringement）理论（即“混淆”理论）[②]，那么商标权人就因无法证明网域霸占者有将系争商标使用于商品和/或服务的行为而遭到败诉。在这种情形下，只有不考虑是否将系争标志用于商品或服务的“淡化”理论才能遏制网域霸占行为。

#### （二）《反网域霸占消费者保护法案》

美国联邦于 1999 年 11 月通过了《反网域霸占消费者保护法案》（Anti-cybersquatting Consumer Protection Act），并将其作为美国 1974 年商标法（即通常所说的《兰哈姆法》）的一部分。下面简要介绍核心内容[③]：

1. 构成网域霸占行为的条件

根据法案，要构成网域霸占，必须同时具备两个方面的要素：一是行为人注册的域名必须

---

① 关于美国的淡化理论，参见黄晖：《驰名商标和著名商标的法律保护》，142～186 页，北京，法律出版社，2001。

② 关于混淆理论，参见黄晖：《驰名商标和著名商标的法律保护》，北京，法律出版社，2001。

③ 对《反网域霸占消费者保护法》内容的译文，参见邓炯：《美国〈反域名抢注消费者保护法〉介评》，载 CNNIC 网站，（http：//www. cnnic. net. cn）；唐广良：《美国〈反网域霸占法〉确立的域名争议规则》，载《环球法律评论》，2001 年春季号。

与驰名商标相同或近似；二是行为人必须有恶意。法案还非穷尽性地列举了判断行为人是否具有恶意时可以考虑的9个要素，以利于法院的统一适用。这9个要素是：

（1）被告在系争域名中享有的任何商标权利或其他知识产权权利；

（2）系争域名反映被告的法定名称或其他通常用于识别该被告的名称（即绰号）的程度；

（3）被告是否在真实的商品或服务提供过程中，曾经对系争域名进行过任何使用；

（4）被告是否在系争域名之下的网站中对于商标进行了合法的非商业性或合理使用；

（5）被告是否通过对网站在来源（source）、主办关系（sponsorship）、从属关系（affiliation）或批准关系（endorsement）等方面故意制造令人发生混淆的可能性，或为了牟取商业收益，或带有抹黑或贬损商标的意图，故意将消费者引诱至可能侵害涉案商标代表的商誉的、系争域名之下的网站；

（6）被告是否曾经为营利目的向商标持有人或任何第三方发出过转让、销售或以其他方式出让域名的要约，但实际却没有在真实的商品或服务提供过程中对于域名进行过任何使用或没有使用该域名的意图，或被告先前曾经从事过类似行为；

（7）被告在申请域名注册过程中故意提供重大的、误导性的错误联络信息，或故意不保持联络信息的准确性，或被告先前曾经从事过类似行为；

（8）被告在明知其注册或收购的域名同他人的商标相同或混淆性相似，或对他人的驰名商标可能产生淡化效果的情况下，仍然大量注册或收购多个域名；

（9）被告的域名注册中所包含商标的识别性与其驰名程度。

2. 法案对网域霸占行为的救济方式作了规定

除美国法院惯常采用的禁止令救济方式外，法案还明确授权法庭可通过判决将系争域名没收、撤销或直接转让予商标的持有人。并且，法案增添了法定赔偿金（statutory damages）这一救济方式。依据法案，即便商标持有人无法证明其已经由于抢注者的域名抢注行为遭受到了实际损害，其仍然可选择依据法案的授权，申请由受案法院在1 000至100 000美元的范围之间确定一个赔偿数额，作为抢注者应向原告支付的法定赔偿金。

3. 法案明确了商标权人对域名持有者有诉权

法案规定，若任何人带有从他人商标蕴涵的商誉中牟利的恶意目的（bad faith intent），注册、交易或使用与具有识别性的商标相同、混淆性相似或对驰名商标产生淡化效果的域名，则商标持有人可对该人提起诉讼。

4. 法案确立了便利的对物诉讼制度

法案规定，若商标持有人在尽其合理努力后，仍无法确定系争域名注册者的具体身份，则其可以直接将系争域名作为被告，向系争域名注册地的联邦地区法院提起对物诉讼。“在法案通过之前，还没有直接将物权法上的对物诉讼引入商标保护制度的立法。”[①] 在互联网的特殊条件下，要想知道是谁在网上侵害你的权利，或者在知道其身份的情况下如何实际地找到侵权人，必然会遇到一些比现实世界更难以克服的困难。而当侵权行为人与被侵害的权利人分别处于不同的国家或地区时，由于法律制度方面的障碍，还有可能使权利人无法依照已经习惯了的救济途径获得法律的补救。对物诉讼制度将涉诉标的——域名——作为“被告”，使商标权人

① 唐广良：《美国〈反网域霸占法〉确立的域名争议规则》，载《环球法律评论》，2001年春季号。

能迅速地排除上述困难，直接获得域名的控制权。

## 二、中国域名纠纷的司法解决

### （一）域名纠纷在中国的出现

根据有关资料，1995年中国公用计算机互联网（CHINANET）开通后仅仅半年时间，“域名抢注”一词就在中国出现了。到1996年，我国已有600多个著名企业的名称和/或商标在互联网上的域名被抢注。① 从1997年的“kelon. com. cn”案起，我国北京、上海等地的人民法院，陆续受理了一些因域名争端而引发的诉讼。到2001年初，我国各地法院受理的域名纠纷案件已达四十多起。②

### （二）最高人民法院《关于审理涉及计算机网络域名民事纠纷案件适用法律若干问题的解释》

在司法实践的基础上，2001年7月，最高人民法院《关于审理涉及计算机网络域名民事纠纷案件适用法律若干问题的解释》（以下简称《解释》）出台。

1. 域名争议案由的确定

在域名本身是否能够单独构成权利还有很大争议的背景下，《解释》并未直接确立一种新的“域名权”，而只是在“案由的确定”的问题上说：“根据双方当事人争议法律关系的性质确定，并在其前冠以计算机网络域名。”

2. 判定被告构成侵权或者不正当竞争的条件

根据《解释》第4条，判决被告（域名持有人）侵害了原告（商标权人）的权利，或者构成不正当竞争，应该同时符合以下四个条件：

（1）原告享有合法有效的民事权益。

（2）被告域名或其主要部分构成对原告驰名商标的复制、模仿、翻译或音译；或者与原告的注册商标、域名等相同或者近似，足以造成相关公众的误认。

（3）被告对域名不享有权益，或者无注册、使用的正当理由。

（4）被告的注册、使用行为具有恶意。

3. 关于“恶意”

《解释》专门对上述“恶意”条件进行了解释，它包括五种情况，其中的任何一种情况均构成恶意：

（1）为商业目的将他人驰名商标注册为域名。

（2）为商业目的注册、使用与原告的注册商标、域名等相同或近似的域名，故意造成与原告提供的产品、服务或者原告网站的混淆，误导网络用户访问其网站或其他在线站点。

（3）曾要约高价出售、出租或者以其他方式转让该域名获取不正当利益。

（4）注册域名后自己并不使用也未准备使用，而有意阻止权利人注册该域名。

---

① 参见《中国网络风暴》，载《电脑报》，1997-10-14。

② 参见蒋志培：《中国域名纠纷案件的司法实践与理论探索》，载《知识产权审判指导与参考》，第3卷，35页，北京，法律出版社，2001。

（5）具有其他恶意情形。

4. 关于驰名商标的认定

《解释》十分明确地肯定了各个法院在域名纠纷案件中认定驰名商标的做法："根据当事人的请求以及案件的具体情况，可以对涉及的注册商标是否驰名依法作出认定。"这使我国的驰名商标认定方式从单一的行政认定演变为司法认定与行政认定相结合。

## 三、域名纠纷的非诉讼解决机制

### （一）《统一域名争端解决政策》

尽管司法途径解决域名纠纷能最大化地顾及公正，并且对本国当事人具有较强的羁束力，但其过高的成本和较长的周期与互联网的发展不相适应。而且，由于大量的域名纠纷发生在顶级国际域名上，双方当事人常常不在同一国家，这就使司法程序的优势大打折扣。经过数年的探索，当前的国际域名体系已经形成了以《统一域名争端解决政策》（Uniform Domain Name Dispute Resolution Policy，以下简称 UDRP）为代表的，崭新的非诉讼纠纷解决机制。[①]

1. UDRP 的适用范围

UDRP 是 1999 年 8 月由负责管理国际域名系统的 ICANN 公布实施的，凡是对国际顶级域名".com"".net"和".org"的争议，同时符合以下三个条件的，均可向纠纷处理机构提出裁决申请：

（1）注册域名与投诉人享有权利的商标（包括商品商标和服务商标）相同或令人混淆地近似；

（2）域名注册人就其域名不享有权利或合法利益；

（3）域名被恶意注册和使用。

2. 判断"恶意"的参考因素

根据 UDRP，提出申请的投诉人对以上三个条件负有举证责任。由于"恶意"是一个较难判断的条件，所以 UDRP 专门对此作出规定——只要纠纷的裁决者如果发现有下列任何一种情形（但不限于这些情形），将认定证明恶意注册和使用域名的证据成立。

（1）被投诉人注册或获得域名的主要目的在于，向作为商标权人的投诉人或者投诉人的竞争对手，以高于域名注册的直接花费的昂贵价格，出售、出租或者以其他方式转让域名注册；

（2）被投诉人注册域名是为了阻止商标权人将商标注册为对应的域名，并且被投诉人已经实施了这种类型的行为；

（3）被投诉人注册域名的主要目的在于扰乱其竞争对手的经营活动；

（4）被投诉人通过使用域名，可能使网络用户误以为投诉人的商标与被投诉人使用域名的网站或其他在线站点及其提供的产品或服务有同一来源或有其他联系，从而出于商业目的，故意试图将网络用户吸引到其自己的网站或者其他在线站点。

3. 善意抗辩

域名注册人在收到投诉的通知之后，如能举证证明下列任何一种情形（但不限于这些情

---

① UDRP 及其实施细则全文刊载于 ICANN 网站：（http：//www.icann.org/dndr/udrp/policy.htm），2004－02－02。

形），纠纷裁决者就能基于证据的证明力，认定域名注册人就域名享有权利或合法利益。

（1）在收到投诉通知之前，域名注册人就已经出于善意在所提供的商品或服务上使用或者能证明准备使用域名或者某个与域名对应的名称；

（2）域名注册人（不论是个人、企业或其他组织）因该域名而为公众所知，虽然域名注册人并未获得相应的商标权；

（3）域名注册人使用域名出于合法的目的或属于合理使用，并非出于牟取商业利益的目的而误导性地吸引消费者或者贬损有关的商标的声誉。[①]

4. 纠纷处理服务提供者与纠纷裁决人员

UDRP的纠纷处理服务者并不是国际域名系统的管理机构ICANN，而是由ICANN选择的专业和中立的替代性纠纷解决（ADR）组织。[②] 目前被授权处理纠纷的组织有：亚洲域名争议解决中心（Asian Domain Name Dispute Resolution Centre）、公共资源中心纠纷解决事务所（CPR Institute for Dispute Resolution）、国家仲裁事务所（The National Arbitration Forum，NAF）以及世界知识产权组织（World Intellectual Property Organization，WIPO）。[③] 具体裁决域名纠纷的人员为各个纠纷处理服务机构所聘用的电子商务、知识产权、网络技术等领域的专家，他们按照UDRP及其实施细则的规定，对投诉者的投诉进行裁决。每个案件的裁决人员数目为一人独任制或三人制（意见不一致时，采取少数服从多数原则）。

5. 裁决形式及其与司法诉讼的关系

限于篇幅，本章将不再介绍UDRP及其细则中规定的具体裁决程序，这里仅说明UDRP裁决的形式及其与司法诉讼的关系。

每一个申请持有国际域名的人，在申请国际域名的时候，都会从域名注册服务商处获得UDRP，并且UDRP是以合同附件的形式包括在域名申请人与域名注册机构的契约中的。因此，如果有人提出域名争议，则域名持有人也将服从域名争议裁决机构的裁决结果。在正常情况下，裁决人员应当在被任命后14日内将就投诉作出的裁决交给纠纷处理服务机构。裁决人员制作的裁决书应当采用书面形式，写明裁决的理由、出具的日期以及裁决者的姓名。

裁决者给予域名纠纷投诉的救济限于要求域名注册组织取消被投诉人的域名注册或者将系争域名转移给投诉人。至于投诉人因被投诉人恶意行为而造成的其他损失，则不属于UDRP的处理范围。按照UDRP的规定，域名注册管理机构在收到有关裁决之后，应立即按照裁决的要求取消或转移系争域名。

值得注意的是，UDRP属于一种"替代性争议解决机制"（ADR），它与传统意义上的司法诉讼、行政调解和仲裁等程序不同，其裁决的强制效力不来源于国家或国际间的强行法律规范，而是源于当事人与域名注册机构之间的契约，因此根据UDRP作出的裁决是让位于司法判决的。根据UDRP，域名注册组织在收到纠纷处理机构关于某域名纠纷的裁决通知之后，将等待10个工作日。如果被投诉的域名持有人在此期间提交了其已经向对投诉人有管辖权的法院起诉的证明（例如起诉书副本或者法院收案的收据），域名注册管理机构将不执行根据

---

① 参见薛虹："全球性统一域名纠纷处理机制"，载《中国知识产权报》，2000-04-28。

② ADR是Alternative Dispute Resolution的缩写，是采用诉讼和仲裁以外的方式解决争议的民间机制的总称。

③ ICANN将争议解决组织列于如下网页：http：//www.icann.org/udrp/approved-providers.htm，2004-02-07。

UDRP 作出的裁决。直到域名注册管理机构得到证据证实：(1) 当事人已经解决了纠纷，或者(2) 域名注册人的起诉已经被驳回或撤回，或者 (3) 收到法院驳回域名持有人的起诉，或者(4) 法院也判定域名注册人无权继续使用域名，才会采取进一步行动。

为了保证法院诉讼判决的顺利执行，UDRP 规定，在得到有关域名纠纷的诉讼程序或者仲裁程序已经开始的通知后，域名注册管理机构不得再同意域名持有人将域名转让给其他人，除非受让人以书面方式同意接受法庭或仲裁庭裁决的约束。域名注册人违反上述要求的，域名注册管理机构有权取消有关域名的转让。

### (二) 中国的域名争议非诉讼解决机制

根据域名管理规则，“.cn” 以下英文域名的注册管理由中国互联网信息中心 (CNNIC) 负责。经过几年的摸索，2002 年 8 月，和原信息产业部的《中国互联网络域名管理办法》(以下简称《管理办法》) 同步，CNNIC 推出了《中国互联网络信息中心域名争议解决办法》(以下简称《争议解决办法》)。《争议解决办法》的主要内容借鉴了 UDRP。

首先，和 UDRP 一样，它是一种司法、仲裁之外的民间解决机制——《管理办法》第 28 条规定：“域名争议解决机构作出的裁决与人民法院或者仲裁机构已经发生法律效力的裁判不一致的，域名争议解决机构的裁决服从于人民法院或者仲裁机构发生法律效力的裁判。”实质上将争议解决机制排除在一般仲裁之外。在这种条件下，依据《争议解决办法》作出的裁决自然要“服从于司法程序的裁决”[①]。

其次，在域名投诉的适用范围上，《争议解决办法》完全采用了 UDRP 的三个条件。即(1) 被投诉的域名与投诉人享有民事权益的名称或者标志相同，具有足以导致混淆的近似性；(2) 被投诉的域名持有者对域名或者其主要部分不享有合法权益；(3) 被投诉的域名持有者对域名的注册或者使用具有恶意。在判断“恶意”的时候，《争议解决办法》和最高人民法院的司法解释一样，都参照了 UDRP 的内容：(1) 注册或者受让域名是为了出售、出租或者以其他方式转让该域名，以获取不正当利益；(2) 多次将他人享有合法权益的名称或者标志注册为自己的域名，以阻止他人以域名的形式在互联网上使用其享有合法权益的名称或者标志；(3) 注册或者受让域名是为了损害投诉人的声誉，破坏投诉人正常的业务活动，或者混淆与投诉人之间的区别，误导公众；(4) 其他恶意的情形。

最后，在争议解决机构的确定上，《争议解决办法》和 UDRP 也相同。二者都是由域名管理机构 (即 CNNIC 或 ICANN) 指定独立的第三方组织作为裁决机构。另外，在裁决结果上，《争议解决办法》也和 UDRP 一样，仅限于注册人的变更，不涉及经济赔偿。

#### 案例 6—1

原告荷兰英特艾基公司在世界 29 个国家和地区拥有以“IKEA”命名的大型专卖店一百五十余家。1983 年，原告在中国分别获得了“IKEA”、IKEA 及图形组合商标和中文“宜家”的注册商标，此外，原告还在世界九十多个国家和地区注册了“IKEA”和 IKEA 及图形组合商标。1998 年，原告先后在上海、北京开设了以“IKEA”为标志的大型专卖店。1999 年原告在

---

① 《中国互联网络信息中心域名争议解决办法》第 15 条。

世界范围内投入的“IKEA”商标的宣传和推广费用为3.73亿美元。1997年，被告北京国网信息有限责任公司（以下简称国网公司）在CNNIC申请注册了“ikea.com.cn”的域名，并称该域名将用于被告准备开展的网络语音信箱服务。原告认为“IKEA”属于巴黎公约规定的驰名商标，被告的行为违反了诚实信用原则，构成了不正当竞争，请求法院判定被告立即停止使用和注销“ikea.com.cn”域名并承担诉讼费用。

被告国网公司辩称：我公司注册的域名，系经中国政府授权的中国互联网络信息中心（CNNIC）依法审查批准注册的，应受法律保护。我公司注册“ikea”主要是准备在互联网上开展语音信箱服务业务，从1997年11月开始，投入大量精力和资金进行长期的策划和品牌培植。其中“ikea”的含义是“I”和“Kea”的结合，“I”在互联网行业里是代表“Internet”的意思，“Kea”在英文中是一种羽毛漂亮喜欢吃肉，会学人说话的鹦鹉。“鹦鹉学舌”在中国家喻户晓，我公司正是基于鹦鹉和语音的此种联系而注册的。我公司并不知道原告的商标“ikea”，何谈抄袭或模仿？更何况域名和商标是两种完全不同的客体，对商标的保护并不能延伸到域名上。我公司注册了“ikea”域名后，虽然目前尚未经营，但正在筹划开通关于互联网上语音服务方面的业务，与原告的家居业没有任何联系。我公司基于自己的创意注册域名，并不违反法律的规定，原告指控我公司有不正当竞争行为，与事实不符，于法无据，故请求法院依法驳回其全部诉讼请求。

请问：被告国网公司注册“ikea.com.cn”域名的行为主观上是否构成恶意？

# 第三节　电子商务中的著作权保护

## 一、著作权法律制度

### （一）著作权的对象

著作权的对象即作品，著作权是基于文学、艺术和科学作品依法产生的权利。文学、艺术和科学作品是著作权产生的基础和前提，是著作权法律关系得以发生的法律事实构成。《伯尔尼公约》第2条第1款的表述为：“文学和艺术作品”一词包括文学、科学和艺术领域内的一切成果，不论其表现形式或方式如何。它指出了作品的属性和作品的范围。该条第2款还提示各成员国可以通过国内立法，规定所有作品或任何特定种类的作品必须以某种物质形式固定下来才予以保护。文学、艺术和科学作品是多种多样的，但不是所有文学艺术和科学作品都可以成为著作权法的对象，各国著作权法的保护对象也不尽相同，著作权法所保护的作品应当具备三方面的要件：一是应当是思想或感情的表现；二是应当具有独创性或原创性；三是作品的表现形式应当符合法律的规定。

我国2002年颁布的《著作权法实施条例》第2条对作品的表述方法为：著作权法所称作品，是指文学、艺术和科学领域内具有独创性并能以某种有形式复制的智力成果。

在网络环境下，作品在网络上的存储和传播都是以二进制数字编码的形式存在，通过数字化技术加以转换而形成。数字化技术为各种形式信息的存储、传输提供了全新的方式，方便了各类作品的传播。这类以二进制数字编码形式表达的作品，不仅包括文字作品、美术作品、摄影作品、音乐作品、电影作品等传统作品数字化后的表达形式，还包括从创作之时就具有数字表达形式的数据库、计算机程序等一系列新型作品。

**(二) 信息网络传播权**

信息网络传播权，即以有线或者无线方式向公众提供作品，使公众可以在其个人选定的时间和地点获得作品的权利。信息网络传播权随着信息技术的发展而产生，从其产生之日起就不可避免地与信息技术的某些特点相结合，具有与其他权利不同的特性，它属于著作权人享有的专有权。

1996 年 12 月 2 日至 20 日，世界知识产权组织在瑞士召开了“关于著作权及邻接权问题的外交会议”，通过了两个被称为“因特网条约”的国际条约，即《世界知识产权组织版权条约》(WIPO Copyright Treaty，WCT) 和《世界知识产权组织表演和录音制品条约》(WIPO Performance and Phonograms Treaty，WPPT)，两个条约的序言中都“承认信息与通信技术的发展与交汇对文学和艺术作品（表演和录音制品）的创作与使用所产生的深刻影响。”信息与通信技术的发展与交汇即指互联网技术的产生与发展。WCT 和 WPPT 赋予了作者、表演者、录音制品制作者通过网络向公众传播作品、表演及录音制品的专有权，信息网络传播权从此成为著作权权利体系的组成部分。这两个条约对《伯尔尼公约》确立的传播权保护体系予以了发展和完善。WCT 第 8 条规定，在不损害《伯尔尼公约》赋予作者的各项传播权的前提下，“文学和艺术作品的作者应享有专有权，以授权将其作品以有线或无线方式向公众传播，包括将其作品向公众提供，使公众中的成员在其个人选定的地点和时间可获得这些作品”。WPPT 也确立了表演者和录音制品制作者这两个邻接权人的信息网络传播权，第 10 条和第 14 条规定，“表演者和录音制品制作者应享有专有权，以授权通过有线或无线的方式向公众提供其以录音制品录制的表演和其录音制品，使该表演和该录音制品可为公众中的成员在其个人选定的地点和时间获得。”WCT 和 WPPT 中向公众传播权不仅仅指网络传播的权利，还应该包括其他传统的向公众传播的权利，这说明信息网络传播权与传统的向公众传播权同属于传播权之范畴，新的权利与传统权利并不交叉，也不得影响传统权利的行使。

我国制定于 1990 年的《著作权法》已无法应对信息网络技术的发展提出的挑战，2001 年 10 月，全国人大常委会作出了修改《著作权法》的决定。修正后的《著作权法》针对交互性网络传播的特点增加了“信息网络传播权”，赋予了著作权人利用网络传播作品的权利和授予他人利用网络传播作品并获得报酬的权利；同时，修正后的《著作权法》将该种权利延伸至表演者及录音录像制作者。虽然，对著作权法作出修改时我国尚没有加入 WCT 和 WPPT①，但我国依据网络环境下著作权保护的需要，对信息网络传播权的立法借鉴了 WCT 和 WPPT 中相关立法形式，并采用“新增式”保护方法，完全符合网络环境下保护著作权的立法要求。其后，我国又陆续出台若干法规以规范网络传播行为，保护著作权人及邻接权人的合法权益。2005 年 4 月，国家版权局和原信息产业部为了加强互联网信息服务活动中信息网络传播权的

---

① 2006 年 12 月 29 日，第十届全国人民代表大会常务委员会第二十五次会议分别通过了关于加入《世界知识产权组织版权条约》和《世界知识产权组织表演和录音制品条约》的决定，我国正式成为这两个条约的缔约国之一。

行政保护，规范行政执法行为，联合公布《互联网著作权行政保护办法》。2006年5月，国务院常务会通过了《信息网络传播权保护条例》，旨在保护著作权人、表演者、录音录像制作者的信息网络传播权，鼓励有益于社会主义精神文明、物质文明建设的作品的创作和传播。该条例进一步对著作权人的信息网络传播权作出了肯定与规范。

### （三）著作权的限制

任何作品都是在前人的智慧和文化遗产的基础上创作完成，同时又是促进社会发展的直接动力，故著作权人对其作品的专有权也不应当是绝对的和无限制的。著作权法的立法目的之一就是：协调著作权人的利益和社会公众的利益，即在保护创造者个人私益基础上寻求个人与社会公益的平衡。著作权法在保护著作权人的权利、激发其创造热情的同时，鼓励对作品的传播，把著作权人的才智转化成无尽的社会财富，推动社会物质文明和精神文明的发展。因此，任何一国的著作权制度都对著作权作出了必要的限制。作为一项法律制度，一般是指著作权法普遍规定的对著作权的“合理使用”“法定许可”制度。

合理使用指非著作权人基于合理的理由，以合理的方式使用作品而不需要取得著作权人的同意，并可以不向其支付报酬。合理使用应对作者经济利益不构成实质性影响。我国《著作权法》第22条规定了合理使用的范围和具体方式，但其本身没有关于合理使用之原则的内容，而是在《著作权法实施条例》第21条规定了与《伯尔尼公约》内容一致的合理使用之原则。[①]我国《著作权法》没有明确规定对信息网络传播权的限制，却在《信息网络传播权条例》第6条规定了8种通过信息网络提供他人作品之合理使用的情形，并在第7条规定了图书馆、档案馆、纪念馆、博物馆、美术馆通过信息网络提供、陈列、保存版本之合理使用的情形。信息网络传播权的行使亦要考虑到权利专有与社会公共利益的平衡点。网络环境下，作品传播的特殊性导致传统的合理使用规则很难适用于网络，即使现行的相关法律法规，也存在着某些不足。对于信息网络传播权的合理使用的范围，应当存在一个具体的判断准则。

法定许可使用又称“法定许可”制度，是指根据法律的直接规定，以特定的方式使用他人已发表的作品，可以不经著作人许可，但应当向其支付报酬的制度。各国适用法定许可使用作品的范围有所区别，但普遍限于已发表的作品，对于著作权人声明不许使用的，也排除在法定许可的范围之外。我国《信息网络传播权保护条例》的规定了两种法定许可的情形：1. 通过信息网络实施九年制义务教育或者国家教育规划。2. 为扶助贫困，通过信息网络向农村地区的公众免费提供中国公民、法人或者其他组织已经发表的与扶助贫困有关的作品和适应基本文化需求的作品。

## 二、网络服务商的著作权侵权责任分析

### （一）网络服务商的一般分类

网络服务商一般意义上是指ISP（Internet Service Provider），即广义上泛指的所有提供网

① 《著作权法实施条例》第21条：依照著作权法有关规定，使用可以不经著作权人许可的已经发表的作品的，不得影响该作品的正常使用，也不得不合理地损害著作权人的合法利益。

络服务的经营者。事实上，随着网络行业分工的不断细化和专业化，网络服务商的种类越来越多，提供网络服务时的职能亦各不相同，这就导致它在网络空间中有着不同的地位。因此，如何对ISP的概念作出恰当的界定，不仅直接关系到ISP的法律责任问题及网络用户的利益，也关系到网络产业与网络经济的健康发展。目前，国内法学界对ISP的界定较为模糊。若想清楚的探讨网络服务商的著作权侵权责任问题，就有必要对ISP作更进一步的划分与定义。因为，所有提供网络服务的从业者，虽统称为ISP，但它们承担的法律责任却因为地位的不同而存在差异。

美国法学界在探讨网络服务商的版权侵权责任时，通常将网络服务商分为两类—网络内容提供者（Internet Content Provider，ICP）和网络服务提供者（Internet Service Provider，ISP），此处的ISP采取的是狭义上的定义。这一点与我国的审判实践相吻合，我国在审判实践中已经严格地区分出ICP和ISP这两种角色。这一点也体现在《互联网著作权行政保护办法》中，该办法第2条第1、2款对网络服务商进行了技术服务和内容服务上的划分："本办法适用于互联网信息服务活动中根据互联网内容提供者的指令，通过互联网自动提供作品、录音录像制品等内容的上载、存储、链接或搜索等功能，且对存储或传输的内容不进行任何编辑、修改或选择的行为。互联网信息服务活动中直接提供互联网内容的行为，适用著作权法。"该办法第2条第3款规定的"本办法所称'互联网内容提供者'是指在互联网上发布相关内容的上网用户"，即指本节中所称的网络用户。

ICP，指通过自身组织信息，定期或不定期上载至互联网向公众传播的网络服务从业者。ICP主要为公众提供各种信息服务，其通常对上载之信息进行选择、修改和编辑，供公众在域名（IP地址）范围内进行浏览、阅读或下载。ICP以网络内容建设为基础，其对所传播的内容有决定权，通常有能力实施技术上的监督、控制。[①] ISP，指根据网络用户指令，通过互联网提供自动完成信息的上载、存储、传输、搜索等功能的网络服务从业者。ISP主要提供接入服务、主机服务、电子信箱、搜索引擎、数据库检索、电子公告或论坛系统等多种服务，其对网络用户上载、存储、传输、搜索的内容不进行选择、修改、编辑，对信息的作品内容不知情，对用户的行为不进行直接控制。狭义上的ISP又包括：（1）网络联线提供者（Internet Access Provider，IAP），指网络用户连接至互联网的联机系统的提供者。IAP通过租用的公用线路或自己铺设的专用线路为其用户提供接入服务，网络联线服务有拨接式与固接式两种。[②] 在我国，IAP的典型代表就是《电信法》所规定的取得相关执照的电信公司。（2）网络平台提供者（Internet Platform Provider，IPP），指网络用户在连接通网络后使用的各项在线服务之系统的提供者。

一般地说，网络服务商若只是单纯的经营网络连接服务或仅仅提供网络内容服务，那么判断其法律责任并不困难。但是，伴随着网络技术发展与商业形态的改变，单一的网络服务从业者往往施行多方位、多元化的业务经营模式，这就导致同一企业可能同时兼具IAP、ICP、IPP中双重或多重身份。网络服务商提供的服务越多样，它的侵权责任承担问题就越复杂。

---

① 在互联网上，任何人都能够成为ICP，只要其通过注册的网络空间在域名范围内向网络发布信息就属于内容提供者，不论其是个人、企业抑或政府机关。

② 拨接式通过调制解调器（modem）以电话连上网络，固接式通过综合业务数字网络（Integrated Services Digital Network，ISDN）、非对称式数字用户专线（Asymmetric Digital Subscriber Line，ADSL）等电信网络加以连接。

### （二）网络服务商承担著作权侵权责任的几种可能

在英、美著作权法理论上，著作权侵权行为存在着直接侵权行为和间接侵权行为之分。英国著作权法对直接侵权行为和间接侵权作了规定，对直接侵权行为适用严格责任（Strict Liability）①，对间接侵权行为适用过错责任②；而美国著作权法仅对直接侵权行为作了规定③，有关间接侵权行为的界定主要由美国法院通过判例建立起来。美国判例法将间接侵权行为又分为代理侵权和辅助侵权两种；我国著作权法中，没有区分直接侵权行为与间接侵权行为，也没有明确著作权侵权责任的归责原则。

1. 直接侵权责任（direct infringement）

直接侵权责任属严格责任，不依据行为人主观认知（已知或应知），即不考虑直接侵权人的主观状态（主观是否存在过错），只要发生了侵权的客观事实，法院即可以认定为侵权。例，只要著作权人在网络服务商的系统中发现著作权被侵犯之内容，无论该网络服务商主观上是否存在过错，均需承担相应的侵权责任。著作权人只需证明其对侵权内容享有著作权及著作权遭受侵害即可。

2. 代理侵权责任（vicarious infringement）

代理侵权责任指行为人自身没有直接实施侵权行为，但对于该侵权行为需承担侵权责任。代理侵权责任的成立必须具有以下两个要件：一是行为人有权利及能力控制直接侵权人的行为（right and ability to supervise the infringing conduct）；二是行为人直接因该侵权行为而获得了财产上的利益（financial benefit）。美国法院于 1963 年的“Shapiro”案确立了代位侵权的标准。④

3. 辅助侵权责任（contributory infringement）

辅助侵权责任，又称二次侵权责任，指行为人自身没有直接实施侵权行为，但对于直接侵权人的侵权有辅助行为，承担侵权责任。辅助侵权责任的要件为：一是行为人对侵权行为知情（knowledge of infringing activity），包括“明知或可应知”（know or have reason to know）；二是行为人对侵权行为有引诱、促使或物质上的帮助（material contribution）。美国于 1971 年在“Gershwin”案确立了辅助侵权的标准。⑤ 辅助侵权责任与我国民法体系中的共同侵权责任相类似。我国《民法通则》及其司法解释的规定，教唆或者帮助他人实施侵权行为的人为共同侵权人，应当承担连带责任。

### （三）ICP 的著作权侵权责任之归责原则

ICP 的主要业务范围是向互联网提供信息，是重要的网络信息源。它主要通过创建网站，在互联网上传播信息，其信息来源的主要方式是将其他网站及传统媒介的作品上载到自己的网

---

① 大陆法系称之为“无过错责任”。

② The UK Copyright，Designs And Patents Act，1988. 该法案第 6 条至 22 条所列举的行为属直接侵权行为，第 22 条至 26 条所列举的行为属间接侵权行为。

③ See Copyright Law of the United States of America and Related Laws Contained in Title 17 of the United States Code，Chapter 5 Copyright Infringement and Remedies，§ 501. Infringement of copyright.

④ See Shapiro，Bernstein and Co. V. H. L. Green Co. 316F. 2d 304（2d Cir，1963).

⑤ See Gershwin Publishing Corp. v. Columbia Artists Management，Inc.，443F. 2d159（2d Cir. 1971).

站。对于ICP的著作权侵权责任之归责原则，世界上多数国家依据著作权法之规定实行严格责任原则，指侵权行为的成立不以行为人的故意或过失为要件，即被侵权人无须就行为人是否存在过错进行举证，行为人也不得以其没有过错为抗辩事由主张免除或减免责任。责令ICP承担严格责任的理由是：ICP对其通过网络传播的的内容有权并可以进行选择、编辑、控制、监督，它对于侵权内容有能力采取措施停止传播。所以，ICP应对其因自身的上载行为所导致的直接侵权承担严格责任。

在我国，因《著作权法》没有对著作权侵权行为的归责原则作出特殊规定，故只能依据《民法通则》第106条第2款之规定推导出在我国侵犯著作权的归责原则应当是过错责任原则。[①] 那么，这应该适用于ICP之著作权侵权行为。而且，我国在审判实践中对ICP的归责原则也已经有了明确的意见，最高人民法院《关于审理涉及计算机网络著作权纠纷案件适用法律若干问题的解释》（2006）中第4条关于网络内容服务提供商的责任问题有如下规定："提供内容服务的网络服务提供者，明知网络用户通过网络实施侵犯他人著作权的行为，或者经著作权人提出确有证据的警告，但仍不采取移除侵权内容等措施以消除侵权后果的，人民法院应当根据民法通则第一百三十条的规定，追究其与该网络用户的共同侵权责任"；第5条："提供内容服务的网络服务提供者，对著作权人要求其提供侵权行为人在其网络的注册资料以追究行为人的侵权责任，无正当理由拒绝提供的，人民法院应当根据民法通则第一百零六条的规定，追究其相应的侵权责任。"据此可知，ICP是否承担侵权责任以"明知"这种主观意识状态为前提，其在"不知"或"应当不知"的情况下造成了侵权也无需承担责任。即，现阶段我国对ICP的著作权侵权责任之归责原则实行过错责任原则。目前，国内知识产权法学界对于著作权侵权责任之归责原则一直处于讨论之中，其未来之发展必将影响或改变ICP侵权责任的归责问题。

我们认为，在著作权侵权中，停止侵权对著作权人意义重大。未经授权使用的作品，一般处于连续或正在进行的侵权状态。法律救济的关键首先在于停止对权利的侵害，然后才是恢复权利行使的状态。在著作权侵权案件中，如果对ICP实行严格责任，著作权人只要在网络上发现了侵权内容，不论ICP是否存在过错，其必须在第一时间采取措施阻止侵权状态之继续。[②] 并且，ICP的直接侵权行为并不属于著作权法规定之权利限制的范畴。如果ICP对自身上载到网站内的信息不能尽到审查义务，那么任该ICP之行为发展，最终亦会损害公众和社会的利益。

### （四）ISP的著作权侵权责任分析

ISP著作权侵权责任的认定一直是一个复杂而棘手的问题。这从美国网络服务提供者的著作权侵权责任之演变过程可窥见一斑。1995年，美国《白皮书》主张对ISP适用现行的关于传播媒介的版权法规定，承担直接侵权的严格责任。那么无论ISP是否有能力对所传输的信息加以控制，都要承担侵权责任。白皮书没有区分两类不同的服务商ISP和ICP，对二者均适用严

---

① 《民法通则》第106条第2款："公民、法人由于过错侵害国家的、集体的财产，侵害他人财产、人身的，应承担民事责任。"

② 德国《版权法》规定："侵权人可诉请对于有再次复发危险的侵权行为，即刻就采用下达禁令的救济；如果侵权系出于故意或出于过失，则还可同时诉请获得损害赔偿。"这表明，在德国版权法中，对于是否存在过错的认定，只是确认可否免除赔偿责任的前提，而不是认定构成侵权的要件。

格责任原则，这无疑加重了ISP的法律责任，不利于信息产业的发展，因此遭到了ISP业界的强烈反对。后随着理论的反复探讨和司法实践的发展，美国对ISP的法律责任问题的认识日趋理性。美国于1997年出台了《在线版权侵权责任法案》(On-Line Copyright Liability Infringement Act）和《数字版权和技术教育法案》(Digital Copyright Clarification and Technology Education Act)。前者规定，若ISP未主动传输、选择、编辑受控之侵权作品及缓存时间未超过法律的限定，ISP不承担侵权责任；后者规定，ISP只有在收到著作权侵权通知并且有合理机会对所控之侵权行为进行阻止而未采取相应限制措施的情况下，才承担侵权责任。此立法方向基本上沿袭美国《版权法》的规定，即仅具有消极或中介性质的行为人不必承担责任。这两部法案的通过标志着美国法律对ISP的版权侵权责任之归责原则由“严格责任”向“过错责任”转变。

美国DMCA对网络服务商的著作权侵权责任作出了系统而明确的规定，该法案对各国此后的著作权立法影响甚重。该法案的立法精神旨在减轻ISP责任，有关ISP责任限制之要件，与上文中所述之代理侵权责任、辅助侵权责任的判断标准相符合。DMCA明确了单纯提供联机服务承担“过错责任”之原则，其第二编网络著作权侵害责任限制（Title II: Online Copyright Infringement Liability Limitation）主要目的在增订著作权法第512条，提供ISP免责之安全港（safe harbor）原则，认为在以下四种条件下，ISP无须承担版权侵权责任①：

1. 暂时性数字化传输（transitory communication)，ISP在用户的要求下为其提供传输(transmit)、发送（route)、接入服务（provide connections for)，对他人利用其系统或网络实施的侵权行为，在一定条件下不承担侵权责任。条件包括：(1）信息的传输是由他人或其他的ISP发起的；(2）传输、路由、连接、复制必须是通过自动化的技术过程实现的，且信息没有经过ISP的选择；(3）ISP不能选择信息的接收者；(4）ISP系统或网络中任何中间或暂时存储所形成的复制件，除能被预定的接收者获得外，通常不能被其他任何人获得，而且这些复制件保存的时间不能超过合理所需的时间；(5）信息的传输过程中不能有任何内容上的改变。

2. 系统自动缓存（system catching)，指ISP的系统对以前用户要求访问的信息的复制件自动存储一段时间，以满足后续用户对相同信息的访问要求而不需另行从源网站重新获得。此情形下，ISP可以免责。条件如下：(1）这种存储必须是中介和暂时性地通过自动化的技术过程实现的，其目的在于为后续访问者提供方便；(2）ISP不得改变缓存信息的内容；(3）ISP遵循了行业规范中有关信息刷新的规定；(4）根据行业标准，ISP没有干预用以获得用户点出信息的技术方法；(5）ISP必须根据信息提供者附加的访问条件限制不符合条件的网络用户访问；(6）一旦被告知其缓存的信息已在源址被除去、阻挡，ISP必须立即除去或阻止访问缓存在其系统中的信息。

3. 用户指令下的存取于系统或网络的信息（storage of information on systems or networks at direction of users)，指ISP根据用户要求在其系统或网络中存储侵权信息，于一定的条件下可以主张免责。其条件为：(1）ISP不知该信息或使用该信息的活动系侵害著作权，或在知悉、了解该侵权后立即采取措施删除信息或阻止对该信息的访问；(2）ISP对于侵权行为有权

---

① See Copyright Law of the United States of America and Related Laws Contained in Title 17 of the United States Code, Chapter 5 Copyright Infringement and Remedies, § 512. Limitations on liability relating to material online.

利及能力控制时，并没有因该侵权行为而直接获得经济上的利益；（3）ISP 收到符合法定条件的侵权通知后，须立即采取措施删除信息或阻止对该信息的访问。

4. 信息搜索工具（information location tools），指 ISP 在提供网络链接（hyperlink）、网络指引（online directories）、搜寻引擎（search engines）等信息搜索工具时，将网络用户带往侵权之内容时，在一定条件下可以免责。条件包含：（1）ISP 实际不知道侵权行为的发生；（2）ISP没有直接从侵权行为中获得经济利益；（3）在收到符合法定条件的侵权通知后，立即采取措施删除信息或阻止对该信息的访问。

2000 年通过的《欧盟电子商务指令》第四部分对 ISP 履行传输、系统缓存、服务器寄存功能时的侵权责任作了限制性规定。该指令的相关规定与《美国版权法》第 512 条之内容相符合，也规定对 ISP 的版权侵权适用过错责任原则。

我国《民法通则》规定，一般侵权行为适用过错责任原则，只有在法律有特别规定情形下，才适用无过错责任原则。因此，可以推定在我国对 ISP 著作权侵权责任适用过错责任原则。事实上，在我国针对 ISP 的相关立法中可以得出该结论。早在最高人民法院《关于审理涉及计算机网络著作权纠纷案件适用法律若干问题的解释》（2000）中，就规定了 ISP 是否承担共同侵权责任取决于其是否在知悉的情况下参与、教唆或帮助用户实施了侵犯著作权的行为，适用的是过错责任原则。《互联网著作权行政保护办法》第 2 条第 1 款专门对 ISP 作了定义，并规定 ISP 在只有明知网络用户通过互联网实施侵犯他人著作权的行为，或者虽不明知，但接到著作权人通知后未采取措施移除相关内容，才应承担著作权侵权的责任。2006 年 7 月施行的《信息网络传播权保护条例》参照 DMCA 之相关内容进一步规定了 ISP 著作权侵权责任之过错责任原则及免责条款，其中贯串了“安全港原则”的思想。[①]

## 三、技术措施和权利管理信息的法律保护

### （一）技术措施的法律保护

著作权保护的技术措施（technological protection），指著作权人为了防止未经授权的不法访问和使用作品而主动采取的各种技术手段。美国对技术措施的定义是“任何能有效地控制进入受版权保护的作品并能有效地保护版权人权利的措施”；欧盟的定义为“是设计用于阻止侵犯版权以及与数据库有关的特殊权利的设备、产品或方法”。目前常用的技术措施主要有：反复制设备、电子水印、数字签名或数字指纹技术、电子版权管理系统、追踪系统以及控制进入受保护作品的措施。技术措施在计算机软件的著作权保护中被广泛采用，主要手段之一就是我们常见的软件加密。虽然著作权人可以采取技术措施对上载至网络上的作品加以保护，但如果对这类技术措施不进行法律保护，对擅自破解或规避技术措施的行为不加以禁止和惩罚，那么著作权人的权利也无法得到切实保障。

最初，由于技术措施和著作权无关，因而未被纳入著作权保护的体系中。但随着技术措施的大量使用，给予相应的法律保护就显得十分必要。关于对技术措施的法律保护，如今已存在

---

① 《信息网络传播权保护条例》第 20 条确定了“技术中立免责”的原则；第 21 条规定了“系统临时存储免责”；第 22 条规定了“信息平台提供者免责”；第 24 条规定了“搜索引擎根据用户指示采取措施免责”。

国际和国内层面的立法加以规定。

国际立法层面上，世界知识产权组织 WCT 和 WPPT 这两个条约都对技术措施的法律保护作出了专门规定。WCT 第 11 条和 WPPT 第 18 条的题目都是“关于技术措施的义务”，这表明，通过立法保护技术措施是其各成员必须履行的义务。欧盟自 1991 年就已经开始制定技术措施保护方面的法规，至今已形成了一个系统性的管理法规体系，该体系由《欧盟计算机软件指令》《欧盟信息社会中版权及其邻接权的绿皮书》《版权建议指令以及附条件进入指令》等法律文件构成。美国 1995 年公布的《白皮书》规定了对著作权技术保护措施的法律保护。《白皮书》详细论述了技术措施保护和版权保护的关系：“由于侵权的相对容易而保护和实施版权相对艰难，使版权人不得不求助于技术保护，但如果不对这种技术保护系统提供相应的法律保护，这种技术保护同样也不会有效。”同时建议在美国著作权法中增设一章，专门规定技术措施的法律保护。其对技术措施之法律保护的论述产生了很大影响；1998 年通过的 DMCA 在第一编 WIPO 条约的执行情况（title I：WIPO treaty implementation）技术措施保护的规避标准（circumvention of technological protection measures）中，针对数字技术保护措施对《美国版权法》进行了补充和修正。

我国《著作权法》第 47 条第 6 项原则性地规定了对技术措施的保护“未经著作权人或者与著作权有关的权利人许可，故意避开或者破坏权利人为其作品、录音录像制品等采取的保护著作权或者与著作权有关的权利的技术措施的”属于侵权行为，“法律、行政法规另有规定的除外”。此外，《计算机程序保护条例》24 条第 1 款第 3 项规定计算机软件方面的保护，“故意避开或者破坏著作权人为保护其软件著作权而采取的技术措施的”属侵权行为。这些规定的条文非常简短，可操作性不强，对技术措施的界定、受保护条件的细化、新的例外与限制规则等未作具体规定。2006 年的《信息网络传播权保护条例》在技术措施的保护方面较前两部法有了实质性突破，其第 4 条第 2 款规定：任何组织或者个人不得故意避开或者破坏技术措施，不得故意制造、进口或者向公众提供主要用于避开或者破坏技术措施的装置或者部件，不得故意为他人避开或者破坏技术措施提供技术服务。但是，法律、行政法规规定可以避开的除外。

### (二) 权利管理信息的法律保护

技术保护措施和权利管理信息（copyright management information）的关系十分密切，电子签名、电子手印等技术措施本身就能起到权利管理信息的作用，目前各国法律都是把这两个方面放在一起进行规定。权利管理信息依管理权利的不同种类划分，可分为著作权管理信息和邻接权管理信息。WCT 第 12 条第 2 款对著作权管理信息的定义为：“权利管理信息”系指识别作品、作品的作者、对作品拥有任何权利的所有人的信息，或有关作品使用的条款和条件的信息，和代表此种信息的任何数字或代码，各该项信息均附于作品的每件复制品上或在作品向公众进行传播时出现；WPPT 第 19 条第 2 款对邻接权管理信息的定义为，“权利管理信息”系指识别表演者、表演者的表演、录音制品制作者、录音制品、对表演或录音制品拥有任何权利的所有人的信息，或有关使用表演或录音制品的条款和条件的信息，和代表此种信息的任何数字或代码，各该项信息均附于录制的表演或录音制品的每件复制品上或在录制的表演或录音制品向公众提供时出现。

权利管理信息源于传统著作权制度下的著作权标识制度（copyright notice）。其基本内容是，法律允许权利人对作品加注著作权标记，以向公众表彰著作权主体权利存在及权利状态。依著作权管理信息的存在形态划分，可分为权利管理电子信息和权利管理非电子信息两类。前者又称为数字形态的权利管理信息，应用于网络环境。在网络环境下，权利管理信息专指以数字化形式出现的信息，它们被嵌在电子文档资料里，附加于作品的每件复制品上或在作品上向公众传播时显示出来；后者又称为非数字形态的权利管理信息，体现为文字编码，主要应用于非网络环境下的著作权或邻接权管理。印刷物版权页上有关作者、出版日期的信息，均可视为一种权利管理信息。我国著作权立法规范的权利管理信息仅指权利管理电子信息，其根本立法宗旨是解决网络环境中的著作权保护问题，协调网络环境中著作权人、邻接权人和网络用户之间的利益关系。故本节所称的权利管理信息采取著作权法之概念仅指权利管理电子信息。

我国最早于最高人民法院《关于审理涉及计算机网络著作权纠纷案件适用法律若干问题的解释》(2000) 第 9 条第 4 项对故意去除或者改变著作权管理信息而导致侵权后果的行为构成侵权的法律适用问题作出规定①，现行《著作权法》第 47 条第 7 项规定“未经著作权人或者与著作权有关的权利人许可，故意删除或者改变作品、录音录像制品等的权利管理电子信息的”属于侵权行为，“法律、行政法规另有规定的除外”。该规定为认定、制裁故意删改权利管理信息侵权行为提供了基本法律依据。但由于该规定过于原则，与 WCT 和 WPPT 或美国的 DMCA 法案相比，仍缺乏对权利管理信息的界定、侵权免责事由等具体规定。《信息网络传播权保护条例》(2006) 作为对《著作权法》第 47 条的补充，在其第 5 条作了如下规定“未经权利人许可，任何组织或者个人不得进行下列行为：(1) 故意删除或者改变通过信息网络向公众提供的作品、表演、录音录像制品的权利管理电子信息，但由于技术上的原因无法避免删除或者改变的除外；(2) 通过信息网络向公众提供明知或者应知未经权利人许可被删除或者改变权利管理电子信息的作品、表演、录音录像制品。”但该条例并没有突破《著作权法》对权利管理电子信息保护方面之侵权行为的规定内容，侵权行为的表现形式依旧限定较窄，只包括删除或者改变两种行为。

需要注意的是：权利管理信息并不构成一种独立的权利保护对象，其实质仍然是类似于技术保护措施那样维护著作权和邻接权的一种管理措施，立法的相关规定并不意味着会产生一种独立于著作权和邻接权之外的“管理信息权”。

## 四、电子商务中具体的著作权保护问题

### （一）网站上载作品的著作权问题

网站在互联网的快速发展中扮演着重要的角色，但网络的混乱现状导致对网站的监管成为难题。现今，因网站上载作品侵权引发的诉讼案件日益增多。网站上载作品侵权的问题成为了著作权法面临的新挑战。目前，网站在经营活动中涉及的著作权问题的情形一般有以下三种：(1) 网到网的上载——将其他网站的作品复制到 A 网站，即 A 网站对其他网站发表作品的使用；(2) 传统媒介到网的上载——将原载在传统媒介上的作品进行复制后上传 A 网站，即 A

① 该条于 2003 年 12 月 23 日最高人民法院《关于审理涉及计算机网络著作权纠纷案件适用法律若干问题的解释》第一次修正时被删除。

网站对载体为传统媒介的作品的使用；(3) 单机到网的上载——将已经存在于单机中的作品上传到A网站，即A网站对自身或其网络用户的原创作品、他人许可的授权作品的使用；在第(3) 种情况下，网站对作品的上载是符合法律规定的，一般不涉及侵犯著作权的问题。但在第(1)、(2) 种情况下，网站对作品的上载涉及是否侵犯著作权的问题。按照《互联网信息服务管理办法》，网站分为经营性和非经营性。国家对经营性互联网信息服务实行许可制度；对非经营性互联网信息服务实行备案制度。未取得许可或者未履行备案手续的，不得从事互联网信息服务。若网站涉及新闻、出版、教育、医疗保健、药品和医疗器械、文化、广播电影电视节目、电子公告等信息服务还需进行前置审批或专项审批。

经营性网站使用与其营利有直接联系的纸媒作品时，其上载作品不得侵犯作者因著作权产生的财产权利益，应当按有关规定获得著作权人或专有使用权人的许可并支付报酬。或者其上载行为和营利没有直接联系，但是因为其大量上载作品供公众使用，例：A网站的经营许可范围是“音像制品、动画等其他文化产品”。其栏目中设有免费论文查询，大量转载了报刊、期刊，其他网站的作品。上载行为提高了该网站的点击率和浏览量，对网站知名度的提高有很大的作用，从而引发了其潜在的消费市场或者直接通过网络广告的点击获得高额的广告费。经营性网站对作品的上载行为和潜在市场间存在着间接利益关系的，应当向著作权人支付一定的报酬。非经营性网站一般向上网用户无偿提供具有公开性、共享性信息的服务。如果非经营性网站从上载作品行为中获得了间接利益，那么其应当向著作权人支付报酬，只是在网络环境下，要证明非经营性网站获得的间接利益的确是很困难的，可以尝试从作品的点击率、对其知名度提升或网络广告收益等方面考虑。现阶段，有的网站的备案是非经营性，却从事着营利活动，对于这种网站，应该将其视为经营性网站进行约束。如果使用作品的非经营性网站属于政府网站或纯学术性网站，不存在任何商业目的、潜在的市场或价值，没有任何营利行为，旨在为他人学习、研究或欣赏提供一个交流的电子平台，那么对其上载行为应根据实际情况谨慎处理。

网站存在的侵权行为一般有以下四点：(1) 未经许可，上载传统媒介或其他网站的存在版权保护的作品（表演、录音录像制品），侵犯了权利人（著作权人、邻接权人）的信息网络传播权；(2) 在上载过程中，没有标识作者（表演者、录音录像制品者）、注明出处，侵犯了权利人的署名权；(3) 在上载过程中，对作品内容进行了删改或使作品受到篡改，令传播的信息具有诽谤内容，侵犯了权利人的修改权、保护作品完整权及名誉权；(4) 上载作品是基于商业目的或存在潜在的间接利益，抑或直接将权利人的作品用于商业用途，而未向权利人支付报酬，侵犯了权利人获得报酬权。

### (二) 计算机软件之著作权保护

计算机软件是指计算机程序及其有关文档。计算机程序指为了得到某种结果而可以由计算机等具有信息处理能力的装置执行的代码化指令序列，或者可被自动转换成代码化指令序列的符号化指令序列或者符号化语句序列；文档，指用来描述程序的内容、组成、设计、功能规格、开发情况、测试结果及使用方法的文字资料和图表等，如程序设计说明书、流程图、用户手册等。计算机程序包括源程序和目标程序：源程序指用计算机高级语言编写的程序，如使用Basic，Cobol，Fortran等语言编写，表现为数字、文字和符号的组合，构成符号化指令序列或符号化语句序列，具有与传统文字作品相似的作品性；目标程序指用机器语言编写的体现为电脉冲序列的一串二进制数（0 和 1）指令编码，用于命令计算机工作，获得一定的结果，具有工具性特征。计算机程序具有源程序的作品性和目标程序的工具性双重特性，同一计算机程序的源程序和目标程序为同一作品。

我国 1990 年颁布的《著作权法》在第 3 条明确规定计算机软件是“本法所称的作品”，并于 1991 年由国务院发布了《计算机软件保护条例》，该条例因 2002 年 1 月 1 日新的《计算机软件保护条例》施行而废止。

在现行知识产权法体系中，采用著作权法保护计算机软件，主要基于以下理由：（1）著作权法所保护作品的实质要件是独创性，只要作品由作者独立创作完成，无论发表与否，无论是否存在相同或相似作品，法律都予以保护，无须达到新颖性、创造性之要求。这一点消除了软件开发者因已存在相同或相似的软件而使其独立开发之软件不能得到保护的顾虑，从而保证了计算机软件在最大范围内被开发和利用。（2）计算机软件的特性之一就是易复制性（复制容易、成本极低），而著作权的核心权项之一是复制权，未经权利人授权许可任何复制其作品的行为（法律规定的情形除外），均构成对著作权的侵犯。用著作权法保护计算机软件权利人的复制权，可以使其软件获得有效的保护。（3）计算机软件的寿命周期（商业寿命）较短、更新换代速度较快，而著作权法一般采取“自动保护”，包括计算机软件在内的文学、艺术和科学作品，从创作完成之日起即自动取得著作权，无须履行注册登记、交存样书等手续，这利于计算机软件无须经过审查等繁琐过程即获得保护。但需要指出的是，在某些特定情况下，计算机程序也可以申请专利。据专利法相关内容，如果计算机程序被固定在某一硬件之上，可以以硬件作为专利申请的对象。《专利审查指南》（2006 版）关于涉及计算机程序的发明专利申请审查的若干规定中规定：“为了解决技术问题而利用技术手段，并获得技术效果的涉及计算机程序的发明专利申请属于专利法实施细则第二条第一款规定的技术方案，因而属于专利保护的客体。”

在电子商务环境下，计算机软件侵权的常见情形有破坏技术保护措施、在线复制或传播他人作品、实施软件技术限制或者干涉软件功能运行等。当软件著作权人的权利受到侵犯时，侵权人主要承担停止侵害、消除影响、公开赔礼道歉、赔偿损失等民事责任。但是，当侵权行为人违法所得数额较大、巨大或有其他严重情节时，则须以刑法保护软件著作权人的权利。我国在 1994 年就通过了《关于惩治侵犯著作权的犯罪的决定》，对以营利为目的未经著作权人许可复制发行计算机软件，以及以营利为目销售明知是侵权软件复制品的行为处以刑罚。1997 年修正后的《中华人民共和国刑法》又专节规定了“侵犯知识产权罪”，在第 217 条和第 218 条中对侵犯计算机软件著作权之犯罪行为作出了规定。另鉴于计算机软件具有文学、艺术作品所没有的特殊性，早在 1992 年，原电子工业部就发布了《计算机软件著作权登记办法》，对软件采取特殊的行政保护措施。《计算机软件保护条例》修改后，国家版权局于 2002 年又重新发布了《计算机软件著作权登记办法》，规定“国家著作权行政管理部门鼓励软件登记，并对登记的软件予以重点保护”。

### （三）数据库的保护问题

在传统条件下，交通时刻表、电话黄页、百科全书等均是数据库的具体表现形式。而计算机互联网络的发展促进了从事信息收集、加工、整理和传播的数据库产业的发展，电子数据库的法律保护问题日益突出。从美国、欧盟的法律文件看，关于数据库的概念界定较为统一。美国 H. R. 354 法案规定[①]，信息汇集（数据库）指被收集和整理起来，集中在某一地点或通过一个来源，供使用者访问的作品、数据、事实或其他任何能够被系统地收集和组织的无形材料。《欧盟数据库法律保护指令》第 1 条第 2 款规定[②]：数据库是对独立的作品、数据或其他材料按照一定体例或方法进行汇编，并可以通过电子手段或其他手段单独进行数据访问的集合。数据库具有以下三个特征：(1) 数据库是一个集合，具有系统性。构成这个集合的可以是文学艺术和科学作品，也可以是作品之外的其他信息材料，但必须由多个作品或其他信息材料构成。(2) 数据库是一个有序集合。数据库须根据一定的目的和要求，按照系统或有序的方式编排，呈现一定的顺序和结构，形成统一的有机集合。(3) 数据库的信息可在一定条件下被调取利用。数据库中的每一个作品或材料都可以通过电子或其他手段单独进行访问。

依据数据库开发时是否具有独创性，可将数据库分为具有独创性的数据库与不具有独创性的数据库（如客户资料库）。前者指对信息进行了选取、编排、分类等智力工作，构成智力创作的数据库；后者指具有实用价值却未进行智力创作的数据库。这两者具有不同的法律地位。《伯尔尼公约》第 2 条第 5 款规定：文学或艺术作品的汇编，诸如百科全书和选集，凡由于对材料的选择和编排而构成智力创作的，应得到相应的、但不损害汇编内每一作品的版权的保护。然而《伯尔尼公约》局限于只保护文学或艺术作品的汇编（作品数据库，如学术论文数据库），它对于不构成作品的数据或者其他材料的汇编（非作品数据库，如法律法规数据库）不予以保护。为了顺应互联网络与世界经济发展之要求，TRIPs 第 10 条第 2 款对《伯尔尼公约》之内容作出了扩张，其保护范围不限于文学或艺术作品的汇编："数据或其他材料的汇编，无论采用机器可读形式还是其他形式，只要其内容的选择或安排构成智力创作，即应予以保护。"WTC 立法精神与 TRIPs 相符合，其第 5 条规定：数据或其他资料的汇编，无论采用任何形式，只要由于其内容的选择或排列构成智力创作，其本身即受到保护。WCT 第 5 条的题目是"数据汇编（数据库）"，明确使用了"数据库"这一术语，该条款之内容与 TRIPs 第 10 条第 2 款几乎完全一致。以上三个国际条约有关"汇编"之规定实际上就是"数据库"的规定，即表明在所有伯尔尼公约、WCT 缔约国及世界贸易组织成员内，独创性数据库是作为"汇编作品"受到著作权法的保护。目前，各国普遍将独创性数据库作为"汇编作品"纳入著作权法的保护范围。它由于具有独创性，符合智力创作的条件，从而享有著作权的各项权利，但这种保护不延及数据或资料本身；而非独创性数据库则由于不具备独创性而不受著作权法保护。给予它的法律救济，各国法律大不相同：有通过专门法律赋予特别权利的，例《欧盟数据库指令》、英国《1997 版权和资料库权利》，特殊权利保护（sui generis right protection）是为了适应数据库产业发展而产生的一种新型知识产权保护法律制度[③]；有适用不正当竞争法、侵权法的；也有不予保护的，如德国、日本等国家和我国台湾地区。对非独创性的数据库给予法律保护的理由

---

① 1997 年 10 月 9 日，美国国会接受了 H. R. 2652 提案，该提案回避了"数据库"这一敏感概念，改为"信息汇集"，是建立在反不正当竞争原则上的数据库法律保护方式。但 1998 年 10 月 8 日通过的《数字化时代版权法》时，却没有信息汇编部分。1999 年 1 月，H. R. 354 提案出台。

② 1992 年 4 月，欧盟委员会提交了《数据库法律保护指令》草案，1995 年 7 月对草案进行修改，1996 年 3 月 11 日，该草案由欧洲议会和欧盟理事会共同审议通过，并规定各成员国在 1998 年 1 月 1 日前实施。

③ 数据库特殊权利的客体是数据库，具体内容是赋予数据库制作者摘录权和再利用权。我国数据库产业尚处于起步阶段，建立特殊权利保护制度的条件并未完全具备。

是基于诚实信用原则、正当竞争或公平交易原则而非基于对人类智力作品的保护原则。

我国现行著作权法，并未明确地将数据库列入著作权保护的客体。仅在《著作权法》第14条规定：汇编若干作品、作品的片段或者不构成作品的数据或者其他材料，对其内容的选择或者编排体现独创性的作品，为汇编作品，其著作权由汇编人享有，但行使著作权时，不得侵犯原作品的著作权。[①] 因为我国是伯尔尼公约成员国、世界贸易组织成员、WCT缔约国，故我国《著作权法》第14的规定与以上三个国际条约中关于“汇编”的规定是一致的，即体现独创性的数据库是作为汇编作品而受到《著作权法》的保护。但以著作权保护数据库还存在许多困难与不足。体现在：(1) 保护范围仅限于独创性数据库，大量数据库由于其缺乏独创性而排除在版权保护体系之外。数据库收集的信息越全面，构成数据库的信息资料选择性就越小，就无法在数据的选取上体现其独创性。而在数据库的编排上，给予数据库制作者的创造空间很小。(2) 著作权法只保护结构，不保护内容。对数据库的保护只是其作为汇编作品的整体，而不延及构成数据库的作品、信息、数据等。数据库内容可能在未经授权的情况通过电子方法被提取并被重新编排，以形成一个内容相同的数据库而又没有侵犯原数据库的著作权。面对这种局面，《反不正当竞争法》作为知识产权法律保护体系的组成部分，为数据库的法律保护提供了补充。它通过制止窃取或利用数据库进行的不正当竞争行为，保护数据库制作者在材料的收集、整理、编排等方面付出的劳动和投资。

### 案例6—2

上海步升音乐文化传播有限公司（以下简称“步升公司”），于2005年3月30日，发现百度在其网站上（网址为：www.baidu.com）向公众提供涉及胡彦斌、黑棒组合、许巍和花儿乐队演唱的共计46首歌曲的MP3下载服务，如《红颜》《漫步》《我是你的罗密欧》和《加减乘除》等。认为百度未经许可通过互联网向公众传播上述曲目，已构成侵权行为，因此向北京市海淀区人民法院提起诉讼。

百度公司辩称：搜索引擎是指自动从互联网搜集信息，经过一定整理以后，提供给用户进行查询的系统。用户向搜索引擎发出查询请求（或指令），搜索引擎按照用户的请求（或指令）在索引数据库中检索，进行必要的逻辑运算，最后以链接的方式给出查询结果。通常搜索引擎会在这些链接下提供相应的摘要信息，以帮助用户判断此网页是否含有自己需要的内容。答辩人是一家中立的搜索引擎服务提供商，按照技术规则为网络用户提供全面有针对性的搜索结果，供用户查询和使用；答辩人没有提供涉案歌曲的下载服务，只是以链接形式为搜索用户提供动态的搜索服务；答辩人的搜索引擎服务系统依据技术规则对搜索结果自动生成链接列表，答辩人没有对任何被链接网站（页）进行非技术性的选择与控制；百度获利的方式是在页面的上方或右方设置广告，与是否链接被告歌曲无任何关系，由于互联网上的媒体文件极其丰富，以及我方支付的巨大成本支出，对于免费搜索服务，我方没有义务也没有能力明确提供每一个文件的具体地址资料，答辩人的行为没有任何过错。

---

① 著作权法修改之前，我国司法实践中，将数据库视为“编辑作品”。编辑仅指对拥有著作权的作品或作品片断进行加工整理。2001年修正后的《著作权法》，将过去条款中的“编辑”改为“汇编”。汇编的客体不仅包括拥有著作权的作品或作品片断，还包括了不具有著作权的事实材料等。

北京市海淀区人民法院经审理查明：用户在访问涉案“歌曲列表”网页时，可以用鼠标右键点击网页上的文字链接标识下载相关歌曲的MP3文件，在内容上与原告的上述CD中的歌曲已构成相同或实质上的相似，而且在下载过程中，网页上自动弹出下载框，注明相关的MP3文件来自“mp3. baidu. com”，同时此网页右侧刊载有雀巢咖啡、摩托罗拉手机等商品的广告。判决指出：搜索引擎的服务范围限于搜集整理信息并向互联网用户提供查询服务，而不是利用搜集到的信息内容营利。而本案被告行为已超出了其所定义的“给出查询结果、提供相应的摘要信息”的搜索引擎的服务范围，其行为不是在介绍涉案歌曲的艺术价值并提供查询信息，而是直接利用MP3文件营利，在未能明确相关MP3文件的合法来源、未经原告许可的情况下，此行为阻碍了原告在国际互联网上传播其录音制品，应属侵权。2005年9月16日一审判决被告停止提供涉嫌侵权歌曲的下载服务并赔偿原告的经济损失6.8万元。

请问：百度设置侵权MP3链接的行为是否构成“帮助侵权”？如果适用侵权责任法，该案如何解决？

## 第四节　电子商务专利

### 一、电子商务专利的内容

广义上讲，电子商务专利是指一切与电子商务经营活动有关的专利。电子商务作为网络环境下的特有产物，有着其特殊性，电子商务依赖网络环境，依赖网络的硬件资源。一个完整的电子商务系统是三层框架结构：底层为网络平台，是信息传送的载体和用户接入的手段，包括各种物理传送平台和传送方式；中间为基础平台，包括CA认证、支付网关和客户服务中心；最顶层为应用系统，其基础是电子商务基础服务平台。也就是说，电子商务中可以获得专利权的客体为：

1. 电子商务技术。其包括：（1）计算机基础技术、通信基础技术、数据处理基础技术。在电子商务出现前，它们就已经是可专利的技术领域。（2）经营系统、基础结构技术，一直是可专利的软件技术领域。

2. 商业方法系统。主要包含网络销售、网上银行等。商业方法系统主要分布在客户端和网络服务器端的应用层。商业方法系统可否获得专利权是近期国内外新兴起的热点问题。

商业方法指人们在社会经济活动中总结出来的，符合经济发展规律的，为社会所接受并普遍使用的商业活动基本规则和实现方式，是人类智力劳动的成果。传统的专利权客体，并不包括纯粹的商业方法。因为它并没有利用自然规律，属于专利法不予保护的智力活动的规则和方法范畴。电子商务是商业流通在网络环境下的表现形式，是纯粹的一种商业上的方法或策略。如果电子商务商业方法仅仅是一种商业思想，即纯粹的商业方法，属于智力活动的规则方法，是不能够授予专利的。商业方法必须建立技术特征的基础上，即构成商业方法系统，并通过计算机或网络的运用才有可能取得专利权，成为电子商务商业方法专利。电子商务商业方法专利是指将商业活动的一般经营、管理规则与网络技术、计算机软件或硬件相结合申请的专利。电子商务商业方法专利的授权方式与我国专利法体系对计算机程序专利的授权相类似：根据《计算机程序保护条例》，现阶段我国所生产的软件主要受《著作权法》的保护，对于单纯的程序软件是不授予专利的。但依据专利法相关内容，如果计算机程序被固定在某一硬件之上，可以以硬件作为专利申请的对象。《专利审查指南》（2006 年版）关于涉及计算机程序的发明专利申请审查的若干规定中规定："为了解决技术问题而利用技术手段，并获得技术效果的涉及计算机程序的发明专利申请属于专利法实施细则第二条第一款规定的技术方案，因而属于专利保护的客体"①。和计算机程序专利的实质仍是程序本身一样，电子商务商业方法专利也有着类似之处，其实质上仍是靠网络系统支持的方法，且是一种经营的方法，即具有技术效果的商业的方法。世界知识产权组织（WIPO）认为：商业方法专利涉及的是那些借助数字化网络经营商业的、有创造性的商业方法。由于商业方法专利都是通过计算机系统实现，并且大都是以计算机软件的形式表现出来，因此也被称为以计算机实现的商业方法（computer-implemented business method），并被认为是计算机程序相关发明的一种特例。

## 二、商业方法专利化背景、过程及问题

互联网的发展带来了电子商务时代，电子商务的兴起与发展无疑是全球经济的一场革命，人们称之为不同于传统工业经济的"新经济"。在工业经济时代，经济生活的重点是大力生产产品以解决物资匮乏的问题，所以专利保护重在奖励具有实物形态的产品发明；在网络经济时代，人类经济生活的重点是改善生活品质、提高经济效益，专利保护的价值取向也在发生革命性的变化。专利权的授予也由过去仅针对有形商品的创新发明扩大到无形商品的创新发明，专利权授予的客体中也纳入了创新的商业方法系统：计算机和网络的普及使网络经济成为一个新的经济领域，一般的商业方法与计算机软硬件结合在一起，被应用到网络经济中，就成为带有技术性的系统和方法，由此衍生出一类新的专利——商业方法专利。也就是说，网络经济的发展催生了商业方法专利。

从 20 世纪 90 年代起，以美国为代表的发达国家开始试图用专利法保护计算机软件。1981 年，在 Diamond v. Diehr，s. Ct. 一案中，美国联邦最高法院认为适用于橡胶成型压模过程的软件所涉及的计算机程序可以解决橡胶产品压模中产生的实际问题，构成一项改进"工序"，因此可被授予专利权。这一判决为软件获得专利权提供了强有力的支持。1996 年 2 月 16 日，《计算机相关发明审查标准》公布，指出在审查商业方法时应和其他方法等同对待。1998 年的典型案例 State Street Band & Trust Co. V. Signature Financial Group Inc.，标志着电子商务中的商业经营方法论成为可专利性主题。

欧洲专利局（EPO）对于与商业方法和计算机软件相关的发明授予专利一直是非常严格的，发明的技术性质是欧洲专利法关于可专利性主题的基石。根据《欧洲专利公约》《欧洲专利授权的实施细则》以及《欧洲专利审查指南》规定可以得出：专利必须针对技术领域，必须与技术问题有关，并且应该把权利要求限定在发明的技术特征的范围内；发明必须具有有形的和技术的双重特征。但在 Pension Benefit 一案中欧洲专利委员会指出："在本案中所要回答的

① 《中华人民共和国专利法实施细则》第 2 条第 1 款：专利法所称发明，是指对产品、方法或者其改进所提出的新的技术方案。

问题是权利要求是否表达了从事商业活动的方法本身。如果该方法本身具有技术性或者说具有技术特征，它仍然是从事商业活动的方法，但已经不是商业活动方法本身。”依欧洲专利局的观点，存在技术性质的商业方法可以授予专利。本案明确指出只要商业方法具有技术性质，就可以获得专利，这是本案的重要突破。在经过欧洲各国长期的辩论后，欧洲专利局终于在2001年的11月2日发布了新的审查指南。欧洲专利局将此前发生案件的开放保护政策在这一指南中给予了肯定，新的审查指南确认了在计算机软件和商业方法上的扩大保护政策，通过分析发明的“技术特性（technical character）”和“技术贡献（technical contribution）”来确定是否属于可授权的范围。即该指南解决了计算机软件和商业方法的可专利性的疑问，已不存在这两者是否属于专利保护客体的问题，更多的是对其创造性的判断。

商业方法专利的逐渐规范化，给电子商务的发展带来了前所未有的契机，但同时也给电子商务的经营带来了某些问题，具体表现在以下几点：

1. 专利的地域性特征与电子商务无国界性的冲突

专利权带有地域性特征，即在一国获得专利权，在另一国不具有约束力。例如：在美国获得的专利而在中国没有得到专利权，中国的企业在中国境内生产、使用及销售同类产品则不构成侵权。电子商务显著特性之一就是其的无国界性。正因电子商务这一特性，使得电子商务企业不论规模大小、资金实力的强弱以及市场营销能力如何都面临着同样大小的国际市场、面临同样的发展机遇，这也是电子商务得以蓬勃发展的重要因素之一。而商业方法专利在电子商务领域的逐步适用使得专利权的地域性与电子商务无国界性的冲突日趋明显，这二者的冲突将集中表现在发生专利侵权诉讼后如何确定管辖权的问题上。

2. 商业方法专利化的商业风险问题

商业方法专利化令电子商务领域的专利独占权与公用权之间的冲突更加激烈。独占权与公用权是专利领域的重要问题，专利权人一旦拥有了独占权同时就剥夺了公众的公用权。这一矛盾虽然一直存在，但在商业方法专利化后尤其突出：如果专利审查部门对商业方法申请专利的审查标准降低，将导致大量本不该被授权的商业方法获得了专利，令专利权人享有了该技术的独占权。这无疑将侵害公众的利益，剥夺与限制了本可以自由使用该技术的电子商务企业使用该技术的权利，使其在竞争中处于不利地位。例如：美国专利法采用的“在先技术（Prior art）”原则，即对于早年诞生的技术，作为最先使用人（发明人）可能先不申请专利，以便观察这项技术的商业价值。几年后，如果发明人愿意提出专利申请，一旦获得授权，作为专利权人，可以要求其他使用人停止使用或交纳许可费等；并且，商业方法专利化在促进企业广泛开发电子商务领域新技术的同时，亦从某种程度上阻碍了技术创新：它可能导致电子商务领域的关键方法被少数几个大公司掌控，未来的起步者必须花费大量的时间和金钱克服重重法律障碍，而没有更多的精力创新。

## 三、商业方法专利的授予与侵害判断

### （一）商业方法专利的授予

1. 商业方法与技术的组合才是可授予专利的标的

一项发明是否为可专利的标的，必须事先审查它是否仅仅描述抽象的概念，还是具体提供了可以实施的技术或流程。只有当专利说明书内容中，揭露了可以具体实施的技术或流程后，才可以进一步检验该商业方法是否符合专利要件中的新颖性、创造性、实用性。商业方法本身仅是一种抽象概念，它仅仅描述一种观念或人类心智推理过程。抽象概念是不可以授予专利的，因为：(1) 他人无法根据一种抽象概念就直接产生实际的效果，必须存在推理的过程与实施的步骤；(2) 抽象概念无法揭示明确的权利范围或可用的技术内容；(3) 一个抽象概念可以产生无限个具体化的结果，给予一个单纯抽象概念以专利保护，会限制产业进一步的发展和有效利用，不符合专利制度的基本精神。所以，产生了某一商业方法的概念后，并不意味着只要其可以具有实际用途，即可成为可专利的标的，必须进一步将该概念应用于可实施的技术或程序中，借由特定的技术执行与运作，达成该商业方法本身所欲诉求的功效。通常该技术或程序必须是可重复或自动执行，不需借助人类的思考过程去完成，借由该技术或程序所执行的商业方法才能成为可专利的标的。实际上，可以授予专利的标的，在于该商业方法的概念与实施该商业方法所需技术的组合。对于无法落实、无法重复或自动实施的商业方法，则无法提供产业上的运用效果，违反专利法律制度的精神，自然不是专利法保护的标的。目前已授予专利的商业方法，通常是以软件程序或装置的技术加以具体化。目前EPO在处理一项商业方法专利的申请中，更注重的是对其中技术特征的审查，而不是对商业方法本身的审查。

需要强调的一点是：专利保护的标的在于其揭露的技术或程序及达成的效果，而非商业方法概念本身。虽然发明人或专利权人想要保护的是该商业方法本身，然而专利仅能保护具有相同功能和结果的技术内容。发明人不能因为构思一种商业方法后，就要求将方法本身以专利来保护，而是尽可能完成达成此方法的所有可能技术，并将所有可能技术与该商业方法的组合寻求专利保护。

授予专利的商业方法必须符合专利法规定的实质性条件，其中新颖性、创造性的判断是否准确，取决于专利局是否拥有足够的文献和相关信息。商业方法申请专利在新颖性的判断方面专利审查部门遇到了前所未有的困难。专利技术的新颖性主要是指：该技术在提出专利申请之前从未被公开，因而从未被公众所知或使用过。根据TRIPS协议第27条第1款规定，不应当为技术上不具有创造性的商业方法提供专利保护。[①] 专利审批部门在对专利进行审查时判断此项技术是否具有新颖性，主要依据就是现有技术（已有技术）、公开出版物和专利申请文件。但是，商业方法专利提出和实践只是近几年的事情，再加上以往商业方法往往仅停留在管理者的脑海里，有的甚至是一种商业秘密，很少有人以文字或其他形式将其记录下来，因此，专利审查部门没有足够的技术资料来对每项商业方法专利的新颖性进行判断。对专利申请的审查，不同的专利局依赖的文献资料是不一样的，其判断标准是不一致的。同样的商业方法在申请过程中，可能因遇到不同的情况而产生不同的结果。

2. 审查原则从“技术性”向“实用性”演进

一般来说，一项申请要取得专利权，必须要符合两个资格。一是入门资格，即所谓的专利适格性，或者说是否属于专利保护的客体。它把在本质上不具有可专利性的申请排除在外；二

---

① TRIPS：Agreement on Trade Related Aspects of Intellectual Property Rights，译为中文即《与贸易有关的知识产权协定》。

是条件资格，即所申请的标的是否符合专利法规定的其他具体条件，如：新颖性、创造性、实用性等。它把创新程度较低的技术排除在外。传统专利法中符合条件资格的基础是技术性。具体地说，必须属于技术领域、具有技术性质、可以解决某个技术问题、具有技术特征。抽象观念、自然法则、物理现象等不能获得专利，艺术、图像、仅仅是数据和资料的排列的数据库也是如此。但是从目前美、欧、日的实践来看，无论是商业方法专利还是计算机软件专利或是两者的结合，都已从“技术性”向“实用性”方向转化。商业方法软件在专利法下已不存在“入门资格”问题，而是如何取得条件资格的问题。

从表面上看，以实用性作为可专利性的标准似乎是扩大了专利保护客体的范围，但是不能说专利法保护的客体发生了法律上的变化。因为放开商业方法专利的条件与放开专利保护的客体范围是有本质上的区别的，前者是对法律的理解，后者才是对法律的修订。对于商业方法在不同时期给予不同的保护政策不是从成文法上反映出来的，而是通过专利局的审查基准中反映出来。例如：在美国的判例法中，法官都没有突破专利法第 101 条的定义，仅是在如何理解和解释该条含义上给出了更宽泛的原则。尽管专利保护的标准从“技术性”演进到“实用性”，但是法律保护客体没有改变，仅是对法律的解释不同罢了。

### （二）商业方法专利的侵害判断

1998 年之后，有关商业方法可专利性的问题已经解决。许多公司除了大量申请电子商务专利来保护自己的技术发明与商业方法外。更希望借由专利所赋予的排他权，控告竞争者，使自己能在特定领域内享有更大的利益。当专利侵害纠纷发生时，采用怎样的原则判断侵害行为成为专利侵权纠纷解决的关键之道。

1. 专利侵害行为——直接侵害与间接侵害

直接侵害（direct infringement）指无权利使用专利的人未经专利权人之许可实施其专利的行为，即所实施之行为系被包含在该专利说明书所揭露的技术范围之中。直接侵害分为字面侵害（literal infringement）和非字面侵害（non- literal infringement）两种：字面侵害或称完全侵害，若一商业方法专利申请范围中所描述之方法、技术组成与被控侵权之方法、技术组成完全相同，则被控侵权之方法、技术组成侵害该商业方法专利；非字面侵害或称均等侵害，此种直接侵害的判断一般以均等论（等同原则）为出发点，即被控侵权之方法、技术组成与该商业方法专利申请范围中所描述之方法、技术组成不完全相同，但两者的目的、运用手段、功能及结果实质相同，仍然侵犯该商业方法专利。我国《专利法》第 11 条之规定针对的就是直接侵害行为。①

间接侵害指行为人未经专利权人之许可诱导、怂恿、唆使其他无权利使用专利的人侵犯专利权的行为。行为人本身并没有直接实施侵犯专利权的行为，但是却对直接侵权行为的发生起到了推波助澜的作用。其在主观上有诱导或者唆使他人侵犯专利权的故意，在客观上为直接侵权行为的发生提供了必要条件。对于间接侵犯专利权的行为，我国专利法没有专门规定。美国

① 《专利法》第 11 条规定：“发明和实用新型专利权被授予后，除本法另有规定的以外，任何单位或者个人未经专利权人许可，都不得实施其专利，即不得为生产经营目的制造、使用、许诺销售、销售、进口其专利产品，或者使用其专利方法以及使用、许诺销售、销售、进口依照该专利方法直接获得的产品。外观设计专利权被授予后，任何单位或者个人未经专利权人许可，都不得实施其专利，即不得为生产经营目的制造、销售、进口其外观设计专利产品。”

专利法将间接侵害行为分为引诱侵害与参与侵害两种。

2. 等同原则适用的困境

等同原则（doctrine of equivalents）源于美国的判例法，属于英美法系中的“法官造法”原理。等同原则已在我国司法实践中广泛地适用，但在我国的专利法律体系下，一直找不到其成文法的依据。随着我国专利法第二次修改案的实施，最高人民法院颁布了两项重要的司法解释，其中在最高人民法院《关于审理专利纠纷案件适用法律问题的若干规定》（2001 法释字第 21 号）中，首次以规范性文件的形式确认了等同原则为专利侵权判定的一项司法原则。① 按照这一司法解释的精神可以理解：等同特征必须同时具备两个条件：一是与权利要求中的技术特征以基本相同的手段、实现基本相同的功能、达到基本相同的效果；二是本领域的普通技术人员无须经过创造性劳动就能够联想到，也就是对本领域普通技术人员来讲是显而易见的。

在专利侵权的判断原则中，等同原则的使用经过几十年的发展已趋成熟。但是，等同原则主要适用于针对机械、化学或组合物的侵权认定上。对于商业方法和计算机软件专利来说，由于存在许多不确定因素，其适用性遭到质疑。许多商业经营理念在传统的模式中已经被广泛使用，对于那些通过软件运行的“在先技术”在互联网上构成的专利来说，是否与传统模式中的“在先技术”构成了等同，其标准很难断定。而且，由于文献与资料的缺乏，可能在审查中不能发现问题，让这样的专利申请极易获得通过。很多商业方法专利权人在使用自己的专利时极易落入到与“在先技术”的实质等同的范围，这将导致大量的专利纠纷产生并给专利侵权诉讼埋下隐患。而且等同原则的适用尺度也是一大问题，美国 CAFC 就曾提出非均等理论（non-equivalence doctrine)，所谓非均等理论系指出在字面侵害下，对象物在原理（principle）上若不同于专利申请范围，就足以阻却侵权之认定。若只是添加组件、功效增加乃至于超越，都不能够借以使用非均等理论来阻却专利权之行使。由于不同国家授予的商业方法专利在同一互联网上使用，因互联网无地域性的特点，任何商业方法专利权所覆盖的范围都大大超出了某一国的本土。这就要求各国在专利保护的原则上尽可能一致，以保持法律的相对公平。以等同原则来说，使用尺度的不同将直接导致侵权与否的判定。

## 四、我国专利制度下的商业方法专利

电子商务作为一种新的商业模式在许多行业中都会带来变革性的影响，继而刺激该行业及相关领域的技术革新。而专利制度成为一国经济发展的工具这已成为不争的事实。从某种意义上说：商业方法的专利保护不仅仅是一个法律的问题，它的背后潜藏着巨大的国家利益和经济扩张。面临着电子商务时代的到来，发达国家更不会忽视专利制度这一工具，商业方法如果要最大地实现其独占利益，获得专利是首选。专利法律作为规范电子商务正常运行的一种制度，

---

① 其第 17 条规定：“专利法第五十六条第一款所称的‘发明或者实用新型专利权的保护范围以其权利要求的内容为准，说明书及附图可以用于解释权利要求’，是指专利权的保护范围应当以权利要求书中明确记载的必要技术特征所确定的范围为准，也包括与该必要技术特征相等同的特征所确定的范围。等同特征是指与所记载的技术特征以基本相同的手段，实现基本相同的功能，达到基本相同的效果，并且本领域的普通技术人员无须经过创造性劳动就能够联想到的特征。”

其不可避免的发展趋势是将商业方法专利处于专利权的保护下。

### (一) 我国对商业方法专利的保护现状

现阶段，我国《专利法》对商业方法的可专利性问题没有作出明确规定，没有直接涉及与商业方法有关的发明是否给予保护的问题。根据专利法和实施细则对发明创造的规定可以得出：专利保护的客体首先必须是一种新的“技术方案”，同时还不能与专利法第25条“智力活动的规则和方法”这一排除客体之规范相违背。专利法对什么是“智力活动的规则和方法”没有给出明确的解释，而是在《审查指南》(2006年版) 中给出了审查标准，在判断涉及智力活动的规则和方法的专利申请要求保护的主题是否属于可授予专利权的客体时，应当遵循以下原则：

1. 如果一项权利要求仅仅涉及智力活动的规则和方法，则不应当被授予专利权。如果一项权利要求，除其主题名称以外，对其进行限定的全部内容均为智力活动的规则和方法，则该权利要求实质上仅仅涉及智力活动的规则和方法，也不应当被授予专利权。

2. 除了上述所描述的情形之外，如果一项权利要求在对其进行限定的全部内容中既包含智力活动的规则和方法的内容，又包含技术特征，则该权利要求就整体而言并不是一种智力活动的规则和方法，不应当依据《专利法》第25条排除其获得专利权的可能性。

由此可见，我国专利局对商业方法专利申请并不是一概排斥，只有那些属于“智力活动的规则和方法”的商业方法申请才不具备可专利性，而那些能够满足“三要素判断法”的部分商业方法申请，则具有可专利性。虽然我国知识产权局在商业方法相关发明专利申请的保护客体界定上整体慎重，但针对具有技术贡献的商业方法相关发明专利申请在客体问题上已经不排除，这在2004年10月的由国家知识产权局制定的《商业方法相关发明专利申请的审查规则(试行)》中已有清楚的反映。该规则指出：“商业方法相关发明专利申请是指以利用计算机和网络技术完成商业方法为主题的发明专利申请。商业方法相关发明专利申请是一种特殊的性质的专利申请，其既具有涉及计算机程序的共性，又具有计算机和网络技术与商业活动和事务结合所带来的特殊性”。在这份规则中给出了对商业方法相关发明专利申请的一系列审查原则和范例，反映出其在我国获得授权的条件是比较严格的。

### (二) 商业方法专利化对我国专利战略的启示

在电子商务发展的初期，所授予的专利大多是基础专利，谁掌握了专利谁就掌握了商业的主动权，掌握了潜在的市场利益，也就掌握了电子商务的未来。为商业方法提供专利保护，符合电子商务发达国家的利益。在电子商务领域，我国并不处于领先地位，大量外国企业已利用商业方法专利申请来我国抢占市场。在这种情况下，我国应积极采取应对策略和相关措施，以保证我国电子商务将来不受制于人，从而维护国家产业利益和经济发展。

一方面，在防范风险的同时，我国要加快电子商务专利立法，用专利法律更有效地规范电子商务经营活动，促进电子商务健康、稳定发展。我国应主动借鉴国外有关商业方法专利的最新立法趋势，注重商业方法的改进并加强保护的力度，对创新的商业模式给予适时和适当的专利保护，尽快建立起符合我国国情又与国际接轨的电子商务专利保护制度。法律制度在人类社会中扮演了重要角色，适时地更新法律规则，事关一个产业乃至整个经济的发展。从美、日、欧在商业方法软件专利保护的政策中，我们不难体会到高科技产业和电子商务业的发展对知识产权法律环境的依赖。但无论采取何种方式修改法律，鉴于专利权的垄断性较强，都必须提高电子商务的商业方法专利的“入门台阶”，严订审核标准，以免授权过多过泛而妨害电子商务的发展。

另一方面，我国已经是 WTO 的成员，无论电子商务的发展水平如何，都要面对同样的竞争，而外国企业定会给我国企业设置一道知识产权的屏障。法律和政策永远是滞后的，企业需要行动在先。我国电子商务企业应当加强技术研发，注重对电子商务经营方法的改进和技术水平的提高。目前我国的电子商务企业几乎所有的商业方法都是来自美国，缺乏原创性。我国的电子商务企业需加倍努力，在技术上赶超国际先进水平，才能在国际商业竞争中立于不败之地。由于国外有大量的电子商务软件申请了专利，我国企业在技术研发和电子商务经营时要注意相关专利的权利主张，避免专利侵权。同时，我国应建立和完善企业内部的知识产权战略和专利发展策略。例如，在企业内部设立专业机构管理知识产权，实现管理工作的制度化；树立全球技术市场理念，通过抢先申请专利来占领他国市场；认真研究专利制度，灵活应对知识产权侵权之诉等。

电子商务是未来商业发展的趋势，它在推动人类物质文明进步的同时，也必将导致发达国家与发展中国家之间在经济发展和企业经营等方面的差距进一步扩大。因此，我国应该令电子商务在一个得当的环境中不断发展壮大，从而在激烈的国际竞争中占有一席之地；更应该利用一切可能之机会，以一种更加实用、更加开放的观念去对待对商业方法专利的保护问题，使专利制度在电子商务时代再一次成为社会发展的推进器。

## 法条链接

1.《中国互联网络域名管理办法》
2.《中华人民共和国著作权法》第十条
3.《信息网络传播权保护条例》

## 深度阅读

1. 高志明，张德森．域名权与站名权的属性与冲突——以两个“开心网”、两个“去哪（儿）”网案为比较．西北大学学报：哲学社会科学版，2011（4）

2. 王迁．《信息网络传播权保护条例》中“避风港”规则的效力．法学，2010（6）

3. 王迁．网络版权法．北京：中国人民大学出版社，2008

4. 薛红．网络时代的知识产权法．北京：法律出版社，2000

5.（美）费舍尔．说话算数——技术、法律以及娱乐的未来．上海：上海三联书店，2008

## 问题与思考

1. 某甲成功注册了国际域名“fadou. net”并将一个包含女权内容的网站指向该域名。不久，一个拥有“fadou. com”域名（但并未将该域名符号注册为商标）的 F 国公司向他发来一封电子邮件，要求某甲将该域名的控制权利转移给该公司，否则就将该域名纠纷提交 UDRP 指定的争议解决机构或向司法机关提起诉讼。请问：如果你是某甲，应如何提出理由和准备证据以应对可能面临的裁决申请或诉讼？

2. 作品在网络传播中涉及的二次复制情形是否侵犯著作权人的复制权？

3. 导致商业方法可专利的原因是什么？

4. 在何种情形下商业方法具有可专利性？

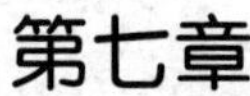

# 第七章

# 电子商务市场规制

**重点知识**

1. 网络广告常见的法律问题。
2. 垃圾邮件的“Opt-in”和“Opt-out”定义模式区别。
3. 我国电子商务征税的必要性。
4. 电子商务消费纠纷的救济途径。

## 第一节　网络广告法律

### 一、网络广告及其形式

所谓网络广告（Web Advertisement），即是指利用互联网发布的广告，其形式主要分为三类，一是文字广告，二是图形广告，三是视频广告。

#### （一）文字广告

文字广告就是以文字的形式制作并发布的广告。这些文字广告可以放在网页上（通常是位于分类栏目中），一般是企业的名称，点击后链接到广告主的主页上；也可以通过电子邮件的形式定期传送给客户，或者是以新闻组或电子公告板发布，这两种形式一般是宣传新产品。

#### （二）图形广告

依据具体的表现形式，图形广告又分为以下四种：

1. 图标广告（button）

这种广告是出现在网页页面任何地方的一个图标。该图标可能是一个企业的标志，也可能是一个一般的象形图标，点击即可链接到广告主的站点上。按照 Internet 广告管理署 IAB（Internet Advertising Bureau，这是国际上最为权威的 Internet 网络广告管理机构）的标准，图标广告的尺寸一般为 120×90、120×60、125×125、88×31 像素。

2. 网页上的静态旗帜/标题广告（banner）

这种广告是在页面的顶端或底端出现的静态长条状图片，点击该图片可链接到广告主的站点上。较之文字广告和图标广告，这种广告的效果稍好一些。

3. 网页上的动态旗帜/标题广告

动态旗帜广告是将上面的静态图片换成动画，使这条广告具有强烈的动感，引起浏览者的注意。

4. 网页上的丰富图文旗帜广告（rich banner）

这种广告强调更高的互动性、更好的视觉和听觉效果以及三维动画效果。①

### （三）视频广告

视频广告即以视频形式嵌入到网页中的广告。由于网络带宽的增加，使得包括视频在内的多媒体广告形式越来越常见。

## 二、网络广告的特点

网络被誉为继电视广播、报纸杂志和户外广告之后的第四大媒体，具有区别于传统媒体的独特性，因此网络广告与平面媒体广告、电子媒体广告等传统的广告形式相比，其特点十分显著：

（1）广泛性。互联网是一个没有地域国界的虚拟世界，一个站点的广告通过互联网可以传遍世界各地；而只要具备上网条件，任何人在任何地点都可以搜索到全球各个厂商的广告信息。同时，网上广告不受时间限制，可以实现全天候 24 小时不间断的服务，而且其传播速率也是任何一种传统媒体无法比拟的。

（2）针对性。网站往往为用户提供多项服务，因此一般都能建立比较完整的用户数据库，记录用户的资料信息。这些信息可以帮助广告业者分析市场和受众，根据对象的具体情况，有针对性的制作并发布广告，避免传统广告由于盲目投放所导致的花费颇多却收效甚微，从而达到事半功倍。

（3）便捷性。网络广告利用数字技术和多媒体技术制作而成，用户通过互联网可以随时随地浏览。而且较之传统广告一旦发布便难以更改，即使可以改动，也需支付高额费用，网络广告能够按照需要及时变更，并且成本较低。

（4）互动性。与传统媒体的信息单向传播不同，网络广告是一种信息互动传播。用户可以按自己的需要主动搜寻厂商的广告信息，并且可以借助网络与广告发布者进行直接交流；而广告发布者也可据此随时掌握大量的客户反馈信息，有助于厂商正确评估广告效果，制定营销策略。

（5）开放性。传统广告媒体，如电视、广播、报刊、杂志等，虽然信息来源渠道多样且范围广泛，但是，在这些媒体上发布信息是可以进行事先控制的。而在网络的开放性条件之下，任何组织和个人，只要获得网络使用权，都可以按照自己的意愿选择内容和形式，随时随地在

① 参见黄京华：《电子商务教程》，213～215 页，北京，清华大学出版社，2000。

网络上发布各种广告或类似的商业信息。[①]

网络广告的上述特点使其与传统大众传播媒介的广告存在巨大差异，这对广告的法律调整与规范提出了前所未有的新课题。

## 三、网络广告的法律治理

《广告法》第 44 条明确规定，“利用互联网从事广告活动，适用本法的各项规定。”具体而言，我国的法律规章包括《广告法》《广告行业公平竞争自律条例》《广告管理条例施行细则》《反不正当竞争法》《药品广告审查标准》《房地产广告发布暂行规定》等。

然而，作为一个新生事物，网络广告具有区别于传统广告的诸多特性，因此依据现有法律规定和现行管理模式去规范网络广告，势必存在难以克服的障碍。

### （一）网站广告经营主体资格的规制

我国现行法律框架对广告业的规制是通过对广告主、广告经营者和广告发布者的分别管理来实现的。《广告法》第 2 条对此三个主体做出了明确界定：广告主，是指为推销商品或者提供服务，自行或者委托他人设计、制作、发布广告的法人、其他经济组织或者个人；广告经营者，是指受委托提供广告设计、制作、代理服务的法人、其他经济组织或者个人；广告发布者，是指为广告主或者广告主委托的广告经营者发布广告的法人或者其他经济组织。《广告法》规定，以上三种主体，无论是法人、其他组织还是个人，只要从事广告业，就必须经过工商行政管理部门的核准注册，取得相应的法律资格，而且个人不得从事广告发布活动。但事实上，网络广告已经突破了这些限制。一方面，经营网络运营的 ISP 和提供信息服务的 ICP 既拥有传统媒体的传播平台——自己的主页，同时也往往集广告代理、制作和发布于一身，因而很难将之确切归入某个具体的广告经营主体范畴，适用相应的资格限制条件；另一方面，由于网络的开放性，任何组织或个人都可以登录某一个站点，自由发布广告或类似宣传信息，或者利用电子邮件直接向他人散发广告或含有广告内容的信件。而我国近年来为支持信息产业的发展，没有过多干预网络广告经营活动，在传统广告中已严格实行的主体资格限制制度尚未在网络广告中推行。这就使得无法从源头处对网络广告予以管理，造成目前广告行业的混乱现状。

对此，有些地方政府采取了相应的对策，对网络广告的主体资格认定作了规范。其中，北京市工商行政管理局率先于 2000 年 5 月 18 日发布了《关于对网络广告经营资格进行规范的通告》，明确规定，网络广告是指在北京市辖区内依法领取营业执照的从事网络信息服务的经营主体，利用互联网从事的以盈利为目的的广告活动。已经办理《广告经营许可证》的广告专营企业可从事网络广告的设计、制作、代理业务，也可在自办网站上开展广告发布业务。各类合法网络经济组织可以作为一种媒体在互联网上发布由广告专营企业代理的广告，但在发布广告前应向工商行政管理机关申请办理媒体发布广告的有关手续。网络经济组织在具备相应资质条件的情况下，也可直接承办各类广告。网络经济组织承接广告业务的，应向工商行政管理机关申请办理企业登记事项的变更，增加广告经营范围，并办理《广告经营许可证》，取得网络广

① 参见高富平、张楚：《电子商务法》，207 页，北京，北京大学出版社，2002。

告经营资格。这项规定无疑填补了目前网站广告经营主体资格法律规制的空白，在现实生活中发挥了一定的积极作用。同年5月25日，全国20家知名度较高的网络公司在京首次获得国家工商行政管理局颁发的《广告经营许可证》，这是我国执法机关探索网络广告经营主体资格有效监管的成功开端，预示着我国将对网络广告实行全面规范。

### （二）隐性广告的规制

广告的目的是向消费者介绍厂商及其产品以顺利打开市场，理应具有可识别性，以免产生误解，损害消费者利益。广告应当具有可识别性，能够使消费者辨明其为广告。大众传播媒介不得以新闻报道形式发布广告。通过大众传播媒介发布的广告应当有广告标记，与其他非广告信息相区别，不得使消费者产生误解。隐性广告是指非以广告形式出现但包含广告内容并且客观上起到广告宣传作用的广告。识别传统媒体上出现的隐性广告本就存在一定的难度，而网上传播方式的多样性，以及网上交易信息与广告信息的交叉性，更造成了隐性广告的普遍存在并且更加难以识别。例如，BBS中的隐性广告、关键词搜索中的隐性广告、超文本链接的广告、以网络新闻形式发布的隐性广告等，并不完全符合《广告法》第2条对广告作出的界定。在一条信息中往往混杂有或隐含有广告的成分，这便大大增加了广告管理的难度，无法对之进行有效审查，从而容易产生违法现象，而且会导致广告市场的不公平竞争，破坏市场正常秩序。

### （三）网络广告内容的规制

1. 广告内容的一般管理

广告面向的是社会公众，传播范围广且社会影响大，因此国家行政主管部门必须对广告内容的真实性、合法性和妥当性进行严格管理。首先，广告不得具有违法内容。广告内容应当有利于人民的身心健康，促进商品和服务质量的提高，保护消费者的合法权益，遵守社会公德和职业道德，维护国家的尊严和利益。广告不得有下列情形：使用或者变相使用中华人民共和国的国旗、国歌、国徽，军旗、军歌、军徽；使用或者变相使用国家机关、国家机关工作人员的名义或者形象；使用“国家级”“最高级”“最佳”等用语；损害国家的尊严或者利益，泄露国家秘密；妨碍社会安定，损害社会公共利益；危害人身、财产安全，泄露个人隐私；妨碍社会公共秩序或者违背社会良好风尚；含有淫秽、色情、赌博、迷信、恐怖、暴力的内容；含有民族、种族、宗教、性别歧视的内容；妨碍环境、自然资源或者文化遗产保护；法律、行政法规规定禁止的其他情形。同时广告不得损害未成年人和残疾人的身心健康。其次，广告信息必须真实准确。广告中对商品的性能、产地、用途、质量、价格、生产者、有效期限、允诺或者对服务的内容、形式、质量、价格、允诺有表示的，应当清楚、明白。广告使用数据、统计资料、调查结果、文摘、引用语，应当真实、准确，并表明出处。广告中涉及专利产品或者专利方法的，应当标明专利号和专利种类。未取得专利权的，不得在广告中谎称取得专利权。禁止使用未授予专利权的专利申请和已经终止、撤销、无效的专利做广告。再次，广告宣传方式必须适当。广告不得贬低其他生产经营者的商品或者服务。广告应当具有可识别性，能够使消费者辨明其为广告。

对于一些关系到消费者人身财产安全的特殊商品，《广告法》及有关法规规章都作了更加严格的规定。例如，药品广告的内容必须以国务院或者省级卫生行政部门批准的说明书为准，并且不得有下列内容：（1）含有不科学的表示功效的断言或者保证的；（2）说明治愈率或者有效率的；（3）与其他药品、医疗器械的功效和安全性比较的；（4）利用医药科研单位、学术机构、医疗机构或者专家、医生、患者的名义和形象作证明的；（5）法律、行政法规规定禁止的其他内容。食品、酒类、化妆品广告的内容必须符合卫生许可的事项，并不得使用医疗用语或者易与药品混淆的用语。房地产广告中不得出现各类乱评比、乱排序等对房地产项目进行综合评价的内容，等等。这些规定也应同样适用于网络广告。

2. 网络违法广告

商品的供求关系是现代商品经济条件下最常见的社会关系之一。商品生产者和销售者要在激烈的市场竞争中立足并发展壮大，必须争取到尽可能多的用户。广告是现代社会中吸引客户的主要方式，因此在利益的驱动下，有的不法厂商为了推销其产品，往往会在广告活动中从事一些违法行为，而网络环境的开放性和目前管理上的困难更加加剧了网络广告违法现象的猖獗，其中尤为普遍的是网络虚假广告以及网络广告中的不正当竞争。

（1）网络虚假广告。

虚假广告一直是我国近年来市场经济管理过程中的一个十分重要的问题，它不仅严重挫伤了消费者对于广告的信心，而且还扰乱了正常的市场竞争秩序，因此必须要求广告对于产品和服务进行忠实描述，保证购买者能够获得物有所值的商品。我国《广告法》规定，广告应当真实、合法，符合社会主义精神文明建设和弘扬中华民族优秀传统文化的要求。广告不得含有虚假的内容，不得欺骗和误导消费者。《反不正当竞争》第9条规定：经营者不得利用广告或者其他方法，对商品的质量、制作成分、性能、用途、生产者、有效期限、产地等作引人误解的虚假宣传。广告的经营者不得在明知或者应知的情况下，代理、设计、制作、发布虚假广告。据此，可以推知，虚假广告即是指利用广告对商品或者服务的质量、制作成分、用途、性能、有效期等，采取夸大其辞甚至无中生有引人误解的手段进行违背客观真实的宣传。虚假广告包括与事实不符和夸大事实两个方面，其内容可能涉及以下七个方面：1）产品制造过程或技术服务流程或技术安全性；2）产品或服务具有特殊的功能、目的、标准、等级或适用性；3）产品或服务的质量、数量或其他特性；4）商品或服务的来源或产地；5）对商品或服务所承诺的品质保证、提供的条件、售后服务等；6）产品或服务的价格或其价格的计算方式；7）产品的生产主体或经营主体。

此外，对网站本身进行的违背客观实际的宣传也属于电子商务环境下虚假广告中的一种情形。例如有些网络公司为了提高自己的知名度、吸引客户，在广告中使用了一些不实宣传，如“目前国内最权威的信息网站”，“全国最大规模的综合性网站”，“全球最具影响力的中文网站”等。这些都构成了网络广告中的违法行为。①

（2）网络广告的不正当竞争。

不法经营者推销产品、占领市场的手段多种多样，除了对自己的产品和服务进行虚假宣传以外，另一种常见的形式即是贬低、诋毁他人的产品或服务。《反不正当竞争法》第14条明确规定，经营者不得捏造、散布虚伪事实，损害竞争对手的商业信誉、商品声誉。《广告法》对此也明令禁止，其第12条规定，广告不得贬低其他生产经营者的商品或者服务。据此，这种

---

① 参见高富平、张楚：《电子商务法》，208、211页，北京，北京大学出版社，2002。

含有贬损内容的广告是指故意制造和散布损害竞争对手商业信誉和商品声誉的虚假事实，使其丧失或减弱市场竞争能力的宣传行为。这种广告不仅损害了其他经营者的合法权益，扰乱了市场的正常竞争秩序，而且从长远来看，也损害了消费者的切身利益，是一种必须制止的不正当竞争行为。

此外，在网络环境中所特有的一种不正当竞争行为是采用超级链接技术发布广告。超级链接技术以超文本链接作为技术基础，在网页上设置一些主题供用户选择，用户点击即可进入相应内容。对于用户而言，这原本是一种方便措施。但是随着网络广告的迅速发展，一些不法经营者却常常凭借此技术，利用其他比较知名的网站链接自己的广告，企图以极小的投入赚取巨额的收益。而且一些加框链接往往使用户误认为链接的内容是该网站的一部分，直接降低了被链接网站本身的浏览量。这种行为损人利己，违反了《反不正当竞争法》的公平诚信原则，构成网络广告中的不正当竞争。①

3. 网站经营者在网络广告中的法律责任

我国《广告法》将广告法律关系的当事人分为广告主、广告经营者和广告发布者三类主体，分别加以规制，对三者的法律责任也分别予以明确。

在传统广告活动中，可以较容易地判断广告法律关系三主体各自应承担的责任，但是在网络广告中，却有一些比较特殊的情况。其中，最引人关注的是ISP的责任承担问题，而其关键在于确定ISP的身份，即其究竟是否属于网络广告的经营者，还是发布者。目前有些国家和地区倾向于将ISP纳入“媒体经营者”或“广告媒体经营者”的范畴，从而根据广告主和广告媒介所有者都应对违法广告承担责任的一般规则，强调ISP作为网络广告的经营者或发布者也必须对网络广告的内容负有实质审查义务并承担连带责任。但是，从ISP的角度而言，在网络广告活动中仅仅是起到信息传输的作用，并没有参与其网站上所发布广告的制作与发布过程，而在复杂的网络环境中，要绝对确保自己传输信息的合法性和妥当性也是不可能的。如果苛求ISP对网络广告承担过重的责任，将会导致ISP不得不投入巨大的人力、财力、物力对网络进行监管，这对于我国刚处于起步阶段的ISP而言，要求过高，负担过重，不利于ISP的发展。因此，可以参照最高人民法院于2003年修改的《关于审理涉及计算机网络著作权纠纷案件适用法律若干问题的解释》中的相关规定。依据该司法解释第4条和第7条，网络服务提供者通过网络参与他人侵犯著作权行为，或者通过网络教唆、帮助他人实施侵犯著作权行为的，人民法院应当根据《民法通则》第130条的规定，追究其与其他行为人或者直接实施侵权行为人的共同侵权责任。网络服务提供者明知专门用于故意避开或者破坏他人著作权技术保护措施的方法、设备或者材料，而上载、传播、提供的，人民法院应当根据当事人的诉讼请求和具体案情，依照《著作权法》第47条第6项的规定，追究网络服务提供者的民事侵权责任。在网络广告活动中，亦可以借鉴上述做法，规定ISP在明知或者参与违法广告的制作或发布时，应当承担责任。

### （四）广告管辖权

网络的超地域性对传统的广告管辖权划分模式提出了巨大的挑战。《广告法》第6条规定，

① 参见齐爱民、徐亮：《电子商务法原理与实务》，175页，武汉，武汉大学出版社，2001。

县级以上人民政府工商行政管理部门是广告监督管理机关。在传统广告制作主体与发布范围有限的条件下，监管机关尚能较好的履行职责。但是网络广告超越地域界限，这将会导致行政管辖权的冲突，并且事实上以监管机关现有的技术手段，其是否能够胜任，不免令人担忧。此外，我国《广告法》第2条表明其管理的是广告主、广告经营者、广告发布者在我国境内从事的广告活动。据此，在国内设立的网站上向国内用户发布广告，无疑应受法律约束；至于在国内设立的网站上向国外用户发布广告，或者在国外设立的网站上发布广告而国内用户能够浏览到，这是否属于广告法的调整范围，则难以判断。而且传统广告由于受国界的限制，一般由国内法管辖，即使发布跨国广告，也是或由本国或由他国法律管辖，通常不会发生法律冲突问题。但是网络广告往往跨越国界，难以确定何地与其联系最为密切。有些广告业者便故意利用这一点，规避法律约束，造成网络广告的混乱。①

除了上述在目前网络广告活动中几个最典型的法律问题之外，还有诸如广告诈骗、色情广告等许多违法现象，已经严重影响了社会正常秩序，给网络用户造成了极大伤害。随着网络技术的进一步发展，还会出现其他形形色色的不法行为，因此，尽快制定并完善相关法律法规，对网络广告进行全面监管，已经成为我国当前刻不容缓的迫切任务。

## 第二节　垃圾邮件的规范治理

垃圾邮件已经成为全球互联网所面临的一个严重的社会问题。诸多国家已经颁布了相关打击垃圾邮件的法律，我国信息产业部在2006年3月也正式实施了《互联网电子邮件服务管理办法》对垃圾邮件进行规范治理。

### 一、垃圾邮件定义

垃圾邮件（Spam）即未经请求的大量发送的电子广告邮件。垃圾邮件必须具有三个构成条件：

1. 未经请求，即未征得收件人同意。何为同意？这是目前垃圾邮件定义上存在的最大分歧，主要有两种观点：第一，采取“Opt-in”方式。“Opt-in”直译为“选择性加入”，这是一种最简单的用户许可方式，即用户主动输入自已的Email地址，加入到一个邮件列表中。“Opt-in”通常又可分为两种形式，一种是用户在网页上的订阅框中输入自己的邮件地址之后，网站无需给予Email通知，是否加入成功要等正常收到邮件列表的内容才知道；另一种是在用户输入Email地址并点击“确认”之后，网站会立即发出一封邮件通知给用户，如果用户不想订阅，或者并不是自己订阅的（比如他人输入邮件地址错误或者恶作剧），可以按照确认邮件里的说明来退出列表，可能是点击某个URL，或者是回复确认邮件来完成。“Opt-in”观点之下，同意的主动权在消费者手里，企业和商家直到得到你同意才被允许发送邮件给你。未经请

① 参见高富平、张楚：《电子商务法》，214页，北京，北京大学出版社，2002。

求所发送的邮件就为垃圾邮件，业内大部分是采取的这种观点。

第二，采取“Opt-out”方式。“Opt-out”直译为“选择性退出”，也被称为“自愿退出”邮件列表。“Opt-out”的基本方法是：网站将自行收集来的用户 Email 地址加入某个邮件列表，然后在未经用户许可的情况下，向列表中的用户发送邮件内容，邮件中有退订方式，如果不喜欢，允许用户自己退出。“Opt-out”的操作方法也不完全相同，有些网站会在将用户加入之后向用户发一封 Email，告诉他已经被加入邮件列表。“Opt-out”观点之下，同意的主动权在发件人手里，发件人可以一直发垃圾邮件给你，直到收件人要求停止发送。这种理论之下的垃圾邮件的范围将会大大增加。

目前全球各国在垃圾邮件立法上采用“Opt-in”和“Opt-out”观点的皆有，比较而言，“Opt-in”对垃圾邮件的范围要求更加严格，有利于打击垃圾邮件。美国支持“Opt-out”观点，澳大利亚和欧盟都采取的是“Opt-in”观点。

2. 大量发送。这要求垃圾邮件发送者必须是一次性发送大量的电子邮件。假设发送者由于错误输入邮件地址，导致收件人并非经过请求获得邮件，也不能认为是垃圾邮件。

3. 广告邮件。这要求垃圾邮件的内容必须是商业性广告，而把出于政治或打击报复等目的大量发送的电子邮件排除在垃圾邮件范围之外。美国 2004 年元月 1 日生效的《未经请求的侵犯性色情及行销行为控制法》就把垃圾邮件范围明确在了商业广告邮件。我国全国人民代表大会常务委员会在 2000 年 12 月 28 日通过的《全国人民代表大会常务委员会关于维护互联网安全的决定》中对出于政治目的和打击报复在互联网上传播信息的犯罪行为也作出了明确规定。

## 二、垃圾邮件的侵权性

一般认为，垃圾邮件的大量存在，主要侵犯了收件人的以下权利：

1. 通信自由权。我国《宪法》第 40 条规定了公民享有通信自由权，通信秘密不受侵犯。通信自由包括发信的自由和收信的自由。没有取得同意向他人滥发垃圾邮件，属于强迫他人通信，侵犯了他人的收信自由，即通信自由权。

2. 隐私权。一方面，收信人在接收到大量的垃圾邮件后，平静的生活被侵扰，受困于大量的垃圾邮件。收信人的生活安宁权受到侵犯，而生活安宁权在民法理论上属于隐私权的范畴；另一方面，垃圾邮件的发送往往伴随着用户大量的电子邮件等个人数据资料的收集、买卖，而这些数据资料属于信息时代的个人隐私范畴。

3. 经济权利。收信人接收和阅读垃圾邮件都需要耗费时间和精力，同时这些会直接带来上网费用方面的损失。当收件人的信箱因为垃圾邮件爆满，影响到收件人正常收取邮件时，可能会让重要邮件无法进入收件人邮箱，给收件人带来更加巨大的经济损失。

## 三、反垃圾邮件的全球立法

1. 美国

美国是世界上最早通过法律手段来解决垃圾邮件问题的国家之一。从 20 世纪 90 年代后期开始，美国联邦参、众两院先后提出了《1999 年网民保护法》《电子邮件用户保护法》《2000 年反未经请求电子邮件法》《2001 年反垃圾邮件法》和《2001 年反未经请求商业电子邮件法》等多项法案，这些法案并未获得两院一致通过而生效。2004 年 1 月 1 日，《美国反垃圾邮件法》（《2003 年 CAN SPAM 法案》）即《2003 年未经请求的侵犯性色情及行销行为控制法》通过实施，对各种滥发垃圾邮件的行为给予严厉处罚，包括 5 年以内监禁、没收财产、3 倍以内的惩罚性赔偿、200 万美元以下罚款等等。该法在美国的实施已经取得不错的效果，美国垃圾邮件数量急剧下降。

1997 年 7 月，内华达州在美国各州中率先就垃圾邮件问题立法以后，各州纷纷通过反垃圾邮件法案。截止到 2003 年 11 月，出台反垃圾邮件法的州达到 36 个。其中除了加利福尼亚州等少数几个州采取"Opt-in"原则来定义垃圾邮件外，绝大多数州都是采取"Opt-out"原则来定义。

2. 欧盟

2001 年 12 月 6 日，欧盟各国部长签署法案，支持在全欧洲范围内禁止垃圾邮件、电传以及其他无用的文字信息。2002 年 7 月 12 日，欧盟议会通过了《欧盟隐私与电子通信指令》。该指令提出，自 2003 年 10 月 31 日起，未经收件人事先同意不得在欧盟范围内向个人发送商业、宣传性的电子邮件。法国、意大利、英国、丹麦、西班牙等欧盟成员国通过国内立法，禁止向个人发送商业广告性质的电子邮件，遏止垃圾邮件的泛滥。欧盟国家在垃圾邮件定义上采取的是"有例外的 Opt-in"原则，也就是一般情况采用"Opt-in"，但事先有商业关系的可以采用"Opt-out"。

3. 澳大利亚

澳大利亚个人隐私委员会从 2001 年年底开始实施的一项保护个人隐私法规规定，任何公司想要通过电子邮件或是手机短信息发送广告，宣传自己的产品，都必须事先征得顾客或收件人的同意。澳大利亚的反垃圾邮件法案在 2004 年 4 月 11 日起正式实施。2006 年 7 月澳大利亚还发布了反电子垃圾邮件的业界从业守则，规定网络服务提供商如果不采取反垃圾邮件措施，将会遭到巨额罚款。

4. 日本

日本经济产业省在 2002 年 1 月颁布了《部分修改关于特定商业行为的法律施行规则的令》。2002 年 4 月 17 日，经济产业省颁布出台了《特定电子邮件法》，并于 2002 年 7 月起生效。所谓"特定电子邮件"，是指为了自己或者他人的营利目的，在未事先征求收件人同意的情况下发送的电子邮件。根据该法规定，在日本，为了进行广告或者宣传，商家可以发送商业性的电子邮件。但在发送时，邮件在形式上必须符合法律的有关规定（如必须带有与邮件内容相吻合的标题，必须提供有效的回复地址，必须表明邮件为未经请求的电子邮件等等）。

5. 韩国

2001 年，韩国制定出台了《信息与通信的传播、通信网络的应用以及信息保护法》，对电子邮件服务行为和使用行为进行了规范。2002 年 11 月 8 日，韩国国会发布了《促进信息通信网络利用及信息保护等修正法》，并于 2003 年 1 月 19 日起实施。该修正法在 2001 年的立法基础上，对某些制作和发送垃圾邮件的行为作出了补充规定，进一步加大了对垃圾邮件的处罚力度。

此外，新加坡等国家及我国香港地区也都通过了相关反垃圾邮件法案。

## 四、我国垃圾邮件法律管制现状

我国目前在垃圾邮件的法律治理领域最为重要的规范性文件，是信息产业部颁布的、2006年3月30日正式实施的《互联网电子邮件服务管理办法》。这部行政规章主要从以下几个方面去防范垃圾邮件：

1. 采取“Opt-in”原则严格限定垃圾邮件的范围。在《互联网电子邮件服务管理办法》第13条第1款第2项中禁止“未经互联网电子邮件接收者明确同意，向其发送包含商业广告内容的互联网电子邮件”的行为。

2. 规范电子邮件及广告邮件的发送行为。发送者不得“故意隐匿或者伪造互联网电子邮件信封信息”，在发送包含商业广告内容的互联网电子邮件时，必须在互联网电子邮件标题信息前部注明“广告”或者“AD”字样。互联网电子邮件服务发送者发送包含商业广告内容的互联网电子邮件，应当向接收者提供拒绝继续接收的联系方式，包括发送者的电子邮件地址，并保证所提供的联系方式在30日内有效。

3. 建立电子邮件服务的行政许可制度。提供互联网电子邮件服务，应当事先取得增值电信业务经营许可或者依法履行非经营性互联网信息服务备案手续。这是对电子邮件服务商（ISP）的管制，强化ISP的法律责任，能够从邮件的发送源头上减少垃圾邮件的产生。

除了《互联网电子邮件服务管理办法》，我国相关行业协会、地方政府以及有关电信企业也出台了一些治理垃圾邮件的规范性文件，如中国互联网协会的《中国互联网协会反垃圾邮件规范》、北京市工商行政管理局2000年5月颁布的《关于对利用电子邮件发送商业信息的行为进行规范的通告》，以及中国电信2000年制定的垃圾邮件处理办法等。总体上来说，我国反垃圾邮件的规范性文件法律层次低，内容散乱，没有建立起一套科学完善地治理垃圾邮件的法律体系。

# 第三节　电子商务税收法律问题

## 一、电子商务与税收

税收是国家为了满足一般的社会共同需求，按照法律规定的标准，强制地、无偿地征收实物或货币而形成的特定的分配关系。税收是一个国家财政的主要收入来源，也是国家宏观管理经济、调控市场的主要手段之一。伴随着互联网在世界各地的兴起，电子商务的出现给一国的经济模式、市场竞争关系以及税收都带来了诸多的机遇和挑战。一方面，电子商务为各个国家和地区提供了新的经济增长点，开拓了一个潜在的广阔的税源空间；另一方面，电子商务也对传统的税收理论和税收制度等产生了不同程度的冲击。

## (一) 电子商务对税制要素的影响

1. 纳税主体

在传统交易方式下，纳税主体都以实际的物理存在为基础，无论是从事生产、销售还是提供劳务、服务的单位或个人，都进行了税务登记。税务登记制度确保了税务机关了解纳税人的基本情况，便于实地查证，掌握税源，加强征管。而在网络环境下，交易双方可能都以虚拟的名称出现，对于查证这些虚拟的信息与实际地点以及法律主体的对应关系，其难度相当地大。税务机关无从判定纳税主体，传统的税源控制方法就难以奏效。

2. 征税对象

传统的交易对象以实物为主，而电子商务的对象不仅包括有形的实体商品，如电器、服装、玩具等，还涉及无形或数字化的产品与服务，如计算机软件程序、电子图书、数字化影视音乐等。其中，数字化的产品使得课税对象的性质变得模糊，即这种数字化的产品应该界定为商品还是服务，这种网上交易是属于商品销售征收增值税，还是属于提供劳务应征营业税，还是属于无形资产的转让而征税营业税，根据现行税收理论，很难予以准确判断和界定。

3. 征税环节

纳税环节是指征税对象从生产到消费的流转过程中应当缴纳税款的环节。任何一种商品，从生产到消费要经过许多流转环节，如工业品要经过工业生产、商业批发和商业零售的环节。显然，现行税法对纳税环节的规定是基于有形商品的流通过程和经营业务活动的，主要适用于对流转额征税，因此其确定必须考虑商品及劳务价格的实现阶段。但是在网上交易过程中，虚拟性、隐蔽性以及数字化商品特性，使得生产、销售、流通等各个阶段无法确切区分，因此征税环节也往往难以判定。

## (二) 电子商务对税收征管的影响

1. 税收管辖权

税收管辖权是国家主权原则在国际税收领域的体现。世界各国通行的税收管辖权的确认标准主要包括三种：一是属地原则，即以本国领土范围作为行使税收管辖权依据的原则；二是属人原则，即以纳税主体是否具有本国国籍作为行使税收管辖权依据的原则；三是混合原则，即混合适用属地原则与属人原则，以其中的一种为主，另一种为辅。目前大多数国家采取的是混合原则，对本国居民的境内境外所得，以及非本国居民来源于本国境内的所得征收税款。由此引起的国际重复征税，通常以双边税收协定的方式加以解决，即两国签署双边税收协定，约定纳税人本国应该对于纳税人来自另一国并且已被该国征税的所得给予抵免税款，从而尽量避免国际重复征税。

由此，“常设机构”以及“商品服务提供地”这两个概念在税收管辖权的行使中便显得十分重要，他们往往是判断商品属地原则的适用标准。首先，常设机构往往是一国对其境内的非居民来源于该国的所得行使税收管辖权的依据。《经济合作与发展组织关于避免双重征税的协定范本》和联合国《关于发达国家与发展中国家避免双重征税协定范本》都对常设机构作了界定，即指一家企业开展全部或部分营业的固定场所，并且其所从事的活动是准备性或辅助性活动以外的营业活动。按照此传统概念，常设机构必须同时具备人与物两个方面的客观要素。然而，在电子商务中，大部分商事行为是由服务器自动完成的，此时该服务器究竟属于数据存储场所还是常设机构？从某种意义上说，该服务器行使的是代表企业从事商事活动的权利，似乎应该认定为常设机构。但是，服务器和网址流动性极强，可以随时随地转移而不受影响、正常工作，不仅不符合常设机构的“固定性”要件，而且对于确定具体地址以行使管辖权也极为不便。其次，商品服务供应地是确定流转税征收管辖权的主要依据。传统交易方式下，商品服务供应地往往是经营者所在地或消费者所在地，易于确认。但是在网络环境中，消费者所在地、网络商业中心所在地及其服务器所在地三者常常位于不同国家，此时商品供应地如何确定，何国拥有税收管辖权难以判断。同理，对于服务供应地而言，随着远程控制技术的发展，很多服务项目不必服务人员亲临现场就可以提供在线服务，这便降低了服务供应地与特定地理位置之间的联系的紧密性，也加大了确定流转税征收管辖权的难度。

上述两方面都说明属地管辖权在电子商务税收中难以继续有效的发挥原有作用，于是一些国家倡导应该弱化属地管辖权，而倾向并侧重属人管辖权。但是在网络的虚拟条件下，交易双方可能不会以真实身份出现，实际姓名与确切地址都难以探知，其本国对其行使属人税收管辖权亦非易事。

由此可见，电子商务对传统税收管辖权带来的冲击是前所未有的。

2.税务稽查

税务机关对纳税人进行有效的税收征管和稽查，必须切实掌握纳税人完整、真实的信息资料，而这主要获取的途径就是对纳税人的合同、发票、凭证、账簿、报表等进行审查。但是，在电子商务活动中，谈判签约、支付价款，甚至数字化产品的交付等行为都可以在线完成，网上交易的无纸化使得税收征管、稽查失去了原始实物凭据。此外，在电子货币、电子票据、电子划拨技术的使用下，电子记录可以轻易更改而不留痕迹，而且越来越发达的加密技术可以很好地隐匿交易信息。这些都使得税务征管和稽查变得更加困难。

3.税款流失

在现行税收征管制度下，税务登记所依据的基础是工商管理登记。但在网络交易下，电子商务纳税主体的虚拟化，以及交易的无纸化，使得税务稽查所依据的纳税申报表及发票无从谈起。在电子商务条件下，纳税人在网上的经营范围几乎不受任何限制，这使得税务机关无法了解纳税人的生产经营状况。另外，由于在互联网上企业可以直接进行交易，而不必通过中介机构，又使传统的代扣代缴税款无法进行。随之而来的税款流失问题已经成为各国关注的焦点所在。

## 二、世界各国电子商务税收政策评述

目前，世界各国都在积极研究电子商务给传统税制带来的影响，而对于电子商务是否征税以及是否开证新税等话题，各国的政策略有不同。

### （一）美国

美国是电子商务发源地以及应用最广泛的国家，也是世界上最先对电子商务税收制定专门政策的国家。

1996 年 11 月，美国财政部颁布了《全球电子商务税收政策解析》提出各国在制定税收政策及税务管理措施时应遵循中立原则，以促进互联网这一新兴技术的运用及发展。对于国际税收原则不必作出根本性的修改，但是要达成国际共识，以确保不对电子商务征收歧视性税收，并且应该明确对电子商务征税采取属人管辖而非属地管辖原则，避免双重征税。

1997 年 7 月，时任美国总统的克林顿发布了《全球电子商务纲要》（A Frame-work for Global Electronic Commerce），提出了发展电子商务的五大原则：继续由私人企业主导互联网的发展；政府应避免对电子商务作不当的限制；如果政府的介入是必要的，其应该在于支持及实施一种可预测的、最低程度的、一致而简单的电子商务法律环境；政府应认识互联网特殊的本质；必须以全球为基础来促进电子商务的发展。对于离线交易应按现行税制办理，而不应开征新的税种；对于在线交易则应免征关税。此外，建议世界贸易组织及其他有关组织宣布互联网为无税区。

1998 年 10 月，美国正式通过了《互联网免税法》（The Internet Tax Freedom Act）。该法案出台的背景是，有些人认为互联网信息传输的字节“比特”（bit）是一种商品，这种商品在网络上流通，相当于商品流通，应该对其征收“比特税”。这个想法最先由加拿大税收专家阿瑟·科德尔（Arthur Cordell）1994 年提出，后经荷兰马斯特里赫大学的卢·索尔特（Lue Soete）教授加以完善和正式提出，其核心理论是对信息传输的每一数字单位征税，包括对增值的数据交易，如数据收集、通话、图像或声音传输征税。后来，美国政府为此发布了《互联网免税法》，决定不为这个比特的流动发明新税，就是对比特免税。换句话说，该法案主要针对的是 ISP，即网络服务提供商从公众那里收的接入费可以不收税，并不是说对通过互联网进行的交易不收税。当然，如果我们把网络服务商的网络接入服务看作广义的电子商务种类的话，那么，该法案也算是对网络接入服务这种特殊电子商务种类的免税。《互联网免税法》规定的免税期后来被延至 2003 年 11 月 1 日。2004 年 4 月 29 日，美国议会对《互联网免税法》进行了修订，更名为《互联网税收不歧视法》，并将免税期延长至 2007 年 11 月 1 日。

### （二）欧盟

1997 年，欧盟通过了《欧洲电子商务动议》以及《波恩部长级会议宣言》等文件，阐明要为电子商务的发展创建一个“清晰与中立的税收环境”。

1999 年，欧盟提出了电子商务的税收准则：对电子商务不开征新的税种，而是适用现有的税制；数字化产品的在线传送视为应税劳务征收增值税；电子商务税收政策应易于执行；应确保电子商务税收的征收效率；为了便于税收征管，应对可能实行的电子票据作出规定。

2003 年 7 月，欧盟发布法令开始对电子商务征收增值税。根据该法令，无论供应商所在何地，欧盟居民的所有网上购物（包括下载软件和音乐等）都必须缴纳增值税。

### （三）经济合作与发展组织（简称 OECD）

经合组织是较早关注电子商务税收的国际组织之一。

1997 年经合组织在芬兰会议中，达成以下共识：任何税收均应维护中立并确保税收合理分配，避免重复征税和过多的执行费用；政府与企业界应共同致力于税收问题的解决；国家间应加强合作，解决电子商务税收问题；税收不应成为阻碍电子商务的正常发展；不应实行比特税。

1998年，经合组织提出了电子商务的税收原则：中立、高效、明确、简便、公平和灵活。

目前，经合组织正在与其他国际组织和区域性组织、企业界以及非成员国紧密合作，努力进行以下三个方面的工作：

(1) 跟踪技术、协作和标准方面的相关发展，并在适当的时候，投入力量以确保税务系统的稳定管理；

(2) 根据要求进一步阐明相关的国际税务范式。

(3) 为采用现有范式或管理办法提供指导以适应电子商务的未来发展。

## 三、我国对电子商务实施征税的必要性

我国关于电子商务是否征税的规定几乎属于空白，当然，其中最重要的问题是中国电子商务基本立法的缺失。在这样的情况下，免税派和征税派的争论自然就产生了。

“主税派”认为，税收是国家赖以生存的重要财政支柱，电子商务是一个巨大的潜在税源，如果不对之征税，随着电子商务的日益发展，政府税收将有逐渐减少之虞。而且电子商务与其他商业形式一样，都是商业的一种，差别仅在于具体方式不同，既然其他商业形式都必须征税，对电子商务也应一视同仁，否则有违税收的中立与公平原则。

而“免税派”则认为，税收虽然是国家财政收入的主要来源，但同时也是宏观调控的手段，电子商务是一个新兴的领域，代表未来的发展趋势，因此政府应对之给予扶持和鼓励，促进其发展，而最好的方式就是予以税收优惠，免征税赋。

进而，有人认为，C2C（个人间交易）这种商业模式对中国的现状而言是积极的，其最大的功能便是解决了大量的就业问题，缓解了我国的就业压力，同时繁荣了经济。另外，在C2C交易中，通常有很多金额很小的交易，对这部分交易进行收税可谓得不偿失。

我们认为，不论是从国际社会普遍通行的规则，还是从电子商务在各国经济中的地位；不论是按照税收中立公平原则，还是从平等竞争的市场环境保障上来说，对电子商务实施征税都是必要的。

1. 国际社会都对电子商务实施征税

从国际经验来看，不论是互联网的发源地美国还是经济发达的欧盟，都明确对电子商务征税。不论是1996年11月美国财政部颁布《全球电子商务税收政策解析》，还是1997年7月美国政府发布的《全球电子商务纲要》都对电子商务实施税收征收持肯定态度，而欧盟不仅在1997年通过了《欧洲电子商务动议》以及《波恩部长级会议宣言》等文件，而且还在2003年7月正式启动了对电子商务课征增值税。

另外，从维护本国企业在其他国家公平参与电子商务竞争的权利，以及避免外国电子商务企业对我国传统企业带来的冲击，我们都必须对电子商务实施平等征税。

2. 电子商务已成为一国经济中重要组成部分

电子商务已经成为各国商务贸易中一股不可忽视的力量，其在各国服务或商品中所占据的交易量以及货币流通量规模日渐庞大。并且随着电子商务的不断发展，电子商务在一国经济组成中的地位和份额还在不断提高。如果不对这部分经济实施征税，也就意味着国家税收收入的

大量流失。

3. *税收原则落实要求必须对电子商务征税*

税收公平原则是指国家征税要使各个纳税人承受的负担与其经济状况相适应，并使各个纳税人之间的水平保持均衡。一般来说包括横向公平和纵向公平。前者强调情况相同，则税收相同；后者则要求纳税能力不同，则缴税不同。实施上，电子商务作为一种新型的商务模式，不论从其作为传统商务的补充的角度来看，还是从其与传统商务相并列的角度来看，它都应该适用与传统商务相同的税法，公平承担与传统商务相当的税负。

4. *公平竞争的市场秩序维护要求对电子商务征税*

不可否认，大部分的电子商务都是传统商务活动中某环节的电子化、数字化，换句话说，在很多情形下，传统商务和电子商务的领域都是竞争的，如果对电子商务实施免税保护的话，那就是人为制造不公平的市场秩序，在传统商务与电子商务的竞争中，传统商务经营者不仅将额外承担竞争成本，而且还可能遭受不必要的经济损失。比如在线商店与传统书店相比，其本身在硬件成本上就占优势，如果还对他们实施差别征税的话，那么，在线商店凭借成本优势轻松发动价格战，让传统书店的销售额受到巨大冲击。

因此，从公平的市场竞争秩序维护上来看，对电子商务与传统商务实施平等、公平征税是必不可少的措施。

## 四、电子商务征税税种分析

对电子商务是否进行征税以及征收何种税收不能一概而论。需要根据电子商务的种类不同而区别对待。

以离线交易和在线交易的电子商务种类划分来看，离线交易的本质只是传统商务环节的部分电子化，那么，对于这类交易应该严格按照传统商务以及相应的税种予以课税。

对于在线交易而言，则面临数字化商品和服务的征税问题。对于数字化商品而言，比如数字化图书、音乐，甚至是网络游戏装备，则面临应该被认定为传统贸易中的商品还是服务的争论。认定为商品，应该按照税法规定予以征缴增值税；认定为服务，应该依法征缴营业税。而对于数字化服务而言，比如电子邮箱服务等，应依法征缴营业税。

从电子商务参与主体角度来看，如果电子商务的主体中有企业法人的话，那么，该电子商务主体需要依照公司法和相关税收法律规定依法纳税，可能需要征缴营业税等。如果电子商务的主体有个体工商户的话，那么则需要缴纳增值税、城市维护建设税、教育附件和个人所得税。如果参与双方都是自然人，而且双方之间的交易只是偶然性的话，那么，双方之间的电子商务行为是无须征税。

## 五、电子商务征税模式概述

对电子商务实施征税是毋庸置疑的，但是，又该如何对电子化、数字化、虚拟化的电子商务行为进行判定并依法征税？这就涉及具体的征税落实问题。包括电子商务征税主体确定及税款征缴问题。

### （一）电子商务主体规范化

电子商务给传统税制最大的冲击就是其电子化、虚拟化的特征加大了纳税主体的判定难度。因此，为了更好地规范电子商务行业，依法对电子商务从业者进行征税，首当其冲的就是解决电子商务主体规范化的问题。

### （二）自行申报与代扣代缴并重

电子商务税款的征缴问题是当前电子商务征税中的难点问题。我们知道，电子商务的电子化、数字化和虚拟化让众多发生的交易具备了“隐匿”的特征。税务机关很难确定电子商务法律主体的销售额等。

因此，有人建议要“建立电子商务登记制度”，纳税人从事电子商务活动的，应到主管税务机关办理专门的电子税务登记，填报企业网址、电子邮箱地址等相关资料，同时必须将企业实行的财务软件的名称、版本必要信息提交税务机关备案。税务机关对以上资料严格审查后，在税务管理系统中予以登记，但必须履行为纳税人保密的义务。

落实电子商务税款征缴的关键在于确立互联网环境下自行申报与代扣代缴制度的确立。

1. 自行申报

由依法取得电子商务经营资格的法律主体根据自身经营范围以及每月销售额，主动通过互联网向税务机关申报。在这个问题上，需要税务机关搭建网上报税系统。在自行申报问题上，体现的是电子商务经营者的诚信问题，因此，网上税收申报的信息需纳入社会信用档案。一旦在税务机关查缴过程中，发现自行申报的电子商务主体有故意偷、逃、漏税的行为，就给予警告或其他处分，并且该警告需如实放置在电子商务主体经营业务所在网站。

2. 代扣代缴

在电子商务中，很多交易的完成，尤其是货款支付环节都是在网上进行的。这就涉及电子支付平台以及网上银行。电子支付解决网上交易的类型，网上银行则根据交易类型实施对电子商务的税款确定及扣缴。

另外，在“支付宝”等第三方支付工具中，其实行的是“买家付款”暂存“支付宝”，卖家确认支付信息后，予以送货，“买家收货”确认通知“支付宝”，然后“支付宝”将货款转移支付至卖家账户。在这种支付模式下，“支付宝”等第三方支付工具就可以承担起税款的代扣代缴义务，直接从买家支付的“货款”中予以扣缴后再将余额转移支付到卖家账户。

# 第四节　电子商务消费者权益的保护

## 一、电子商务中消费者的权利与经营者的义务

### （一）电子商务中消费者的权利

电子商务中交易主体的虚拟化、交易过程的无纸化、支付手段的电子化、交易空间的无地

域化等特点使经营者与消费者之间的力量对比更加悬殊。相对于传统交易，电子商务中消费者的权利主要集中在五个方面：安全权、知情权、自主选择权、公平交易权和网购后悔权。

1. 消费者的安全权

我国《消费者权益保护法》第 7 条规定："消费者在购买、使用商品和接受服务时享有人身、财产安全不受损害的权利。"安全权具体包括人身安全权和财产安全权。人身安全权，是指消费者在网上所购买的商品对自己的生命安全与健康安全不受损害的权利；财产安全权，是指消费者的财产在网络交易中不受侵害的权利。

2. 消费者的知情权

我国《消费者权益保护法》第 8 条规定："消费者享有知悉其购买、使用的商品或者接受的服务的真实情况的权利"。消费者在进行网络交易时，整个过程中都无法接触到商品与商家，只能靠商品说明文字与图像等信息进行判断。消费者有权利了解商品或服务的真实情况、具体信息。

3. 消费者的自主选择权

我国《消费者权益保护法》第 9 条规定："消费者有自主选择商品或者服务的权利。消费者有权自主选择提供商品或者服务的经营者，自主选择商品品种或者服务方式，自主决定购买或者不购买任何一种商品、接受或者不接受任何一项服务"。消费者的自主选择权在网络购物活动中能够充分体现，网络购物的最大特征就是消费者的主导性。

4. 消费者的公平交易权

我国《消费者权益保护法》第 10 条规定了消费者享有公平交易的权利，即消费者与经营者之间进行消费交易中所享有的获得公平的交易条件的权利。"消费者在购买商品或者接受服务时，有权获得质量保障、价格合理、计量正确等公平交易条件，有权拒绝经营者的强制交易行为。"在消费性的交易中，公平交易指消费者获得的商品、服务与其交付的货币价值相当。网络交易中，消费者仅能根据经营者单方提供的信息判断商品与服务的价格和价值是否相当，网上商品价格的合理性难以得到保证。同时，商品的质量保障和计量正确等公平交易条件也难以实现。

5. 网购后悔权

后悔权是指赋予消费者的一种权利，即消费者购买商品后，如对消费行为产生后悔想法，可以在法律规定的合理期限内根据本人意愿将所购商品退回给经销者，并无须说明理由，也不需承担费用。我国《消费者权益保护法》第 25 条规定，"经营者采用网络、电视、电话、邮购等方式销售商品，消费者有权自收到商品之日起七日内退货，且无需说明理由，但下列商品除外：（一）消费者定作的；（二）鲜活易腐的；（三）在线下载或者消费者拆封的音像制品、计算机软件等数字化商品；（四）交付的报纸、期刊。除前款所列商品外，其他根据商品性质并经消费者在购买时确认不宜退货的商品，不适用无理由退货。"

### （二）电子商务中经营者的义务

1. 在线信息披露义务

在电子商务中，经营者具有强大的优势，交易信息不对称使消费者经常陷入不知情状态，处于交易劣势。经济合作与发展组织（OECD）1999 年 12 月《关于电子商务中消费者保护指南》中明确指出，网络经营者应当披露的信息内容包括三个方面：经营者身份信息、商品或服务信息、交易信息。[①]

(1) 经营者身份信息

我国《消费者权益保护法》第20条规定了经营者有真实标识义务，这表明公示真实身份是经营者的一项义务。网络经营者同样应当履行披露其真实身份的义务，这一点在许多国家或国际组织的法律规范中得到体现。

(2) 商品或服务信息

我国《消费者权益保护法》第19条规定经营者有真实信息告知义务。进行网络交易，消费者无法接触商品，只能依据经营者对商品的语言描述、图片显示等宣传广告信息订立合同。若经营者对商品或服务信息不完全公开，易导致消费者误解，甚至遭受欺诈。网络经营者在销售商品或提供服务时须披露的商品或服务信息内容应包括但不限于以下几方面：商品名称、注册商标；生产者、产地；生产日期、有效期；价格、用途、性能、规格、等级、主要成分；检验合格证明、质量证明；使用说明书、售后服务；可能危及人身或财产安全的商品或服务，应特别加以说明。

(3) 交易条件信息

网络交易所有的程序都是由网站经营者先行设计好，交易大都属于非谈判交易，交易条件亦是由网络经营者确定，消费者几乎没有权利进行选择，我国现行法律没有涉及交易条件信息的披露问题。

为保障消费者知情权和公平交易权，经营者应有义务披露真实、完全的交易信息，向消费者提供清晰的、全面的交易条件。如向消费者收取的或由消费者承担的成本项目、服务条款、交付和支付条款、购买的限制或限度条件（监护人许可、地域和时间限制、购买额的限度等）、有效的售后服务信息、保证和担保条款等。

2. 不得滥用格式条款的免责义务

网络格式合同在网络消费交易中是必要的，其效力可以根据《合同法》和《消费者权益保护法》来确认，只要其符合法律的规定，没有损害消费者的合法权益，格式合同就对双方当事人具有约束力。目前，网络经营者利用格式合同减轻或免除责任的现象十分普遍，对免责条款进行限定，对维护交易公平和发展网络交易具有重大意义。如限制无效条款列入合同；限制不合理条款的效力；对于减轻、免除经营者责任或限制消费者权利的条款，应当采用特别提醒的方式列入合同。

3. 切实履行合同义务

电子商务合同履行中，经营者延迟履行合同、瑕疵履行合同、不承担售后服务义务的事情时常发生。我国法律应规定适当的最长履行期限和“冷却期”[②]（cooling off period），并明确经营者的承诺义务、保证售后服务义务、赔偿义务等。

---

① See Organization for Economic Cooperation and Development, Recommendation of the OECD Council Concerning Guidelines for Consumer Protection in the Context of Electronic Commerce (1999).

② 又称“犹豫期”：指消费者签订远程契约后，在规定的期限内可以无条件退货或撤销契约，且不需要给付违约金与说明理由。

4. 保护消费者个人信息义务

由经营者制定隐私保护政策与措施并予以公示，其对消费者面临的隐私风险有说明和提示义务，对所收集的个人信息有合理使用与限制、禁止使用的义务；经营者的收集行为必须在法律的规定范围内，须经主管部门许可与当事人同意后才可以进行个人信息的收集；经营者对其收集的个人信息的使用必须是合法的，且未经被收集人许可，不得对其信息进行公开或转让；经营者要保证数据的统一性和秘密性；提供的网络服务必须有技术保障，以保护消费者信息的安全；告知消费者降低风险的技术措施；对使用消费者个人信息带来的损害结果必须负有赔偿责任；经营者擅自转让消费者个人信息给第三方，造成消费者权益受到损害，其应负有承担连带赔偿责任。

## 二、电子商务中消费者权益保护面临的问题

电子商务中消费者权益保护主要面临以下七类问题，其中包括六类常见的侵犯消费者权益的情形（参见表7—1）与损害赔偿权难以实现的问题。

**表7—1　　电子商务中消费者权益遭受侵犯的常见情形**

| 权利种类<br>面临问题 | 知情权 | 人身安全权 | 财产安全权 | 自主选择权 | 公平交易权 |
|---|---|---|---|---|---|
| 网络消费欺诈 | √ | √ | √ | | |
| 网络虚假广告 | √ | | | | √ |
| 网络合同履行 | | √ | | | √ |
| 网络格式合同 | | | | √ | √ |
| 网络支付安全 | | | √ | | |
| 网络隐私权保护 | | √ | | | |

### （一）网络消费欺诈问题

网络消费欺诈，是指经营者以非法占有为目的，在网络上实施的利用虚构的商品和服务信息或者其他不正当手段欺骗、误导消费者，使消费者的合法权益受到损害的行为。网络环境下，经营者对其身份信息披露不全或虚假，消费者很难认证或无法判断销售者的真实身份。在销售商品或服务时，经营者对消费者无告知销售动机的义务，消费者只是凭借经验和习惯对经营者的销售动机进行主观判断，购买者很难断定经营者是真实销售商品还是借销售商品之名实施欺诈。目前，网络消费欺诈的常见手段有：低价陷阱套取货款、空头承诺骗取订金、销售虚假商品等。

### （二）网络虚假广告问题

网络虚假广告，是指经营者为达到引诱消费者购买商品或接受服务的目的而发布的关于其商品或服务的不真实的信息内容。如夸大产品性能和功效、虚假价格、虚假服务承诺等。网络广告是网络消费者购物的主要依据，消费者的购物决定大多根据广告文字和图像进行判断而作出。因网络广告的特殊性，相关部门难以进行审查和监管，而消费者很难判别广告信息的真实性、可靠性，其知情权和公平交易权大打折扣。如果消费者因误信网络虚假广告而购买了伪劣、假冒商品，不仅损害了消费者的经济利益，严重的还可能危害消费者的生命和健康安全。

韩国《表示广告法》第2条第2款及其施行令第2条第2款中，规定该法同样适用于使用互联网和计算机通信等媒体进行的电子商务交易。这部法律对欺骗消费者或者有可能欺骗消费者，以及可能有损于公平交易的表示和广告进行了规制。

### （三）网络消费合同履行问题

网络消费合同不适当履行的行为多表现在以下几个方面：（1）延迟履行。网络购物的物流配送缓慢是很普遍的事情，出于某些原因，经营者向消费者承诺的交货日期难以兑现；（2）瑕疵履行。网络消费者在认购商品并发出货款后，经常出现实际交付商品的种类、数量、质量等与购买时不一致的情况。（3）售后服务无法保证。网络交易的最大特点就是打破了地域的限制，虽然《消费者权益保护法》规定了经营者承担“包修、包换、包退”的义务，但因为跨地域交易、经营者真实身份难以认定等因素，消费者很难实现其享受售后服务的权利。关于数字化商品的退货问题也成为《消费者权益保护法》面临的新的问题。

我国《消费者权益保护法》对经营者的合同履行期限未做规定，相关法律法规中也没有偏向消费者履行期限的规则。而欧盟2000年10月31日生效的《消费者保护（远程合同）指令》却规定：“供应商必须自消费者向其发出订单的30天内履行合同。无论出现任何原因，供应商未能在规定期限内履行合同，必须尽快通知消费者并返还所涉款项，通知与返还期限在履行期届满30天内。”该规则同时规定：“消费者有权在最少7个工作日内撤销任何远程契约，且不需要给付违约金与说明理由。在撤销契约中，消费者承担的费用仅限于返还货物的直接费用。”

### （四）网络格式合同问题

网络消费类合同普遍采用的是格式合同形式，大多数交易条款或服务条款都是由经营者事先拟定好，消费者一般只能接受或拒绝。消费者在网络交易中经常遇到的格式合同是点击合同(Click-warp contract)，即消费者按照网页的提示，通过双击经营者网站的“同意”或“接受”按钮所订立的网络合同；还有一种格式合同是浏览包装合同（browse-warp contract)，指经营者作为合同的一方在合同中约定，访问者一旦浏览其网站主页便于该经营者成立了合同。

在网络环境下，要消除格式合同是不现实的，因为“网络具有天然地适用格式合同的条件及优势”。很多格式合同中包含有免除经营者责任或加重消费者责任的条款；如“因网站或网站个别工作人员的过失造成消费者个人资料的丢失或泄露，网站不负责任”“用户同意保障和维护网站及其他用户的利益，如因用户违反有关法律、法规或本协议项下的任何条款而给网站或任何其他第三人造成损失，用户同意承担由此造成的损害赔偿责任”等，这些条款往往很难被消费者所察觉。网络格式合同最大的特点是附和性，经营者在提供格式条款后，消费者要么全部接受，要么全部拒绝，没有协商的余地。经营者的格式合同中，存在着减轻、免除自己责任的条款，这些条款较高的隐藏性令消费者忽略了条款中不公平、不合理的内容。我国《合同法》给予了接受格式合同的当事人以特殊的保障。

### （五）网络支付安全问题

网络交易是一种非即时清结交易，通常由消费者通过信用卡或其他支付手段付款，经营者收到货款后才发货或提供服务，这区别于生活中即时清结的消费交易。我国的网络消费者开始习惯网上付款，基于我国金融服务水平和电子化程度限制，网上支付的安全还难以得到保障。随着网络交易的发展，网上付款将成为消费者履行支付义务的最主要方式。网络的开放性增加了消费者财产遭受侵害的风险，消费者在使用电子货币支付货款时可能承担以下风险：网上支付信息被厂商或银行收集后无意或有意泄露给第三者，甚至冒用①；不法分子盗窃或非法破解账号密码导致电子货币被盗、丢失；消费者未经授权使用信用卡造成损失；信用卡欺诈；支付系统被非法入侵或病毒攻击等。

对于网络支付安全，除了采取当事人自律规范、从网络技术上确保交易安全等措施外，更要从法律上明确银行网络、经营者的赔偿责任，平衡其与消费者之间的权利义务关系。从目前各国信用卡的法律规范来看，大都偏重于保护消费者。例如，美国的《Z条例》（Regulation Z）就规定："消费者承担的责任有限，对欺诈产生的损失，经营者承担较大风险；对事件的调查责任主要由发卡行和信用卡公司承担。"

### （六）网络隐私权保护问题

网络消费中，大量的私人信息和数据等被信息服务系统收集、储存、传输，消费者的隐私权不可避免受到威胁，如网络经营者为追求利润和利益使用甚至买卖消费者个人信息；银行的过错行为或黑客侵犯导致的个人信用卡信息被盗、丢失；大量垃圾邮件的骚扰等。

现阶段，我国没有专门法律对网络隐私权加以保护，而国际社会对网络环境下隐私权保护的力度已大大加强。经济合作与发展组织（OECD）1980年出台的《隐私保护与个人数据资料跨境流通指导原则》、于1998年发布的《全球网络隐私保护宣言》，欧盟1995年形成的《个人数据保护指令》等，都对个人网络隐私权保护进行了详细的规定，美国、英国、德国等国家已经有了保护公民网络隐私权的法案。

### （七）损害赔偿权难以实现问题

消费者的损害赔偿权，又称求偿权。该项权利的实现以消费者的其他权利遭受侵犯为前提，如：消费者在进行交易的过程中或使用商品和服务后，人身或财产遭受了一定的损害。损害赔偿权实际是法律赋予消费者在利益受损时享有的一种救济权。

网络的特性和相关法律的空白使网络经营者和消费者之间产生大量的纠纷。当消费者发现自己权益遭受侵害后，因无法得知经营者的真实身份或者经营者处于其他地区而无法或不便寻求救济。且过高的诉讼成本、举证的困难性、网络交易纠纷的管辖权归属与法律适用的不确定也导致消费者容易放弃救济权。网络与电子商务的发展速度越来越快，如何更好地保障网络交易的发展，保护网络消费者的合法权益，保证网络消费者在遭受侵权后迅速、方便地寻求救济，成为立法面临的新难题。

## 三、电子商务消费纠纷的救济途径

我国《消费者权益保护法》赋予了消费者在遭受侵权行为时寻求救济的权利，但在电子商

---

① 如账号、密码、身份证号码等。

务消费纠纷中，消费者却难以获得救济。

### （一）司法救济

网络交易中，大多数是小额交易，在合同履行出现问题后，出于诉讼成本高、举证困难、诉讼不便等因素，消费者往往选择放弃救济。因此，有效的小额诉讼程序的设立对于方便公民小额纠纷，特别是保护网络消费者的权益有着重要意义。

小额诉讼程序的实质是为一般民众提供一种救济小额权利的司法形式，其具有立案数额低、简易、高效等特点，对小额诉讼程序在审理阶段上应该和一般诉讼程序有所区别，例如我国台湾地区的小额诉讼程序的审理就有以下特别规定：可以在夜间或休息日进行；实行一次言辞辩论终结诉讼；为实现简速的审理目的，对证据的调查有特殊规定；诉讼中严格限制诉之变更、追加与提起反诉；使用表格化判决；原则上实行一审终审，限制当事人上诉。世界上许多国家都设立了受理小额诉讼的法庭，如：美国、日本、新加坡、澳大利亚。

### （二）非诉解决机制

ODR 即是 Online ADR①，一般被称作“在线争端解决机制”（详见本书第八章第三节）。ODR 是指“涵盖所有网络上由非法庭但公正的第三人，解决企业与消费者间因电子商务契约所生争执的所有方式”②。它最大限度地体现了当事人意思自治，具有纠纷解决方式和适用规则的灵活性、争端处理的高效性、纠纷解决的经济性等特点。

1. 在线投诉

在线投诉，即为电子商务的消费者专门提供一种在线的投诉途径，是由第三方机构设立平台接受消费者投诉，并帮助消费者联系商家解决投诉问题的一种机制。不同的投诉机构会对投诉范围作出不同规定，在受理投诉之后，受诉机构可以采取调查、调解或者仲裁等处理措施。这方面的代表性实践是美国中央商业促进会（Central Better Business Bureau）下属网站 BBB Online 的在线消费者投诉处理机制。

2. 在线调解

在线调解的基本原理同传统调解一样，不同的是调解的全部过程在网络上进行。在线调解的特点有：（1）更能体现当事人的自愿。当事人可以自由决定是否采取该种方式，也可以自由决定是否参与到程序中；（2）其程序受法律规范约束少。在线调解中，可以通过第三人寻求一种合理的解决方法。（3）第三人为自愿且无利害关系的第三人。美国 Online ADR 的调查程序中，通常是由消费者协会、商业协会或一些中立机构来进行调解。

3. 在线仲裁

在线仲裁因受到网络技术对当事人举证等活动的限制，很少适用于网络交易纠纷，目前在线仲裁主要解决域名争议。建立和发展在线仲裁面临的问题主要有：（1）证据提交的问题。网络交易中，除了数据电文来往外，可能也会出现书面或其他形式的证据，此时如何向仲裁庭提交证据成为难题。（2）在线仲裁地的确定问题。由于在线仲裁程序完全是在线进行，故不易对

---

① 全称是 Online Alternative Dispute Resolution.

② 郭佳玫：《论现行网路交易争议解决的法律问题——兼谈线上争端解决机制》，载《科技法律透析》，2001（6）。

仲裁地作出确认，仲裁地的确定对跨国交易产生的纠纷解决有重要影响。(3) 仲裁裁决的效力问题。在线仲裁裁决对双方当事人具有多大的法律约束力，是否具有司法执行力，尚不明确。

## 法条链接

1.《中华人民共和国广告法》第四十四条

2.《互联网电子邮件服务管理办法》

3.《中华人民共和国消费者权益保护法》第二十五条

## 深度阅读

1. 孟子艳，李鑫. 网购时代的新消法应对——以后悔权为例. 湖北社会科学，2014 (10)

2. 李明伟，董蕾. 网络广告长尾的法律问题与治乱之策——基于三种模式的提出和考察. 新闻与传播研究，2014 (5)

3. 鞠晔. B2C 电子商务中垃圾邮件的法律问题研究——以消费者权益保护为视角. 重庆邮电大学学报：社会科学版，2012 (2)

4. 谢波峰. 对当前我国电子商务税收政策若干问题的看法. 财贸经济，2014 (11)

5. 李德成. 网络广告法律制度初论. 北京：中国方正出版社，2000

6. 赵秋雁. 电子商务中消费者权益的法律保护：国际比较研究. 北京：人民出版社，2010

7. 邱祥荣. 电子商务课征加值型营业税之法律探析. 北京：北京大学出版社，2005

## 问题与思考

1. 网络广告面临着哪些法律问题及如何解决?

2. 垃圾邮件定义的"Opt-in"与"Opt-out"原则各自的优缺点。

3. 简述各国电子商务税收政策及电子商务征税模式。

4. 如何构建网络环境下消费者权益保护体系?

# 程序篇

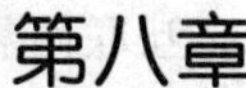

# 第八章 网络案件的管辖及争端解决机制

重点知识

1. 互联网环境对传统管辖权依据的挑战。
2. 常见的在线争端解决机制。

## 第一节 网络纠纷案件的司法管辖

### 一、Internet 环境及其特点概述

曼纽尔·卡斯特尔认为，网络社会既是一种新的社会形态，也是一种新的社会模式。在卡斯特尔看来，我们的社会正经历着一场信息技术革命，在这场革命中，信息技术就像工业革命时期的能源一样重要，它重塑着今日社会的基本结构。网络在构造出一个独立于现实物理空间的虚拟社会之后，逐渐对传统人类的观念、思想、行为产生了根本性颠覆，也对传统的政治法律制度带来冲击与挑战，司法的地域性、制度构建本身的民族性，都使得 Internet 成为各类涉网络案件管辖纠纷冲突滋生的“土壤”，相关管辖权条款与制度天生就具备国际私法属性，又由于管辖权确定是任何司法纠纷案件顺利展开的前提，是保证法院实现实体裁决正义的基础，因此分专章研讨网络案件管辖权及在线纠纷解决机制，无论是在司法实践还是在理论争鸣都显得十分必要。

Internet 不仅仅是一个网络空间，它同时是由电话系统、邮政系统、新闻媒体、购物中心、信息集散地、音像传播等子系统构成的一个大的系统。从功能上看，它并非这些子系统功能的简单相加，而是一个具有客观性、全球性、当事人的多边形、交互性和实时性、管理的非中心性等特点的复合倍加而成的新系统。我们称这个新系统为“Internet 环境”，按照语境论的分析思路，要探讨网络纠纷案件管辖权确定问题必须进入到这个“Internet 环境”之中，“进入”是为了更好地“跳出”，只有真正地“进入”，才可能更客观地分析问题，概括而言，“Internet 环境”具有以下五个特点：

1. 客观性

“Internet环境”是一种与传统实体物理空间相互对应的虚拟空间。虽然这个空间是不可视的，甚至有时显得虚幻，但是我们却无时无刻不感到它的存在，尤其是在我们的工作、生活、商务、学习、交友甚至司法、行政都逐渐向互联网靠拢的当下，这种客观感也在逐渐加强，“Internet环境”实质是以计算机终端、缆线、程序等硬件为手段，以电子为媒介所衍生出的一种客观存在，但是它却与实体物理空间的客观性存在本质不同。

2. 全球性

可以说“Internet环境”天生具有全球性的特征，在此环境中没有领土的概念，也没有任何国界和地区界限，它使得全球网民能够紧密地联系在一起，彻底打破物理意义上的有形世界限制与观念地域隔离，这也是产生大量跨国法律问题的根源所在，从诉讼角度上讲，网络案件尤其是电子商务、网络侵权纠纷案件由于常常跨越多国甚至世界，也产生大量的跨国民商事司法纷争，也对网络国际法律的统一与多法系间的融合提出挑战。

3. 交互实时性

网络不同于普通传媒之处就在于信息沟通的相互性和信息传播的实时性、快捷性，正是“Internet环境”的这一特性，使得大量传统“孤独守望”的人们开始变得躁动，生活开始变得不那么呆板，也因此产生了许多IM产品公司，如腾讯QQ、Yahoo雅虎通、新浪UC、微软MSN等，引发了大量有关虚拟财产保护、虚拟货币冲击金融秩序、账号盗窃案件，时刻冲击传统管辖权根基。

4. 管理的非中心性

现实世界是由各个不同的民族国家构成的，各个国家都依据其享有的属地，属人的最高权，从而达到对其领域内的人、物、事件、行为的管理，以及对本国人的保护。而“Internet环境”是一个没有中心，没有集权，大家彼此平等的虚拟世界，将网络空间人为的分割为一块一块的，是不可想象的，也正是因为如此，才会有人称Internet环境将会成为新的“全球市民社会”，最终会实现人们自古向往的“大同世界”①。

5. 当事人多边性及身份隐秘性

互联网的全球性造就了主体的多样化，复杂化，由于访问网址的随意性，使得网络纠纷涉及的当事人有可能呈辐射状，来自世界不同的国家和地区，而且由于当事人的身份脱离了国籍、住所等的限制，变得更加的隐秘，正如当年《纽约人》杂志所绘制的黑色幽默漫画所表达的那样：“在互联网里，没有人知道计算机对面坐着的是人还是一条狗。”

除此之外，还有学者指出“Internet环境”还具有其他特点：“因特网和传输信息机器的物理位置没有重要的联系，因特网的地址和一个特定的法域很难联系在一起；因特网高速缓冲存储器的存在使得用户常常无法分辨由缓冲存储器储存的信息与最初信息之间的差别；因特网的超链接使不同的网站地址位置相互链接而不论其实际位置的远近，从而可能产生当一个网址位于某法院管辖范围内，而通过链接的第二个网址却不在该法院管辖范围内的尴尬等特点。”②

毫无疑问，“Internet环境”的上述特点，通过自身的演绎，在物理世界之外构建出了一个独立的虚拟环境，并时刻对传统案件管辖权理论提出挑战，因为网络空间虽然虚拟，但绝非虚

① John Perry Barlow：A declaration of the independence of cyberspace. http：//www. eff. org/pub/publication/.

② 张楚主编：《网络法学》，265页，北京，高等教育出版社，2003。

幻，所有的行为都与现实空间存在联系，也必然发生大量的跨空间、跨地域、跨国度法律关系和法律纠纷，美国网络与知识产权法律专家劳伦斯·莱思格曾提出四种规治模式：法律规治、社会规范规治、市场规治与代码规治，在他看来，代码规治在今后的网络空间中将越来越被重视，通过代码规治，政府或立法机关通过各种直接或间接的方式，通过控制、修改网络空间的代码结构，将自身所要表达的意志通过代码，作用于网民，从而以最低成本达到对网络空间的规治。[①] 在这里我们只谈法律规治，即传统的网络案件管辖裁决理论如何能够更好地应用于网络虚拟空间，通过确定法院管辖，从而实现网络纠纷的实体法律正义。

## 二、Internet 环境对传统管辖权依据的挑战

正是由于"Internet 环境"具有的以上特性，才会随之产生大量跨空间、跨地域、跨国度虚拟法律矛盾和冲突：新技术产业的发展与传统社会秩序的维护需要平衡；行业利益，国家利益，社会利益和个人利益需要综合的考虑；各国的文化道德差异需要新的协调。[②] 司法的权威性与案件分布的区域性，必然要求在解决纠纷之前，先解决管辖问题。传统内国法与国际私法案件管辖权确定依据由民事实体法律或民事程序法律给予规定，但对于跨空间、跨地域、跨国度虚拟法律矛盾和冲突，传统法律应对需要回应 Internet 环境对传统管辖权依据带来的冲击和挑战，这表现为：

### （一）司法管辖权区域界限模糊化以及国家司法主权的弱化

传统管辖权理论认为一个因素要想成为法院行使管辖权的依据，必须具有两个条件：(1) 该因素自身有时间或空间上的相对稳定性，至少是可以确定的，(2) 该因素与管辖区域之间存在着一定的关联度。[③] 这种管辖权依据确定制度是建立在各个民族国家主权独立基础上的，而管辖权本质上是国家主权在司法领域的体现，正如 Holms 法官所指出的那样："管辖权的基础是物理空间的权力"[④]。但 Internet 环境是一个开放的全球系统，没有明确的国家界限划分，人们在网络空间中的交往往往借助于数字 Bit 传输，可以在瞬息间往返于千里之外和数国之间，而其本人却无须发生任何时间与空间上的位移变化。在这个虚拟的空间中，如何划分各国的相对管辖权以及某一特定法院对于数字传输管辖究竟是涉及其全过程或者仅仅涉及其中一个或数个环节，也是划分管辖权区域需要考虑的问题。[⑤] 正是这些问题使得 Internet 环境下的用户活动受到主权国家的管辖相对较弱．各个国家的司法管辖区域的划分逐渐模糊化，各国的司法主权也进一步弱化。

### （二）传统管辖权依据的弱化与非确定性

传统理论依据属人原则、属地原则以及当事人意思自治原则，通常以住所、国籍、行为

---

① 参见［美］劳伦斯·莱思格：《代码：塑造网络空间中的法律》，北京，中信出版社，2004。

② 参见王德全：试论 Internet 案件的司法管辖权，载《中外法学》，1998（2）。

③ 参见侯捷：《网络侵权案件管辖权探析》，载《当代法学》，2002（8）。

④ Mc donald V. Mabee，243 US. 90，91（1971）。

⑤ 参见杨介寿：《论网络侵权案件的地域管辖》，载 http：//www，law-lib. com. cn/lw/lw-view-asp？ no=1975。

地、财产等连接点作为确定管辖权的依据。但在网络中这些依据相对弱化，并具有多样性，不易确定性，比如在网络中当事人可以在一个地点游历世界各个国家的网站，如何来确定其住所或者居所？如果用户适用的是便携式电脑，那么他就可以随时随地地登录网站，那么如何来确定其住所呢？网民可以在虚拟游戏中从事包括虚拟诈骗、盗窃、强奸等行为，如何确定犯罪行为地？是虚拟世界还是玩家PC终端所在地或是服务器所在地？国籍是一国的国民与其所属国之间的一种法律联系，Internet环境中的当事人的身份往往是隐秘的，因此确定其国籍的可能概率相对弱化，由于网络传输的阶段性和复杂性，使得侵权行为地多样化，不易确定化，比如跨国网络诽谤，全球各地的网民都可以登录点击浏览，因此可能使得诽谤侵权结果发生地点发生在全世界的任何国家的任何地点，而由于各个国家对于诽谤侵权的救济给予不同的制度设计，使得被侵权人往往进行“择地诉讼”（Forum shopping），增加滥讼和管辖权冲突，例如英国由于法律对被侵害人给予充分的法律保护，使得其成为国际“诽谤之都”①。在此情况下如何确定侵权行为地呢？至于网络虚拟财产是否是受到法律的保护，现今立法还处于空白，学界正在讨论。②

### （三）“原告就被告”理论的困境

在传统的诉讼中，由原告向被告住所地人民法院起诉被认为是理所当然而且应该予以优先考虑的原则。这是“正当程序”原则在诉讼法中的具体体现，也是从诉讼经济，取证便利，判决有利于执行等角度所作的制度设计。但在网络环境下，被告的住所地确定本身就存在争议与问题，网络上活动者应该知晓他自己的行为结果会在世界范围内发生，但他往往不能准确的预见到其活动直接或者间接延伸到的具体区域。③ 而且从网络侵权案件原被告往往相距甚远，因此如果继续适用“原告就被告”的管辖理论，则无论从经济学的角度来看，还是从是否有利于判决承认和执行的角度来看，往往会使原告获得司法救济的难度增大并且不利于纠纷解决。再加上各国对网络空间的管理的理解存在偏差，有的国家认为传统权力尤其是司法、行政权应积极介入，但有的国家认为网络空间是一个自给自足的独立体系，不需要传统的插足，这些都对网络案件管辖权确定，以及确定后的判决执行，带来障碍。

面对网络环境的新挑战，传统管辖权理论应该如何应对？我们认为有必要先对现今网络法界流行的几种关于网络案件管辖权新理论给予分析评述。

## 三、关于网络案件管辖权的几种理论评述

### （一）第四国际空间理论

“第四国际空间”理论又称“管辖权相对论”，是以美国斯坦福大学Darrel Menthe博士为代表提出的，主要观点认为：网络类似于南极洲，太空和公海这三大国际空间之外的第四国际空间。④

---

① Raymond Akurzetc：Internet and the law，Government Institute，Inc，1997，p. 179.

② 参见http：//www. chinalawinfo. com/fzdt/jdft. asp？code=305。

③ 参见肖永平、徐鹏：网络诽谤国际管辖权问题初探，载《法商研究》，2003（3）。

④ See Dwrrel Menthe：Jurisdiction in cyberspace：A theory of international spaces，April 23，1998，http：//www. mttlr. org/volfour/menthe/art. html.

因此应该在此领域内建立不同于传统规则的新管辖权确定原则，通过比较与类推，他得出“网络空间也应该接受默认的国际惯例，即类似支配其他三个国际空间的惯例，通过制定相应的特定制度（regime-specific）的条约来解决司法管辖权的问题”[①]。任何国家都可以管辖并将其法律适用于网络空间的任何人和任何活动，其程度方式与该人或该活动进入主权国家可以控制的网络空间的程度和方式相适应。网络空间内争端的当事人可以通过网络的联系在相关的法院出庭，法院的判决也可以通过网络的手段加以执行。[②]

我们认为该理论抓住了Internet环境的无国界、非中心化等特点，提出了网络案件问题的根本解决只能通过制定相应的国际条约，通过国际协调来解决。这无疑是非常正确的，是网络跨国、跨区、跨民族主权司法解决的最终趋势。但网络管辖权相对论又希望以技术为标准，来解决网络技术本身带来的困境，将各国对作为整个网络空间的管辖权的大小由各个国家接触和控制网络的范围来决定，这背后体现的不过是以经济实力为后盾的“技术霸权”思维，是符合网络发达国家利益的，但是确是对其他技术落后国家司法主权的一种无视与剥夺。1.37亿网民数相对于我国13.1亿人口而言，意味着我国网民普及率仅为10.5%，不但距离全球16%的普及率有一定差距，而且离欧美等发达国家60%～80%的普及率更是有很距离。另据日本《选择》月刊文章表示，管理全世界的国际互联网，名义上是总部设在华盛顿的民间团体ICANN（互联网域名与地址管理机构）在管理。但是ICANN不过是美国商务部通信管理局控制监督下的一个幌子而已，实际上是美国政府以ICANN为隐身蓑衣，在背后控制着整个的国际互联网。[③] 而且由于国际社会之上没有一个立法权威来制定相应的规定来认定“在什么情况下一国对网络的接触和控制达到了可以行使管辖权的程度”，因此在实践中必然只能由法官自由裁量，这必然使得判决带有法官很大的主观性和随意性。有可能导致世界上任何国家都认为对一个网上行为主张管辖权，这只能使得网络案件的管辖权问题变得更加棘手。

**（二）新主权论**

该理论又称“网络自治论”，主要观点为：对于网络争议，应该摆脱传统的地域管辖的观念，承认网络虚拟空间就是一个特殊的地域，并承认在网络世界与现实世界中存在一个法律上十分重要的边界，若要进入网络的地域，必须通过屏幕或密码，一旦进入网络的虚拟世界，则应适用网络世界的网络法，而不再适用现实中各国不同的法律。[④] 网络成员间的纠纷有ISP以仲裁者的身份来裁决，并由ISP来执行，网络空间将成为一个全球的新的市民社会（Global civil society），它有自己的组织形式，价值标准，完全脱离政府而拥有自治的权力，它的最终趋势是发展为“网络大同世界”[⑤]。

我们认为“新主权理论”强调网络空间的新颖性和自治独立性，对现实的国家权力持怀疑和防范的态度，担心国家行政、司法权力的介入会妨碍网络的自由发展，他们试图以网络的自

① Dwrrel Menthe：Jurisdiction in cyberspace：A theory of international spaces，April 23，1998，http：//www.mttlr.org/volfour/menthe/art.html.

② 参见郑成思：《知识产权文丛》，第1卷，266页，北京，中国政法大学出版社，1999。

③ 参见http：//www.singtaonet.com/it/internet/headline/t20051013_15207.html.

④ 参见蒋志培：《网络与电子商务法》，232页，北京，法律出版社，2001。

⑤ 冯文生：Internet侵权案件的司法管辖权和法律适用，载《新问题研究》，第18页。

律性管理来替代传统的法律管辖，以自我的判断和裁决来代替国家的判决和救济。[①] 从维护网络发展的角度来看，这种理论是有价值的，但是所谓的“网络法”只是行业道德和技术标准的混合物，尽管行业道德和技术标准可能在一定的程度上影响法律，但它们永远不能替代法律。同样自律管理也无法替代公力救济。“网络大同世界”的观点只是现实世界中人们的“大同世界”观念的网络化而已，过于浪漫化，理想化。最后，任何哲学家在论述市民社会时都未排斥政治国家，只是要求市民社会与政治国家的两元良性互动，保持一定的理性距离，形成“风能进，雨能进，国王不能进”，“恺撒的归恺撒，上帝的归上帝”的格局。单独提市民社会或者政治国家都只是一种专制。同时“网络自治论”犯了一个常识错误，网络虚拟行为背后都是现实物理世界的肉身存在支撑形成的，ISP 并非网络虚拟世界自产之物，往往是受现实社会法律规治的商事存在主体，这也就意味着，永远不可能出现完全脱离物理掌控的网络虚拟空间自治真空。

### （三）网址管辖依据论

该理论认为：传统法院行使管辖权的依据必须具备“该因素自身有时间或者空间上的相对稳定性，至少是可以确定的以及该因素与管辖区域之间存在一定的关联度”两个条件，通过对网址的考察的出：网址具有相对的稳定性，它在网络空间的位置是相对确定的，它的变更通过服务器来进行，需要一定的程序，所以在特定的时间段内，它是可以确定的。网址在网络空间中的地位类似于居所在物理空间中的地位。网址与管辖区域有一定的联系，特别上与提供网址的 ISP 所在地区有密切充分的联系，同时网址活动涉及其他网络参加者时，与其他参加者所在地管辖区域产生联系。[②] 满足以上条件，因此应该将网址作为一种新的管辖权依据。

我们认为，首先该理论从传统管辖权依据认定的理论出发，具体分析和考察了网址的特点，这一进路是值得肯定的，而且美国的司法实践已经有依据网址作为管辖权依据的具体例证，比如 MARITS INC V. CYBERGOLD. INC 案[③]；INSEC SYSTEM V INSTRUCTION SET INC 案。[④] 但我们更应看到这一理论在指导实践中所造成的司法管辖混乱：比如美国州际司法实践常将网址区分为“被动型”网址和“互动性”网址，并依据“正当程序”条款，和“最低限度接触”标准对前者不给予管辖，而对后者给予管辖。如何认定一个网址是“被动性”网址或者“互动性”网址？如何认定管辖法院与网址达到了最低联系？[⑤] 都是存在着争论的，这反而导致了法律适用中的不确定性。其次，虽然网址在网络中的位置是确定的，但其地位并不等同于现实空间的住所或者居所，美国佐治亚工业学院曾在近两万人中做的调查中发现，60％的人在上网注册时会提供伪造的姓名，地址，电话等个人资料。[⑥] 这种个人资料的不确定性无疑

---

① 参见吕国民：《国际贸易中 EDI 法律问题研究》，194 页，北京，法律出版社，2001。

② 参见罗艺方、赖紫宁：《网络空间司法管辖权理论的比较研究》，载《政治与法律》，2003（6）。

③ 本案件资料参见：NO. CV-3：95 CV-01314，1996WL49811 CD. Conn. April17，1996。

④ 美国联邦第八巡回法院设立了五个检验“最低限度的接触标准”：A 与管辖法院接触的性质 B 接触的数量 C 接触的原因 D 州法院就此案开庭对本州的利益帮助 E 双方方便原则。其中前三个因素至关重要。参看王德全：《试论 Internet 案件的司法管辖权》，载《中外法学》，1998（2）（总第 56 期）。

⑤ 参见张海燕：《计算机网络上数字传输的司法管辖权》，载《湖南社会科学》，2000（3）。

⑥ 参见 http：//www. 1488. com. cn/bbs/showAnnounce. asp？ id＝50155&boardid＝40&page＝1。

会冲淡网址的确定性，从而使网址失去确定管辖的效用。最后，从技术上考虑，上网者完全可以通过技术手段隐藏真实的网址，从而使他人很难通过网址来确定其身份，比如登录论坛或者OICQ，都可以选择隐身登录等。这更使得查明用户的来源变得困难。

#### （四）特定存在论

该理论认为因特网本身可以被看作一条信息高速公路，放置在因特网上的任何内容，以及用户本身在因特网上的出现，在任何给定的时间上只能出现在一个地方，换言之，因特网上的每一个服务器和其特定的物理位置相联系，由此当用户通过因特网传输信息时，事实上可被看作从一个服务器所在的物理位置到另外一个服务器所在的物理位置，为了决定法院有无属人管辖权，法院就会探询当事人住所地或其主服务器所在地，因此，一般情况下法院对于域外居民将不行使管辖权，而例外情形是，如果域内的网址被域外的黑客攻击或破坏，或是收到了域外发来的侵权信息时，基于网址这一事实本身，法院就可以对域外网民行使管辖权。

我们认为、特定存在论的出发点是将传统属人管辖权理论借助网络主服务器所在地进行空间位移，以服务器地址对应网民的住所或居所，从而增强网络虚拟行为的可控性。然而网络服务器地址本身的可隐藏性，让该理论的用武之地受到极大限制，再加上法院仅仅依据该理论对域外黑客攻击或侵权信息发布实施管辖，也难免有一些被动。总之，上述网络案件管辖权新理论，各有优点与局限，但毫无疑问，他们都为今后网络案件司法管辖的立法、司法提供了理论基础。

## 第二节　网络纠纷案件司法管辖的法律冲突

### 一、传统国际私法中的管辖权理论概述

在讨论网络商务、侵权纠纷案件管辖权冲突之前，有必要先对涉外民商事案件管辖权以及管辖权依据给予定义，并对传统的国际私法中的管辖权理论给予回顾。因为互联网的跨国性使得大部分网络电子商务或侵权案件都能够被放大为跨国案件，都可能找寻到与确定管辖权规则有关的连接点或因素。通说认为涉外民商事管辖权是指一国法院对具有涉外因素的民商事案件的审理和裁判的权力或权限[①]；管辖权依据（Jurisdiction bases）指一个国家的法院有权审理具有涉外因素的民商事案件的理由。[②] 传统国际私法中民商事案件管辖权确定的依据主要是以下四种[③]：

#### （一）普通管辖

普通管辖又称一般管辖，是各国确定管辖权的基础，大致分为三种情况：

（1）以被告住所地为依据，案件由被告住所地法院管辖审理，如德国，日本等国；

---

① 参见徐卉：《涉外民商事诉讼管辖权冲突研究》，1页，北京，中国政法大学出版社，2001。

② 参见徐卉：《涉外民商事诉讼管辖权冲突研究》，57页，北京，中国政法大学出版社，2001。

③ 参见徐卉：《涉外民商事诉讼管辖权冲突研究》，58～65页，北京，中国政法大学出版社，2001。

（2）以国籍作为依据，案件由当事人所属国的法院审理，如《法国民法典》第 14 条规定：

不居住在法国的外国人，曾在法国与法国人订立契约者，由此契约所生债务的履行问题，得由法国法院受理，其曾在外国订约对法国人负有债务时，亦得被移送法国法院受理。

（3）以送达地为依据，只要在本国境内能将传票送达给被告，即使是暂时过境的外国被告，本国法院即取得对该外国被告的对人诉讼管辖权。

### （二）特别管辖

特别管辖是以案件与法院地的特定联系因素为根据来确定管辖权，特定因素可分为物与行为两类。物是指诉讼标的物或者当事人的其他财产，行为是指具有法律意义的作为或者不作为两类。特别管辖一般包括以下几种：（1）关于合同的诉讼，由合同缔结地或者履行地法院管辖；（2）关于侵权行为的诉讼，由侵权行为地法院管辖；（3）由刑事诉讼而提起的附带民事诉讼，由刑事诉讼审理的法院管辖；（4）由公司商行的分支，代理或者其他机构经营业务而引起的争议，由该分支，代理或其他分支机构所在地法院管辖；（5）关于物权诉讼由该物之所在地法院管辖。

### （三）专属管辖

专属管辖是指通过国内立法或者国际条约规定一国法院对某些具有特别性质的民商事诉讼案件具有独占的或排他的管辖权，他国法院若受理此类案件，所作出的判决将不为本国法院承认和执行，当事人不能以协议变更这类案件的管辖。属于专属管辖的涉外民商事案件主要有两类：（1）关于不动产的诉讼由不动产所在地法院管辖；（2）有关婚姻，家庭，继承案件，有些国家将他们列入专属管辖的范围。

### （四）协议管辖

协议管辖是指由当事人双方在争议发生之前或之后，达成管辖权协议以确定案件争议的管辖法院。有些国家的法律规定了可以由当事人协议选择管辖法院的案件，有些国家的法律则规定了当事人只能选择与案件争议有事实联系的法院作为协议管辖法院。协议管辖可以明示或者默示作出，对于默示协议管辖，可以从下列行为推断：（1）被告人的出庭；（2）被告人提出答辩；（3）被告人通过律师出庭辩护；（4）被告人提起反诉。

由于任何国家的内国法都是以一定的行政主权为划分，具有一定的范围与对人、对事、对物的效力，而且在一整套司法、行政、警察、监狱系统的配合，内国人之间的各类网络商务纠纷或侵权纠纷的管辖权还都是有法可依、而且是有法必依，但如果涉及跨国私法，如纠纷的主体、客体或内容有一方面存在跨国性，则该纠纷就会转变成国际网络商务纠纷或国际网络侵权纠纷，就会涉及多国法律制度与法院管辖相互冲突的问题，在这里我们就重点论述各国在司法实践或理论研讨中存在的一些网络纠纷案件管辖权的处理实践。

## 二、各国关于网络案件管辖权的实证分析

常见的网络案件通常包括网络侵权案件和网络合同案件，前者又可分为网络知识产权侵权

案件、网络人格权侵权案件、网络域名侵权案件等，后者主要指电子商务合同案件。通过对一些国家处理网络案件管辖权的司法实践的分析，有助于明确将来立法的趋势，毕竟法律是一种保守的力量，理论常常是灰色的，理论的猫头鹰总是在黄昏时才飞起，反而常常是司法走在了立法的前面。下文我们将各国网络案件分为网络侵权案件和网络电子商务合同案件两部分，分别考察各国在两种案件中采用的管辖权确定方法。

### (一) 各国关于网络侵权案件管辖权的实证分析

1. 美国

美国属于联邦制国家，各个州都具有独立的立法权，因此美国天然就是国际私法理论产生的故乡，通过对各州司法实践中网络案件管辖权确定的考察和分析，近似于考察了国与国之间的实践。加之美国是互联网的发源地，属于网络技术大国，因此美国法院的做法很可能成为以后制定相应国际公约的基础。美国各州间相关网络方面的案件是很丰富的，案件涉及 EMAIL，BBS，CHAT ROOM，网址等多方面。目前美国法院出现了将传统长臂管辖权的理论适用于网络案件的倾向，长臂管辖权（long arm jurisdiction）是指当被告的住所地不在法院地州，但和该州有某种最低联系（minimum contact），而且所提权利要求的产生和这种联系有关时，就该项权利要求而言，该州对于该被告具有属人管辖权（虽然其住所不在该州），可以在州外对被告发出传票。①

美国法院通过 1945 年的“国际鞋业公司诉华盛顿州”案中，确立了长臂管辖理论，在该案中，最高法院认为符合法的最低联系的数量和种类取决于诉讼的起因是否产生于该联系，如果诉讼的起因产生于该联系，则即使是单一的独立的联系也足以使被告隶属于该州的法院的属人管辖权。如果诉讼的起因不产生于该联系，则需要确定该联系是否是连续的，系统的和实质的，以至于能够使被告在缺乏与诉讼的起因相关联时，在法院应诉是公正合理的。这种以最低联系为标准的长臂管辖权理论在 20 世纪 80 年代又发展为以“有意接受”，“营业活动”等为标准来认定和判断被告是否与法院地之间达到了最低联系。

具体到网络案件中，在 Bensusan Restaurant Corp. V. King 案，此案是一个网络商标侵权及不正当竞争案件，纽约州法院以被告拥有一个可被世界访问的网站不构成行使管辖权的基础，如果被告没有故意针对纽约州的“进一步”（Additional Activity），并且从纽约州获利，就不构成对纽约州的最低联系，因此纽约州法院拒绝行使管辖权；Cybersell Inc. V. Cybersell Inc 案，此案是网络商标侵权案，在此案中，亚里桑那州法院将网址区分为被动型网址（Passive Site）和互动型网址（Interactive Site），并认定案件中被告的网地址为被动型网址，从而拒绝行使管辖；在 Inset System. Inc. V. Instruction Set. Inc 案中②，此案是网络知识产权侵权案件，审判中康州法院认为被告设立的站点可以被某州在内的世界各地的人访问，而且其站点上的广告也构成对康州的重复商业引诱（Solicitation of Business），具备了最低联系，从而对此案行使了管辖权。从以上三个案件中，我们可以看出美国各州关于网络案件的管辖权确定显得比较混乱，相同或者相似的案件完全可能在不同的州法院得出不同的管辖权结果。但是总的来说，美国的司

① 参见 http：//www. 1488. com. cn/bbs/showAnnounce. asp? id=50155&boardid=40&page=1。

② 参见 http：//august/com/courses/cyber/cases/braintch. html。

法实践中已经有了一种将长臂管辖理论适用于网络案件管辖权的确定上的倾向，只是各个法院在关于最低联系标准的认定上有些不统一，而且这种理论的实质是由原告首先向法院提出诉讼，然后再由具体的法院裁定自己是否对此案件具有管辖权，并非首先明确制定出成文的法律规定什么案件由什么法院管辖。在具体的认定是否达到最低联系上，很近似于传统的最密切联系方法，而且一些法院提出的一些观点，比如将网址区分为被动型网址（Passive Site）和互动型网址（Interactive Site），对前者拒绝管辖，对后者有权管辖都是很有启发意义的。

2. 加拿大

Braintech Inc. V. Kostiuk（1999BCAO169）案是一个 BBS 侵权案件，原告向被告在美国的得克萨斯州提起诉讼，法院最终以缺席判决的形式获得了 30 万美元的赔偿，被告上诉至该州上诉法院，上诉法院作出判决：A. 简易审判法官没有考察当事人和该州之间是否存在着联系，也就是“真实而实质的联系”，对此他犯有错误；B. 案情表明不列颠哥伦比亚法院（原告公司的办事处所在地）才是审理此案的唯一的“自然的法院”（Natural forum）。同时上诉法院指出：“本案中被告消极的且短暂的使其言论在网络空间出现，此种联系并不构成‘真实而实质的联系’（Real and Substantial Contact），对美国法院来说，这也不构成对一个非居民实行属人管辖的基础。”① 从此案件的判决中我们可以看出，加拿大的法院受到美国较大的影响，使用“真实而实质的联系”来判断一个法院是否有权对域外的人行使属人管辖，其实是美国长臂管辖理论的变种，而且法院判定联系的根据也是传统的物理空间比如法人的住所（办事处所在地）。

3. 澳大利亚

澳大利亚有关网络侵权案件管辖权的案子比较少，第一个关于网络侵权案件管辖权的案例是新南威尔士州的辛普森法官（Simpson）于 1999 年 7 月 2 日判决的 Macquire Bank and Anor. V. Berg 案，此案是一个网络诽谤侵权案件，辛普森法官认为：尽管法院有权限制发生或可能发生在管辖范围以外的行为，但法院是否行使这样的权利是一个自由裁量的行为，在判决是否行使此项权力时，法院必须考虑是否存在更合适的法院和所作出的判决的可执行性等因素。在一个特定管辖范围内，维护一个可进入的网站本身并不能赋予法院在该管辖范围内对被告行使管辖权。虽然澳大利亚关于网络侵权方面的司法案例比较少，但从此案中，我们可以看出澳大利亚法院并未像美国法院一样，将长臂管辖理论延伸至网络侵权案件中，而是采用“非方便法院”原则对其司法管辖权进行了自我克制。这就为我们如何解决网络案件管辖权的积极冲突提供了思路。

4. 中国

我国法院基本没有审理涉外的网络侵权案件，而受理的大部分案件是国内当事人之间的网络侵权案件，通过“恒升诉王洪案”，“王蒙等六作家诉世纪互联案”，以及“瑞得诉东方信息服务公司案”，可以看出我国的法院基本上沿用了侵权案件由侵权行为地法院管辖的传统模式，只是在解释何为侵权行为地是考虑了网络的因素。而 2000 年 11 月，最高人民法院出台的《关于审理涉及计算机网络著作权纠纷案件适用法律若干问题的解释》中第 1 条规定：网络著作权

① 刘欣燕：《试论传统管辖权规则在网络侵权案件中的扬弃》，参见 http：//www.jorb.com/zyw/n163/ca20847.htm。

侵权纠纷案件由侵权行为地或者被告住所地法院管辖。侵权行为地包括侵权行为的网络服务器，计算机终端等设备所在地。对难以确定侵权行为地和被告住所地的，原告发现侵权内容的计算机终端等设备所在地可以视为侵权行为地。2001 年 6 月最高人民法院发布的《最高人民法院关于审理涉及计算机网络域名民事纠纷案件适用法律若干问题的解释》第 2 条规定：涉及域名的侵权纠纷案件，由侵权行为地或者被告住所地的中级人民法院管辖。对难以确定侵权行为地和被告住所地的，原告发现该域名的计算机终端等设备所在地可以视为侵权行为地。以网络服务器所在地，侵权计算机终端所在地侵权行为地的认定对象，是有一定道理的，因为任何用户通过自己的主机访问或者接触别人的网站，首先必须接触载有该网页或网站的服务器，只有先接触了服务器才可能基础到服务器上的内容，实施侵权行为必须接触了该服务器，因此该服务器所在地是侵权行为发生地，服务器所在地的法院应该有管辖权。

但是此规定也有很大的缺点，比如，侵权行为地在可以分为侵权行为实施地和侵权结果发生地，对于侵权行为实施地可以通过服务器所在地，侵权计算机终端所在地来确定，而侵权结果发生地在网络上却具有全球性，比如网络诽谤，网络侵犯名誉权，全世界有互联网的任何地方都可能成为侵权行为地。对侵权行为地的扩大解释，其直接结果就是导致享有管辖权法院数量的增加，这也就必然会增大冲突产生的可能性。而对于地域管辖，如果根据某连接点所处的管辖地是全部法域，比如全世界，则该连接点应该归于无效，此时应该寻找另外的连接点作为管辖的依据。① 因此在一般情况下，只有当某个侵权结果发生地具有管辖权意义上的确定的特殊指向性，即具有“收敛性”时，它才可以作为管辖权的连接点，而具有“发散性”的地域不应该作为管辖的连接点，只有在非常特殊的情况下，比如难以找到“收敛”的连接点，此时才可以考虑“发散性”的连接点。按照这个思路，网络侵权案件中侵权行为结果发生地的连接点一般应该慎用。

国外的司法实践已对积极存在的网址和消极存在的网址作出区分，并且也已得到世界的广泛认同之时，我国的立法中却根本未涉及此问题，这不得不说是一个遗憾。进一步分析，我们可以发现，这一条文实际上是套用传统的冲突规则，而没有将其灵活加以适用，使之更好地适用于网络空间。

### (二) 各国关于电子合同纠纷案件管辖权的实证分析

1. 美国

美国在电子商务管辖权问题上，1999 年 7 月通过的《统一计算机信息交易法》第 110 条规定：双方可以协议选择一个排他性的管辖法院，除非此种选择不合理且不公平。该条认可了在线交易当事人可以通过协议的方式选择管辖法院，但在当事人没有有效的商业目的，并且对其他当事人有严重的和不公平的损害时，则协议无效。另外修订后的美国《统一商法典》也规定除了在消费者合同中要考虑公共政策和合理联系的规定外，也无条件允许当事人意思自治。在当事人没有协议选择管辖法院时，《统一计算机信息交易法》并未作出具体的规定，但是美国法院的大量判例通常还是按照长臂管辖理论，将网络合同纠纷案件大致区分为被告在法院管辖地有实际营业活动和无实际营业活动两类，对于前一类，法院对被告有管辖权，而对于后一类

① 参见张新宝：《互联网上的侵权问题研究》，95 页，北京，中国人民大学出版社，2003。

案件，则视具体的情形由法院来决定。比如区分网址是互动型还是被动型，互动程度越高，则该网站的商业性质就越明显，该网站经营人就越容易被认为是"有目的地利用"法院地，因此达到了最低联系的标准，符合长臂管辖理论，法院从而给予管辖，如 1996 年的 CompuServe, Inc. V. Patterson 案，法院认为，原告的营业场所设立在俄亥俄州并不构成俄亥俄州法院行使管辖权的依据，相反，被告有目的地通过互联网在俄亥俄州进行交易，才是法院行使管辖权的依据。[①] 因此可以说美国在电子商务纠纷中的管辖权确定主要的依据是网站管理者利用法院管辖权选择条款，让客户在进行电子交易前就知晓，并通过自己的点击阅读以及同意来了解确定法院管辖权确定问题。这是管辖权确定的首要方法，其次就是由法官根据具体情况结合长臂管辖理论来确定是否有管辖权。

2. 欧盟

欧盟关于电子商务纠纷的管辖权规定主要体现在 1968 年《布鲁塞尔公约》和 1999 年提交给欧盟理事会的《民商事管辖权和判决的承认和执行的规则草案》，该草案于 2000 年 12 月通过，并于 2002 年 3 月日开始生效。《民商事管辖权和判决的承认和执行的规则草案》，重申了卖方被告住所地的一般管辖原则，如果合同的履行地不同于被告的住所地，原告可以选择在被告住所地所在国或者合同履行地国法院提起诉讼；同时赋予了消费者选择权：如果企业运用各种手段在成员国从事商事或者职业活动，或针对该成员国从事这种活动，而且消费者与企业订立的合同也属于该活动的范围，则消费者既可以在其住所地过法院起诉，也可以在企业住所地国家法院起诉，如果消费者被起诉，那么只能由其居住地国家管辖。[②] 这可以说是现代社会保护弱者思潮在立法中的体现。

例如在一些特殊类型合同中，《民商事管辖权和判决执行委员会规则（草案）》认为，应根据第五条第 1 款确定相关合同义务的履行地。如果未明确约定合同履行地，则合同履行地为：

- 在货物销售合同中，合同履行地为成员国境内合同规定的发货地或应当发货的地点；
- 在劳务合同中，合同履行地为成员国境内合同规定的提供劳务或应当提供劳务的地点。

当合同双方希望合同争议由法院解决，而不是通过仲裁或其他可选择的争议解决方式，并且考虑由哪一国法院解决时，《民商事管辖权和判决执行委员会规则（草案）》认为有必要考虑下列问题：

- 合同义务将在哪里履行？
- 拥有有效管辖权的法院的诉讼程序是什么？如需要提供哪些文件，涉及哪些方面？损害赔偿金有多少？
- 选择的法院将实施管辖权条款吗？
- 有效管辖法院需多长时间审结一个案子？
- 与他国相比，该国的诉讼费用大致是多少？该费用由败诉方承担吗？可以针对对方诉讼金额进行责任保险吗？
- 允许向有管辖权的法院申请在诉讼前采取的临时措施（如为防止转移财产而下达冻结令）有哪些？

---

① 参见汪金兰：《电子商务管辖权规则的探讨》，载《武汉大学学报》（社会科学版），2002（1）。

② See Council Regulation (EC) No 44/2001 of December 2000, Article 16.

- 选择适用什么法律？这些法律将被适用吗？管辖法院将如何适用这些法律？
- 书面证据存放在什么地方？有关证人会住在哪里？
- 被告财产位于什么地方？
- 选择法院的判决将会被其他国家执行吗？

除此之外，新的《布鲁塞尔公约》为解决互联网上的电子商务管辖权提供了很好地范例：一方面对管辖权条款进行了明确的规定，消费者可以选择在本国法院进行诉讼；另一方面赋予根据互联网合同选择法院条款获得的管辖权的专属性和有效性，很好地平衡了消费者和网站经营者的利益。

3. 德国

德国法院比其他国家的法院更为积极地主张其对电子商务案件的司法管辖权。1997年德国柏林地方法院在一件有关域名登记的案件中，就对美国堪萨斯市的一家公司主张司法管辖权。在本案中，原告德国公司向法院请求禁止被告美国公司使用concertconcept. com，concertconcept. de，concert-concept. com，concert-concept. de等域名，被告则抗辩德国法院没有司法管辖权。审理该案的柏林法院则指出，不论域名是在美国注册，还是可由美国接触该网址，只要该网址亦可由德国接触，则该法院对本案即具有司法管辖权。因此，德国法院不但对属于德国（. de）的第一层域名具有司法管辖权，对于在美国登记的域名如concertconcept. com，concert-concept. com也有司法管辖权。因此，美国公司可能因 . com或 . de等网址名称的争议在德国被诉。本案被告的上诉被驳回，最终由德国法院行使司法管辖权。[①]

4. 澳大利亚

澳大利亚有关电子商务案件司法管辖权的案例非常少，目前比较有代表性的是新南威尔士州最高法院的独任法官辛普森法官（Simpson J.）于1999年7月2日判决的Macquaire Bank & Anor v. Berg案。

该案被告Berg是Macquaire银行的前雇员，原告提出，被告通过一个位于澳大利亚之外的网址对Macquaire银行和Andrew Downes发布诽谤材料。从1999年5月以来，该网站一直含有诽谤材料。在案件发生时，被告已经离开澳大利亚了。原告希望法院发布禁止令阻止被告在该网站上发布诽谤材料。根据材料显示，被告在美国，所有由他所从事的导致该网站上发布诽谤材料的行为均发生在新南威尔士州之外。辛普森法官认为，尽管法院有权限制发生或可能发生在其司法管辖范围外的行为，但法院是否行使这样的权利是一个自由裁量的行为。在决定是否行使此项权利时，法院必须考虑诸如是否存在更为合适的法院和所作决定的可执行性等因素。

辛普森法官的判决认为，在一个特定的司法管辖范围内，维护一个可以进入的网站本身并不能赋予法院在该司法管辖范围内对被告行使司法管辖权。根据该案中的事实，被指控的诽谤行为涉及在一个“被动”的网站上张贴信息。辛普森法官的判决部分基于这样的假设，即对发布和传播加以禁止不可能被限制在新南威尔士州。不过，这一因素不足以说明法院为什么对一个外国被告没有司法管辖权。如果澳大利亚的法院因为法院的命令实际上不可能被限制在一个特定的司法管辖范围内，就在所有的电子商务案件中对外国被告拒绝行使司法管辖权，那么澳

① 参见蒋志培主编：《网络和电子商务法》，230页，北京，法律出版社，2001。

大利亚的法院只能在有限的范围内对外国的被告行使司法管辖权。反过来，这将给外国被告通过网络从事在澳大利亚被认为是非法活动的行为提供机会。因此，澳大利亚不能仅仅因为上述原因就放弃司法管辖权。

该案只是新南威尔士州法院的单个法官所作的判决，并不能约束上级法院和其他州的法院，而且仅从这一案件中我们还不能看出澳大利亚对电子商务案件司法管辖权的明确态度。但我们能从中看到的是，澳大利亚法院对电子商务案件的司法管辖权问题采取了谨慎的态度，并采用“不方便法院”原则对其司法管辖权作了适当的自我克制。

5. 中国

我国并没有出台新的法律来确定网络电子商务的管辖权问题，这主要是因为我国的电子商务发展程度还不是很高，模式也主要集中在 B to B（企业与企业），而 B to C（企业与消费者）、C to C（消费者与消费者）交易模式所占的比重还很小，因此对于网络电子商务纠纷的管辖权确定还是适用《中华人民共和国民事诉讼法》第四编中的涉外管辖规定：当事人可以通过书面协议选择与争议有实际联系的地点的法院管辖，这些地点可以是合同签订地，合同履行地，诉讼标的物所在地，可供扣押的财产所在地等。而在网络中电子合同的签订地，履行地都变得模糊，比如在线服务交易，软件交易，合同是在网络上以电子合同的方式成立的；商品，服务是直接通过网络以比特的形式传输的，何处是合同签订地？何处是合同履行地？因此有必要通过对电子商务进行立法，弥补法律上不足。

《电子签名法》的颁布实施，开启了中国电子商务立法的大门，为网络经济各方当事人增添了信心，更为我国网络立法与国际立法接轨作出了示范性作用。更重要的是，电子签名法为网络合同的可规范性提供了立法支持，这也意味着今后网络电子合同交易的频率将大大增强，相关纠纷发生的概率也会增加，这都为今后网络电子商务案件管辖新规定的出台，提供了基础。

## 三、网络案件管辖权的国际协作

### （一）《海牙民商事管辖权和外国判决公约》

1992 年经美国代表提议，海牙国际私法会议将《民商事管辖权和外国判决公约》的起草列入工作议程。1996 年成立特别委员会着手起草工作，并于 1999 年达成《民商事管辖权和外国判决公约》（草案）。在该公约起草和磋商的过程中，考虑到电子商务的发展，委员会认为有必要就电子商务领域的司法管辖权问题予以探讨。1999 年 9 月，海牙国际私法会议与日内瓦大学合作，邀请了所有成员国及一些国际性组织和非政府间组织，召开了日内瓦圆桌会议。此次会议就合同、侵权、法院选择等问题进行了讨论。①

在合同领域，讨论认为应该将 B2B 合同分为“网上订立非网上履行合同（contract concluded on-line and performed off-line）”和“网上订立网上履行合同（contract concluded and performed on-line）”。对于前者，可以适用一般合同的司法管辖原则—合同履行地原则。对于后

① See Catherine Kessedjan，Electronic Data Interchange，Internet and Electronic Commerce，Preliminary Document No. 7 of April 2000.

者，所有参与会议的专家认为根据合同缔结地、合同履行地及其他行为地等来主张司法管辖权，似乎都不适当，最终也没有得出一个肯定的结论。

对侵权的司法管辖权确定问题，也没有达成共识。有人认为，传统的“侵权行为发生地”和“损害结果发生地”在网络中不能再适用了，应由原告惯常居所地法院管辖。有人认为，在下列条件下，侵权行为地法院仍可以行使司法管辖权：（1）该地是侵权行为发生地，同时也是被告或侵权行为者的惯常居所地；或（2）该地是损害结果发生地，同时也是原告或受害者的惯常居所地，或者是最重要损害的发生地。有些人认为还应考虑最密切联系原则。另外有些人认为，在一定条件下，应给予受害人在行为实施地和结果发生地之间选择的权利。

为了进一步讨论电子商务中的司法管辖权问题，2000 年 2 月 28 日至 3 月 1 日，海牙国际私法会议在加拿大渥太华召开了工作组会议，并对有关问题作了进一步的讨论。[①]

（1）“网上履行”如何定性（classification）

法国、德国和欧盟的代表认为，“网上履行”是一种服务（supply of service），所以可以适用传统的司法管辖原则—由服务提供地法院管辖。[②] 美国代表提出，一部分“网上履行”的性质应被理解为提供货物（supply of goods），在各国对其性质还没有完全形成一致时，可以针对其特殊性起草新的司法管辖原则。英国代表积极主张规定新的司法管辖原则，认为“网上履行”合同的性质不能简单地归纳为提供货物或提供服务，即使归纳为这两类，它通过网络提供信息产品或信息服务的确切地点也是不易确定的。澳大利亚和新西兰认为应该从司法管辖体系的整体上讨论这一问题，根据一般司法管辖的基础——被告的惯常居所地[③]和当事人的协议管辖[④]，基本上能够解决电子商务带来的司法管辖权问题。

（2）“网上履行”的处所（localization）

英国提议凡是涉及网上以电子形式提供信息的事项由“信息传送地”管辖，该“信息传送地”应被理解为接收者为信息的传送而提供的地理处所。法国、德国反对英国的提议，认为电子信息产品的接收者没有义务向对方提供自己接收信息的地理处所，接收者可能会随意提供自己的若干地理处所中的一个，导致该处所与交易并没有任何实质的联系。

丹麦提出，凡是涉及提供电子信息的事项，由“信息收到地”管辖。法官在具体案件中可以根据情况对“信息收到地”作出适当解释。但英国、德国表示反对，认为丹麦的建议还是没有解决如何确定处所（localization）的问题。香港特别行政区的代表支持丹麦的建议，并阐明：香港法院在实践中首先将“信息收到地”理解为“接收者的营业处所（the place of business of the recipient）”，如果无法确定，就依据“下载信息（download information）”的地点。

---

① 参见外交部条法司三处《管辖权公约电子商务问题工作组会议小结》，2000 年 3 月 10 日。

② 1999 年《民商事管辖权和外国判决公约》（草案）第 6 条规定：“原告可就合同案件在下列国家的法院提起诉讼：（1）与提供货物有关的，在货物全部或部分提供地；（2）与提供服务有关的，在服务全部或部分提供地；（3）与提供货物与服务均有关的，主义务的全部或部分履行地。”

③ 1999 年《民商事管辖权和外国判决公约》（草案）第 3 条第 1 款规定：“公约规定的限制下，被告可在其惯常居所地国法院被诉。”

④ 1999 年《民商事管辖权和外国判决公约》（草案）第 4 条第 1 款规定：“如果双方当事人同意某一缔约国的法院有权管辖任何已经或者可能发生、与某一特定法律关系有关的争议，则该国法院应享有管辖权，且除非双方当事人另有约定，此种管辖权应具有排他性。当具有排他效力的协议指定某一非缔约国法院时，缔约国法院应拒绝管辖或中止诉讼，除非被选择的法院自己拒绝行使管辖权。”

（3）消费者合同（Business to Consumer Contract）

法、德、丹麦、欧洲消费者联盟等都主张由消费者惯常居所地法院管辖。他们认为即使使用电子形式订立合同，与卖方公司相比，消费者仍处于相对弱势，所以从保护弱者利益的基本原则出发，仍应将消费者惯常居所地列入司法管辖依据中。英、美、日等国则从电子商务给公司经营带来的冲击出发，主张应适当保护公司利益。遍布全球的国际互联网使公司经营的地理范围前所未有地扩大，如果仍规定消费者惯常居所地管辖原则，将会使公司面临在全球任何地方被诉的危险，这样既缺乏预见性和确定性，对被告而言也缺乏公正性，并可能阻碍电子商务的发展。

（4）网址是否构成分支机构，通过网址进行的商业活动是否可以构成经常性商业活动

1999 年《民商事管辖权和外国判决公约》（草案）中确立了分支机构管辖权和经常性商业活动管辖权，原告可在被告的分支机构、代理机构或任何其他机构所在国法院（被告以其他方式经常性地从事商业活动所在国法院）提起诉讼，条件是争议与该分支机构或其他机构的活动（经常性商业活动）直接相关。在电子商务案件中，分支机构和经常性商业活动的认定标准还没有达成共识。大陆法系国家认为，分支机构应指一个“物质的场所”，因此网址不能构成分支机构，也就无法作为司法管辖权的联结点。但新西兰、美国等国的代表则坚持相反的观点，认为网址可以构成分支机构，至于其具体位置的确定可以视具体情况而定。由于经济活动管辖权只在英美等普通法系国家实行，其他国家本来就反对这种司法管辖原则，再加上如何界定网络商业活动的“经常性”，目前没有成熟的标准，所以在讨论中大多数的代表持否定立场。但美国和英国则坚持要求保留对此问题作进一步规定的权利。

（5）侵权方面，网络侵权行为是否应建立新的司法管辖根据

这是会议争论的焦点之一，英国、芬兰等国针对电子商务的特殊性提出应对网络侵权规定特殊的司法管辖根据。这些国家认为网络的发展已使侵权发生地很难确定，故主张由受害人（victim）惯常居所地国享有优先管辖权。[①]

2004 年 10 月 26 日至 27 日，海牙国际私法会议、国际商会和欧盟委员会轮值主席国荷兰（经济部）共同主办了电子商务所涉法律问题研讨会，以订立商业合同为例，就电子商务环境下，合同订立前、合同订立、合同履行、争端解决等四个不同阶段所涉及的法律问题进行研讨，并交流国际、区际、国家等不同层面的现行实践。[②] 就电子商务案件的司法管辖权问题，美国提出要遵循其宪法的“最低联系”标准的要求，但需解决“法院在什么情形下，可以当事人通过使用网络而与该法院地州建立联系为由，对处于其州境外的当事人行使属人管辖权”的问题。[③] 综上所述，海牙国际私法会议有关电子商务案件司法管辖权的讨论，由于世界各国立法上的差异和经济发展水平的限制，达成一致协议的地方还很少。而且在一定程度上各国在公

① See the Hague Conference on Private Law，available at：http：//www.hcch.net，转引自乔雄兵：《因特网与国际民商事案件的管辖权——从个案到规则的嬗变》，载王利明主编：《电子商务法研究》，566～568 页，北京，中国法制出版社，2003。

② 参见外交部条约法律司：《海牙国际私法会议 2003—2004 年度主要活动》，载《中国国际私法学会 2004 年年会论文集（下卷）》，2004 年 11 月，748 页。

③ 参见外交部条约法律司：《海牙国际私法会议 2003—2004 年度主要活动》，载《中国国际私法学会 2004 年年会论文集（下卷）》，2004 年 11 月，750 页。

约案文上的分歧和冲突不仅没有得到改善，反而进一步激化、对立，甚至使公约谈判的根本方向布满疑云，《公约》正处在一个歧路纷呈的十字路口。因此在我们期盼统一管辖规则出现的同时，我们也明白要达到这样的一个目标还有很长的一段路要走。

### （二）欧盟《布鲁塞尔公约》

欧洲在民商事司法管辖权问题上的统一立法是较其他地区先进的，这主要归功于一个非常有影响力的国际公约，即1968年9月签订于布鲁塞尔的《关于民商事案件管辖权及判决执行的公约》（简称《布鲁塞尔公约》）。但由于《布鲁塞尔公约》制定的时候国际互联网和电子商务对于世界的影响还没有显现出来，所以该公约对于电子商务案件的司法管辖权问题没有适用性。

针对电子商务的迅速发展给司法管辖权带来的挑战，欧盟理事会又于1997年授权成立了一个专家小组，着手对《布鲁塞尔公约》的修订工作。该专家小组于1999年12月向欧盟理事会正式提出了一项《民商事案件管辖权和判决执行的规则（草案）》，该草案旨在民商事领域内就有关司法管辖权和法律适用，制定在欧盟成员国内统一适用的国际私法规则，同时改善成员国对司法裁决相互承认和执行的状况，以适应电子商务条件下跨国商业纠纷增加的特别需求。该草案经过充分的讨论之后，最终于2000年12月22日得以通过并颁布，并于2002年3月1日正式生效。除丹麦之外，新颁布的《民商事案件管辖权和判决执行的规则》（Regulation on Jurisdiction and the Recognition and Enforcement of Judgment in Civil and Commercial Matter）（以下简称《布鲁塞尔规则》）取代了1968年的《布鲁塞尔公约》，成为电子商务条件下规范欧盟成员国之间民商事司法管辖制度的基础性法律。

《布鲁塞尔规则》采纳的普通管辖原则依旧沿袭了《布鲁塞尔公约》的“以原告就被告（actor sequitur forum rei）”的司法管辖权确定原则。（1）关于合同的案件，《布鲁塞尔规则》与《布鲁塞尔公约》规定一致，即合同义务履行地有司法管辖权。《布鲁塞尔规则》对“义务履行地”所作的解释为：货物或服务的交付地或提供地。（2）关于侵权行为的案件，《布鲁塞尔规则》第5条第3款，仅仅对《布鲁塞尔公约》作了轻微的修改。在“损害发生地”法院管辖的基础上，增加了“损害可能发生地”（the place where the harmful event may occur）法院管辖。（3）《布鲁塞尔规则》沿袭了欧洲重视保护消费者的一贯宗旨，保留了《布鲁塞尔公约》“消费者可以选择自己的所在国进行诉讼”的规定，并对这一条作了扩大的解释：（a）消费者合同可以是以任何方式缔结的合同（包括网上合同）；（b）消费者可以选择在下列法院提起诉讼：卖方的住所地或消费者的住所地；（c）卖方作为原告对消费者提起诉讼，只能在消费者住所地法院提起；（d）只要卖方在任何成员国有住所、分支机构、代理或在成员国成立，卖方就必须服从于消费者合同的规定；（e）法院选择条款只有在纠纷发生后缔结的才有效，除非在该条款中特别加入了b条的内容。

### （三）美国律师协会的Cyberspace管辖权工程

1998年美国律师协会（America Bar Association，简称ABA）针对电子商务案件司法管辖权的确定问题，发起并在伦敦召开了一次全球论坛。会后，发布了一份草案：《构建网络空间的法律和商务秩序：Internet引起全球性管辖权问题报告》（Achieving Legal and Business Order in Cyberspace：A Report on Global Jurisdiction Issues Created by the Internet），也即"美国律师协会的 Cyberspace 管辖权工程（America Bar Association Global Cyberspace Jurisdiction Project)"①。

该报告提出了解决电子商务案件司法管辖权确定问题的办法，对于当事人没有协议的，指出在下列条件下，站点的经营者应受制于一国的属人管辖权或强制管辖权：(1）站点的经营者是该国的惯常居民或其主要营业地位于该国；（2）站点以锁定（target）该国开展活动，并且纠纷是由站点的内容引起的；（3）纠纷是由该站点的商业交易所引起的，虽然该站点并非针对任何特定的国家，但它是一种交互式网站，从而可以合理地认为该站点在该国故意从事商业活动；（4）通过各种技术手段去防止特定的用户进入该站点的诚信的努力（good faith effort）应该排除一国对它的司法管辖权。同时，在报告中指出各国对电子商务案件行使司法管辖权时，还必须考虑以下因素：(1）其他国家适用其法律时所体现的利益和法律冲突的程度；（2）适用本国法律将在多大程度上阻碍电子商务的发展；（3）本国主张司法管辖权所取得的利益是否足够大，以至于足以抵消这一司法管辖权对全球电子商务增加的额外负担；（4）在国家自制（如"不方便法院"原则）的基础上，充分考虑不同地区的司法利益、当事人便利以及证据来决定是否对案件进行的司法管辖。② 该报告呼吁全世界的法律工作者联合起来，通过建立国际性的机构——全球在线标准委员会（Global Online Standards Commission）来划定网络空间的国界，制定网络空间的统一规则，并号召各国政府及国际机构采纳这些规则。

### (四)"不方便法院原则"——国际协作的黄金法则

由于各国行使管辖权的根据种类繁多，大多数国家又都有扩张管辖权的倾向，必然导致管辖冲突的激化。"不方便法院"原则可以最大程度上缓解这种冲突或矛盾，我们认为，在相互尊重，求同存异的前提下，"不方便法院"原则将是网络案件管辖权冲突国际合作有效协调的黄金法则。"不方便法院"原则最早起源于 19 世纪中期苏格兰的司法实践③，到 19 世纪末，美国的一些法院采纳了苏格兰法院的做法，以后英国法院也接受了该原则。迄今为止，英国、新西兰、加拿大、以色列、澳大利亚和美国的法院均适用了"不方便法院"原则。此外，在以大陆法系司法管辖权制度为基础的加拿大魁北克省和日本，也都采用了与"不方便法院"原则极为相似的名为"特殊情况"的原则。所谓"不方便法院原则"是指：在国际民商事诉讼活动中，由于原告可自由选择一国法院提起诉讼，他就可能选择对自己有利而对被告不利的法院；该法院虽然有司法管辖权，但如审理此案将给当事人及司法带来种种不便之处，从而无法保障司法的公正，不能使纠纷得到迅速有效的解决，此时如果存在对诉讼同样具有司法管辖权的可替代法院，则原法院可以自身属"不方便法院"为由依职权或根据被告的请求作出自由裁量而拒绝行使司法管辖权。④

适用不方便法院原则的要件：

---

① http：//www.abanet.org/buslaw/cyber/initiatives/jurisdiction.html.

② 参见郭明磊：《Internet 上国际民商事案件司法管辖权问题初探》，武汉大学国际法博士毕业论文，典藏地点：中国国家图书馆博士论文库，索取号 08295。

③ See Braucher，The Inconvenient Federal Forum，60 Harv. L. Rev. P. 908-909（1947).

④ 参见李双元主编：《国际私法学》，536 页，北京，北京大学出版社，2000。

(1) 存在两个以上拥有管辖权的法院地，受诉法院地被认为对任何当事人为一个不公平(unfair)或非常不便利(seriously inconvenient)的法院地，而存在其他法院较为方便审理此案。(2) 这种认定取决于受诉法院的裁量。法院通常以私人利益和公共利益两个方面来考虑是否采用不方便法院理论。私人利益因素包括获取证据的便利、强制不愿出庭的证人出庭、判决的可执行性、诉讼的便利和花费的低廉；公共利益因素包括，法院的工作量、纳税人的负担等。或者说，法律的经济分析是适用不方便法院原则的一个重要原因。(3) 不方便法院原则的使用取决于当事人是否提起、中止或撤销诉讼的申请（a motion to abate or dismiss the action)。之所以引用不方便法院原则，考虑到使用该原则法院通常要考虑的因素与 Internet 上的管辖因素有一定的关联性。

Internet 全球性和不确定性一定程度上扩大了管辖因素的范围，一个网络行为可能被多国法院通过识别而确认管辖权。一国法院在受理一个包含复杂因素的网络纠纷案件时，理应考虑到证人的住所和强制证人出庭之程序的可用性，取证来源的难易程度，出庭的费用，强制执行法院判决的可能性等。如果存在别国法院，同样根据本国法律对该案享有管辖权，该法院实施管辖更具程序上的合理性，且更符合原告诉讼的本意，则受诉法院就应依据不方便法院原则，通过中止或撤销诉讼，放弃对该案的管辖。显然，面对日益复杂的网络环境和可能出现的剧烈的网络管辖权冲突，不方便法院原则在合理分配国际事务，维护网络世界的完整性方面有十分现实的意义。

今天，当我们面对纷繁芜杂的网络空间，如同当初面对国际贸易的全球化趋势一样，维护国际民事关系完整自由的流转，是对各国司法体制的必然要求。不方便法院原则在缓和管辖冲突、维护以上宗旨时应能起到应有的作用。但我们同时也应看到：即便在传统管辖冲突中，无论哪个国家都不曾在立法中明确规定，在什么情况下构成“不方便”，法官裁量仍然扮演者重要的角色，如何规制这种裁量是必须面对的问题。好在 Internet 仍在不断发展中，国际合作正在不断加强。较好的办法仍然是通过国际合作，协调各国的利益，将确定最合适法院地的各种因素明确规定于国际公约中，实现对国际司法任务的合理分配。

## 四、思考与结论

通过对几种管辖权新理论的梳理、评述，并结合各国的司法实践对网络侵权，网络电子商务纠纷案件管辖权的实践考察、比较，我们至少可以得出以下结论：

1. 在网络案件的管辖权实践中，总体上可以分为两种思路：第一种思路是开放式模式，如美国，加拿大等国，通过给予法官极大的自由裁量权，来解决科技进步与法律滞后之间的矛盾，由法官根据各个案件的具体情况，并以长臂管辖理论为依据，自由决定对案件是否有管辖权，这种开放式模式是和英美普通法系的传统分不开的，是由法官良好的素质，人民对司法最终解决的信任决定的。随着网络技术的进一步发展，全球融合度也进一步加强，两大法系的融合、趋同也在加快，虽然我国是成文法国家，但也应该借鉴英美法系的一些做法，比如在网络案件中扩大法官的自由裁量权，以此来解决技术和法律之间的矛盾。当然美国的长臂管辖理论天然具有一种扩张性，这是有违各国的司法主权平等的精神的，应该给予扬弃。另外一种思路是保守式模式，如我国，欧盟等国，即试图将传统的管辖权理论和依据在

INTERNET环境中赋予新的解释，同时吸收一些后现代的新思潮，比如通过立法加强对弱者的保护等，此种思路是值得借鉴的，考虑到了法律的稳定性，但是有些情况下传统的管辖权依据在在网络环境中是解释不通的，如侵权行为地，因此不应该固守传统，而应改结合案件，适时发掘新的连接点，并通过国际条约，惯例给予确认，这才是最终解决网络案件管辖权问题的根本。

2. 世界各国还没有形成统一的网络案件管辖权确定的规范，对于管辖权规范各国都处于摸索阶段，但是总的来说各国的司法实践都没有脱离传统的管辖权理论。也就是说在网络案件中，传统的管辖权理论并未被抛弃，只是需要进行必要的修改。在网络管辖权问题上，各国应摆脱传统地域管辖观念的束缚，各国应尽量谨慎地依靠现有管辖权制度体系，以基础管辖原则为主，辅以协议管辖、专属管辖、保护管辖等来共同解决网络空间下的管辖权问题。有学者就提出在今后我国电子商务案件司法管辖制度立法时，应该考虑：（1）电子商务案件应明确由中级人民法院作为一审法院；（2）明确协议管辖在B2B合同中的适用问题；（3）在B2C合同中应引入消费者保护管辖；（4）扩大侵权行为地的范围，将原告所在地作为司法管辖的根据；（5）在电子商务案件中，引入“不方便法院”原则。① 这些在今后的电子商务程序立法中都值得参考。

3. 网络案件的管辖权问题比现实世界中的案件更加复杂，也就意味着会产生更多的管辖权积极冲突，而最终解决办法只有各国之间加强合作，通过订立国际公约，通过国际惯例。正如英国学者安得鲁·斯帕罗所说的：全球范围的数字化空间是一个没有边界的空间，但并不是没有地理位置，这正是产生问题的根源所在。当与互联网有关的争端发生时，问题并不是没有可以适用的法律，也不是因为当事人不愿意通过法律途径来解决争端，而是因为没有明确的法律规定来确定该适用哪国的法律。② 世界各国应该抛弃民族、地域、法域的冲突和矛盾，积极加强国际协作，制定统一的网络管辖国际公约来消除网络管辖权冲突。

4. 虽然各个国家立法规定与法院的司法实践对网络侵权案件，电子商务合同案件管辖权确定并不是一致的，但却是可以概括出共同点，而这些共同点很可能将来会成为国际公约，惯例的基础。对于网络侵权案件来说侵权行为实施地，是首先应该考虑的，由于侵权行为结果发生地在网络中一般具有“发散性”，因此一般不宜给予考虑，在具体的考虑侵权行为实施地时，可以考察侵权行为的网络服务器所在地，侵权计算机终端所在地以及网址是互动型还是被动型，法院地是否和侵权行为具有实质联系等因素。其次，面对“原就被”的理论困境，需要引进原告住所地法院管辖原则。此原则的引入，无论从经济学的角度来看，还是从是否有利于判决的承认和执行的角度来都是有利于纠纷的解决的。对于电子商务案件当事人协议管辖是首先应该考虑的，但是应在具体的案件中要考察当事人的意思是否真实，格式合同是否有效；其次，可以结合最密切联系原则通过立法或者在司法中由法官决定哪些法院可以成为有权管辖的法院；最后，在消费者合同中引入欧盟的立法模式确立对消费者有利的法院，比如消费者住所地法院优先管辖原则。

---

① 参见 http://www.ccpcc.com/jjxj/km1/020615.htm# _ ftn39。

② 参见［英］安得鲁·斯帕罗著，林文平译：《电子商务法律》，68页，北京，中国城市出版社，2001。

**案例 9—1**

2000 年 4 月，法国的互联网用户在网上发现美国雅虎（Yahoo）公司驻欧洲分支网站拍卖纳粹物品，其中包括拍卖臭名昭著的希特勒自传《我的奋斗》等纳粹书籍、印有党卫军徽章的 T 恤衫、征兵广告及希特勒的水彩画等宣扬宣扬种族主义和纳粹主义的物品，而法国雅虎公司为法国的用户提供了链接。此事在法国引起了轩然大波。多个反纳粹组织和反种族歧视组织联合起来，以美国雅虎公司为第一被告、法国雅虎公司为第二被告，向法国巴黎大审法院提起诉讼。

在诉讼中，美国雅虎公司认为：(1) 以应为为主要文字的雅虎网站所涉及的案件应当有美国法院管辖，而美国宪法有言论自由的规定，拍卖涉嫌纳粹物品不在美国法律禁止之列；(2) 拍卖网站只能通过美国雅虎进入，而美国雅虎网站的服务器在美国；(3) 雅虎公司并非拍卖活动的主办人，拍卖网站也不属于雅虎公司。因此，法国法院对此案无管辖权。

在案件审理过程中，法国巴黎法院认为：虽然法国雅虎提供的链接必须经过美国雅虎中转才能进入涉案的拍卖网站，但基于网络的互联性，法国用户可以很便捷地从雅虎法语门户网站转到其他语言的门户网站中，也可以便捷地进入其他第三方网站，因此法国法院对此案拥有管辖权。最后，巴黎法院判决美国雅虎必须在 90 天内采取措施有效阻止法国网民进入有关拍卖纳粹物品的网站；并要求法国雅虎必须通知其用户，在浏览或检索到的网页内容违反法国法律有关规定时立即中断访问，否则会便利起诉的风险。

判决过后，雅虎公司宣布禁止在其网站上出售纳粹纪念品。但它同时也宣布作出此项决定并非因为执行法国法院的判决，而是大部分雅虎使用者认为在其网站上拍卖纳粹物品容易引起暴力与仇恨。在 2001 年 1 月，雅虎公司向美国联邦法院提起上诉，请求该法院阻止法国法院判决的执行。在 5 月又向加利福尼亚州法院提起诉讼，要求法院判决法国法院的判决无效，理由是雅虎公司的注册地在美国，法国法院对此案没有管辖权。显然，该案引起的司法管辖冲突仍未平息……

请问：该案司法管辖的法律冲突是如何产生的？法国法院认为其对此案拥有管辖权的主要原因是什么？你认为法国法院对美国雅虎公司有管辖权吗？

## 第三节　构筑网络在线争端解决机制

### 一、ADR—ODR，在线争端解决机制概述

ADR（Alternative Dispute Resolution），替代性纠纷解决机制，是指世界各国普遍存在的法定民事诉讼制度以外的非诉纠纷解决程序或机制的总称。① ADR 的涵盖范围广泛，并不断随着实践发展而推陈出新，常见的 ADR 包括：调停或调解；仲裁；事实发现；中立聆听者；密歇根式调解；调解—仲裁；最后方案仲裁；聘请法官；小型审判；简易陪审团等。网络空间的

① 参见范愉：《非诉讼程序（ADR）教程》，16～17 页，北京，中国人民大学出版社，2002。

全球性、虚拟性、管理的非中心化和高度的自治性使得网络空间争议的解决也具有不同于传统离线争议的特殊要求，效率、成本和便利性成为网络空间争议解决方式的首要价值因素。高昂的诉讼费、遥远的地域相隔、差异巨大的语言和文化、法律适用的艰难、管辖权确定的复杂性和判决的承认和执行等问题使传统诉讼在面对如此纷繁复杂的网络空间纠纷时显得颇为捉襟见肘，这些问题也将大大增加电子商务交易成本。于是传统 ADR 开始网络化，ODR（Online Dispute Resolution），在线争议解决机制脱颖而出。使用“替代性”一词，表明在传统的争端解决中存在着一种原初模式——法庭诉讼。基于这样的逻辑，脱机状态下的“替代性”争端解决方式就理所当然成为在线争端解决的原初模式，是其在网络商务中的扩展与延伸。作为 ODR 可借鉴的模式，ADR 的快速、低廉、高效的特征将极大促进 Online ADR—ODR 机制的发展。[①]

据美国联邦贸易委员会、欧盟、OECD 以及全球电子商务论坛（GBDe）所下的定义，ODR 是指涵盖所有网络上由非法庭但公正的第三人、解决企业与消费者因电子商务契约所产生争执的所有方式。[②] 可见 ODR 从产生之初就是为电子商务纠纷服务的，其主要包括在线仲裁（Online Arbitration）、在线调解（Online Mediation）和在线和解（Online Negotiation）等方式，仅利用网络技术实现文件管理功能，程序的其他部分仍用传统离线方式进行，不属于 ODR 范畴。ODR 将网络资源充分引入到争议解决方法中来，网络资源具有下列三种新的因素：利用全球任何地方的人力资源、电脑处理程序以及实现信息交流传播的电子速率传输，这就使 ODR 可以在任何国家、聘用任何国籍的仲裁员或者调解员、通过任何语言解决争议，具有快速、费用低廉、便利等网络空间争议解决所需要的各类重要价值因素。在网络虚拟世界，ODR 对于建立互联网中的信赖关系是非常必要的，有利于实现双赢的争议解决方式，越来越受到世界各国理论和实务界的重视。[③]

相对于传统法定案件争议解决机制，ODR 的优势是明显的，首先，摆脱了传统管辖权与法律适用在网络世界中的无助。如上两节所述，Internet 环境的特点，使得传统案件管辖权理论受到冲击，传统国际私法的管辖权规则与法律适用规则急需变革，但在国际协作成效还不明显的当下，已经越来越阻碍了网络经济的发展与网络交易的繁荣。而 ODR 机制由于采用了灵活的制定规则与选择规则，替代了法院程序和可能产生的法律与管辖权纷争，充分地体现了虚拟互联网特性。其次，ODR 解决方式灵活多样，规则适用的非武断性，处理的高效率与经济性更是毋庸置疑。在 ODR 兴起不到 10 年的时间里，ODR 解决了数以百万计的在线纠纷，据统计，自 2000 年 3 月至 2003 年 1 月只 Squaretrade. com 一个网站就解决了超过 30 万个争议；而 ICANN 提供的在线争议解决机制解决了 7000 多个域名争议。

## 二、ODR 运作模式划分及我国 ODR 现状与思考

ODR 发展最快的是美国，互联网上绝大部分 ODR 网站设在美国，美国政府也积极参与推

---

① Ethan Katsh，Online Dispute Resolution：Some lessons from the E-commerce Revolution，28N. Ky. L. Rev. 810 (2001).

② 参见郭佳玫：《论现行网路交易争议解决的法律问题——兼谈线上争端解决机制》，载《科技法律透析》，2001 (6)。

③ 参见 http：//www. chinaeclaw. com/readArticle. asp？ id=2722。

动 ODR 的发展，美国联邦贸易委员会和美国商业部在 2000 年 6 月举行了一个公开的论坛会议。该论坛会议就 ODR 的全球方案、采用新技术、保证它的公平与效率以及对消费者和企业的 ODR 教育等方面，提出了大量的方案和建议。欧盟也是 ODR 的积极倡导者和推动者，欧盟在 1998 年《电子商务指令》第 17 条中要求成员国的法律不应妨碍消费者通过各种法院外途径包括电子方式解决纠纷。2000 年 12 月 18 日，欧盟和美国共同发表了“美国、欧盟关于建立电子商务环境下消费者的信心和 ADR 地位的声明”的文件，充分肯定了促进和发展在线 ADR 的重要性，并主张企业、政府、消费者组织以及学术机构应共同合作推动 ODR 的发展。亚太经合组织（APEC）电子商务指导小组也于 2000 年 7 月 20 日在曼谷召开了一个消费者保护的论坛会议，其中一个很重要的议题就是：通过有效的消费者保护立法和建立自律规范，提供处理消费者争议的救济手段，包括在线 ADR 手段，以建立电子商务环境下消费者的信心。①

### （一）自助式 ODR 模式（Automated ODR Venues）

自助式 ODR 模式在解决争议时不需要仲裁员或调解员的参与，这种模式往往是通过一种计算机程序自动地处理争议。在程序进行中，双方的报价和请求对另一方都是不公开的，所以，该模式也称为不公开报价处理模式（blind bid process）。采用这种模式的 ODR 网站主要有：Clicknsettle. com 和 Cybersettle. com 等。自助式 ODR 模式在解决简单纠纷时能够较好地发挥方便快捷的特点，并有较高的成功率。由于该模式没有调解员/仲裁员的参与，其处理的纠纷也相对较简单，一般只涉及当事人双方对价款的争议，不对具体责任进行划分。具体操作程序以 Clicknsettle. com 为例：

Clicknsettle. com 采用的是一种自动化的专业计算机系统（Expert System），它的基本程序和技术被称为协商模式（Negotiation Model）：当一项争议发生后，投诉方、被诉方通过 Clicknsettle 的“Negotiation”系统进行交涉。首先由投诉方进入程序输入自己的请求数额和被告相关信息。系统处理原告的信息后自动发出一封电子邮件给被诉方。被诉方收到邮件后认为自己有给付或赔偿的责任，也进入相同的系统，提出自己愿意偿付的数额，双方的交涉程序就开始了。整个交涉的过程被限制在 60 天内，而双方交涉的次数没有限制，但每次增加和减少报价的限度不能超过 5%。如果被诉的报价高于投诉方，则以投诉方的请求为准解决纠纷；如果原告的请求高于被诉方，只要其在被诉方报价的 30%以内，则取两者的中间值解决纠纷。双方在交涉的时候，都看不到对方的报价和请求，以便在纠纷解决不成而进入其他救济程序时，不会暴露自己请求和报价的底限。上述交涉规则和案件处理都是在专门的计算机程序监控下自动进行的。如果纠纷在 60 天内还不能解决，系统允许用户决定是否将案件移送到离线仲裁调解机构（National Arbitration and Mediation）去解决。Clicknsettle 的收费是针对争议双方的。②

### （二）交互式 ODR 模式（Interactive ODR Venues）

交互式 ODR 模式运用现代的网络技术，把离线状态的 ADR 服务运用到网络环境下，以营

---

① 参见肖永平、谢新胜：ODR：解决电子商务争议的新模式，载《中国法学》，2003（6）。

② Clicknsettle. com website available at http：//www. clicknsettle. com（last visited sept 22，2002）.

造一个虚拟的调解或仲裁场所，解决争议，即网络调解或网络仲裁。它不同于自助式 ODR 模式，有现实仲裁员或调解员主导争议的解决。常用的交流手段有电子邮件（E-mail）、聊天室（chat）、网络会议（web conferencing）、视频会议（video conferencing）等。交互式 ODR 模式是当事人应用网络技术解决争议的最主要模式，在欧美发达国家已经有了较大的发展。该模式常具有案件管理程序，可以让当事人很方便地进行提交争议、追踪案件进展、与调解员/仲裁员以及其他当事人进行交流等活动。美国已经出现了大量的这种交互式 ODR 网站，较著名的有 I-Courthouse. com、Squaretrade. com 和 American Arbitration Association 等。例如，SquareTrade 网站主要采取调解方法解决纠纷，但它不是单纯的在线调解，还包括在线交涉和在线仲裁。当事人可以首先通过 SquareTrade 系统，进入一个需要用户口令的案件页面进行交涉。如果交涉不成，可以要求在线调解，调解是不公开进行的。如果调解还不能解决纠纷，可以进一步要求在线仲裁，在线仲裁是公开进行的。使用 SquareTrade 的系统提起案件，以及双方当事人在系统程序的辅助下进行交涉都是免费的，但要求调解则要收取一定的费用。其解决纠纷的过程一般只要 10 至 14 天。[①] 除此之外，也有学者认为 ODR 运作模式可被具体划分为：（1）不公开报价和请求的处理模式（Blind Demand/ Offer Claim Settlement）。（2）在线 ADR 模式（Online Mediation，Arbit ration，or Other Dispute Handling Services）。（3）计算机辅助交涉模式（Decision/ Negotiation Support Systems）。[②]

由于我国互联网并不发达，电子商务的市场、法治环境也不健全，ODR 的研究在国内才刚刚起步，有关 ODR 的实践几乎一片空白：只有中国互联网络信息中心认可的争议解决机构、中国国际经济贸易仲裁委员会和香港国际仲裁中心联合成立的亚洲域名争议解决中心等提供针对网上域名争议的在线解决方式。除此之外，2004 年由民间机构自发成立了在线争议解决机构“中国在线争议解决中心”（http：//www. odr. com. cn），发生纠纷的任何一方当事人可以通过互联网在该网站登记案件，申请在线和解或在线调解。该网站将通过电子邮件等方式通知对方当事人，在对方当事人也认可这种纠纷解决模式的情况下，启动在线和解或者在线调解程序。[③] 但该中心成立几年来，业务一直很冷清，说明国内 DOR 市场与环境还远未形成，这既有网络软环境因素，如网络普及率、使用率不高，网民与网络公司整体素质还不成熟，更有网络硬环境的成因，如国内 ODR 无论是理论还是实践都还处于探索阶段，暂时还不能为众多纠纷受众提供比司法更权威、便捷的解决服务机制。

从电子商务全球化的特征以及我国已经加入 WTO 的背景来看，我国企业要走向世界，面对全球统一市场和消费者，必然要走电子商务的道路，无论是新兴的网络公司，还是传统企业莫不如此。因此，我国必须给全球消费者提供便宜、公正、方便的争议解决途径，保护消费者的利益，不得不向传统的调解和仲裁等替代性争议解决机制回归，可以说，ODR 是我国发展电子商务必须面对的问题。在我国，ADR 主要有两种形式，即调解和仲裁。从目前来看，最有可能与国际流行的 ODR 接轨的是与仲裁相结合的调解，即把网上仲裁和网上调解结合起来解决争议。[④] 但这在我国可能会遇到一个难以克服的法律障碍：我国《仲裁法》上只规定了机

① Squaretrade. com website available at http：//www. squaretrade. com（last visited sept 24，2002).

② 参见徐继强：在线纠纷解决机制（ODR）的兴起与我国的应对，载《甘肃政法学院学报》，2001（12）。

③ 参见 http：//www. chinaeclaw. com/readArticle. asp？ id=2722。

④ 参见肖永平、谢新胜：《ODR：解决电子商务争议的新模式》，载《中国法学》，2003（6）。

构仲裁，而没有规定临时仲裁。这不能不说是立法上的一个缺憾。现实中许多从事 ODR 业务的网络服务商严格说来并不能算作仲裁机构，如上文提到的“中国在线争议解决中心”，如果当事人通过我国非仲裁机构的网站解决争议的话，裁决可能不会得到承认和执行，如果裁决得不到有效执行，那么网络 ODR 所具备的高效、低成本魅力也会大打折扣。除此之外，国内整个立法、司法、舆论环境对网络 ODR 还存在一定的偏见与冷漠，认为这是一种非主流争端解决机制，而众多网络公司与网民由于对 ODR 缺乏了解和认识，更是不知道国家法之外还存在着这样的民间法解决机制，这些都使得国内 ODR，尤其是在电子商务领域发展缓慢。总之，在电子商务等网络环境下，ODR 是一种便宜、高效、公正的纠纷解决机制，它对电子商务的发展，构筑一个使消费者充满信心的电子商务平台具有重要意义。我国应积极采取对策，培育自己的在线争议解决机制 ODR。

## 法条链接

1.《最高人民法院关于审理涉及计算机网络著作权纠纷案件适用法律若干问题的解释》第一条

2.《最高人民法院关于审理涉及计算机网络域名民事纠纷案件适用法律若干问题的解释 》第二条

## 深度阅读

1. 孙尚鸿 . 中国涉外网络侵权管辖权研究 . 法律科学，2015（2）

2. 方旭辉 . ODR：解决版权纠纷的新模式 . 知识产权，2015（10）

3. 李智 . 国际私法中互联网管辖权制度研究 . 厦门：厦门大学出版社，2009

4. 鞠海亭 . 网络环境下的国际民事诉讼问题 . 北京：法律出版社，2006

5. 范愉 . 非诉讼程序（ADR）教程 . 北京：中国人民大学出版社，2002

## 问题与思考

1. 简述 Internet 环境的特征以及对传统管辖权理论的冲击。

2. 比较分析第四国际空间理论、新主权论、网址管辖依据论、特定存在论各自存在的背景，以及在确定网络案件管辖权过程中的利弊。

3. 简析传统国际私法案件管辖权确定的依据或方法，并结合 Internet 环境阐述我国网络案件的立法、司法实践特征。

4. 结合具体案例，对美国网络案件管辖权做趋势性总结分析。

5. 我国网络案件管辖权理论实践该如何建构？请从电子商务案件与网络侵权案件分别

论述。

6. 网络在线纠纷解决机制与网络司法解决机制之间的联系与区别，试析我国 ODR 现状，并提出自己的建设性思考。

7. 国内网购纠纷，如何确定管辖权?

8. 试列举全球比较成熟的 ODR 解决机制 2—3 个。

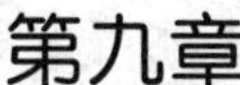

# 第九章

# 电子商务中的证据法律制度

重点知识

1. 电子数据的概念与特点。
2. 我国电子数据的立法现状。
3. 电子数据的收集、保全与认定方法。

## 第一节　电子数据概述

### 一、电子数据的概念

电子数据作为由近现代电子技术、尤其是现代网络技术引发的一种新证据形式，目前在世界范围内对其含义的理解可谓是纷繁复杂。按照 2012 年 3 月 14 日第十一届全国人民代表大会第五次会议通过关于修改《中华人民共和国刑事诉讼法》的决定，刑事诉讼法第 48 条将“电子数据”与视听资料并列作为证据种类之一；按照 2012 年 8 月 31 日第十一届全国人民代表大会常务委员会第二十八次会议《关于修改〈中华人民共和国民事诉讼法〉的决定》，《民事诉讼法》第 63 条以及第十二届全国人民代表大会常务委员会第十一次会议于 2014 年 11 月 1 日通过的《关于修改〈中华人民共和国行政诉讼法〉的决定》的行政诉讼法第 33 条更是将“电子数据”作为独立的证据种类之一；

电子数据是指通过电子邮件、电子数据交换、网上聊天记录、博客、微博客、手机短信、电子签名、域名等形成或者存储在电子介质中的信息。

### 二、电子数据的特点

电子数据与其他证据种类一样，都能够证明案件的真实情况，它们存在着共同的属性。但电子数据作为科学技术发展并运用到一定阶段的产物，又具有不同于其他种类的证据特点：

### （一）高科技性

电子数据无论产生、存储、提取、传输、识别必须依赖高科技设备。即电子数据的存在以计算机技术、存储技术、通信技术、网络技术等为基础，电子数据的生成、存储、传递、接受、重演等是通过各种电子介质来完成。电子证据的收集、判断、保存需要专业的技术知识，电子数据处理中遇到的具体问题如：怎样确定访问路径、账号和密码，如何恢复被破坏的数据，如何破译加密的文件，如何反编辑设置有破坏性程序的执行指令等都有较强的高科技性。电子数据问题本身是由于技术发展引起的，随着计算机和通信技术的不断发展，其对科学技术的依赖也越来越强，并不断更新变化。

### （二）复合性

数据信息通过磁性载体反映到数据显示设备上可呈现多种形式，也可输出到外部连接设备与传统的信息载体相结合形成有形的可视信息。随着网络技术尤其是多媒体技术的出现，电子数据不再限于单一的文字、图像、或声音等方式，而是综合了文本、图形、图像、动画、音频、视频等各种多媒体信息，这种以多媒体形式存在的电子数据几乎涵盖了所有传统证据的类型。存储在电子介质中的录音资料和影像资料，都适用电子数据的规定。

### （三）易损性

由于电子数据是以电磁或光信号等物理形式存在于各种存储介质上，这一特点决定了电子数据可被轻易改变或删除的特性。电子数据的易损性主要表现在两个方面：一是数据本身有易受损性。操作人员的误操作或供电系统、通信网络故障等环境和技术方面的原因都会造成数据的不完整性。甚至搜集电子数据的过程中，也可能会对原始数据造成严重的修改和删除，并且难以恢复。二是因为电子数据存储在磁性介质上，而磁性介质上存储的数据内容易被删除、修改、复制，并且不易留下痕迹，更不易被发现。即使被发现，鉴定也较为困难。

### （四）准确性

在没有外界蓄意修改或故障影响的情况下，电子数据能准确的存储并反映有关案件的情况，具有较强的证明力。如果不考虑外界因素，电子数据无疑是所有证据中最具有证明力的一种：首先，它存储方便，可长期无损保存及随时无损反复出现；其次，它不会因周围环境的改变而改变自身属性，不易损毁和出现笔误，也不易被误传、误导、误记或带有主观性。最后，它一经形成便始终保持最初、最原始的状态，能够客观真实地反映事物本来面貌，能较为准确地反映案件真实情况。

### （五）隐蔽性

电子数据的信息量大、内容丰富，且与传统的纸质信息相比，电子数据赖以存在的信息符号是不易被直接识别的。它以一系列电磁、光电信号形式存在于光盘、磁盘等介质上。如要阅读，必须借助于适当的工具。而且作为证据的电子数据往往与正常的电子数据混杂在一起，要从海量的电子数据中甄别出与案件有关联的、反映案件事实的电子证据并非易事。

**(六) 分散性与连续性**

电子数据的分散性和连续性，是指证明案件真实情况的电子证据可能分别存储于不同或相同地域国度的不同网站或相同网站上的一台或多台服务器上。同时，由于网络行为与网络数据传输的连续性，分散的电子数据往往具有时空上的连续性，并能相互印证，形成证明事实的直接证据。

## 三、电子数据的分类

从实际运用来看，电子数据的制作目的主要有两种：一是在正常业务活动中制作的电子数据，即各种业务主体在业务活动当时或者其后不久，按照业务习惯而做出的、用于保全信息的电子数据。如电子商务企业对日常运营制作的电子账簿、电子发票等；二是为诉讼目的而制作的电子数据，即诉讼各方纯粹出于保全诉讼证据的需要而录制的电子数据。

**(一) 计算机生成数据、存储数据与衍生数据**

这是按照电子数据形成的方式进行的分类，为许多国外学者所采用：

计算机生成数据（Computer-generated Evidence)，是指完全由计算机等设备自动生成的数据。其最大特点是完全基于计算机等设备的内部命令运行的，其中没有掺杂人的任何意志。它虽然是一种准确性相当高的数据，但会受到计算机本身的运行状况影响。

计算机存储数据（Computer-stored Evidence)，是指纯粹由计算机等设备录制人类的信息而得来的数据。对此类证据证明力大小的判断，除了要考虑计算机等设备的准备性外，还要考虑录入时是否发生了影响录入准确性的因素。

计算机衍生数据（Computer-derived Evidence)，即计算机存储附带生成数据，是指由计算机等设备录制人类信息后，再根据内部指令自动运行而得来的数据。由于这类数据兼有上述两种数据的性质，因此对其可采性和证明力的判断更为复杂。

**(二) 数据电文数据、附属信息数据与系统环境数据**

数据电文数据，是指电子数据本身，即记载法律关系发生、变更与灭失的数据，如 EDI 的正文、E-mail。

附属信息数据，是指对数据电文生成、存储、传递、修改、增删而产生的记录，如电子系统的日志记录、电子文件的属性信息等。它的作用主要在于证明电子数据的真实性，即证明某一电子数据是由哪一计算机系统在何时生成的，由哪一计算机系统在何时存储在何介质上，由哪一计算机系统或 IP 地址在何时发送的以及后来又经过哪一计算机系统或 IP 地址发出的指令而进行过修改或增删等。

系统环境数据，是指数据电文运行所处的硬件和软件环境，即某一电子数据在生成、存储、传递、修改、增删的过程中所依靠的计算机环境，尤其是硬件或软件名称和版本。

这三种证据所起的证明作用是不一样的。数据电文数据主要用于证明法律关系，是主体证据；附属信息数据主要用于证明数据电文证据的真实可靠，它像用于传统证据保管环节的证据一样，必须构成一个完整的证明锁链，表明每一电文数据自形成直到获得、最后到被提交法庭，每一个环节都是有据可查的；系统环境数据则主要用于在庭审时或鉴定时显示数据电文的证据，以确保该数据电文以其原始面目展现在人们的面前。

### （三）原始电子数据与传来电子数据

按照证据法的传统理论，以证据的来源为标准，可以分为原始数据和传来数据，或称为原生数据和派生数据。这两者具有不同的证据效力。通常，原始数据具有直接的可采性与更高的证明力，只要证明其取得合法即可采用；而对于传来数据则必须证明其与原始证据吻合、且采用它不会导致对当事人不公平等前提条件，方能采用。

原始数据，是指直接来源于案件事实和原始出处的证据。所谓直接来源于案件事实，是指证据是在案件事实的直接作用或影响下形成的。所谓直接来源于原始出处，是指证据直接来源于证据生成的原始环境；传来证据，是指经过复制、复印、传抄、转述等中间环节形成的证据。传来证据不是来源于案件事实或原始出处，而是经过了中间环节的转手，是从原始证据派生出来的证据。但是，电子数据在什么情况下可以视为直接来源于原始出处呢？例如买方通过E-mail方式向卖方发出了一份要约，此时这样的一份E-mail将至少在买方的计算机、买方的网络服务商的计算机系统中及卖方的计算机、卖方网络服务商的计算机系统中有备份或留存。那么，究竟是哪一方的数据备份或留存是电子数据的原件呢？如果是买方或卖方的计算机数据备份或留存，则存在电子数据的原件是显示形式的问题。如果是网络服务商的计算机数据备份或留存，则存在网络服务商的选择问题。显而易见，按照传统方式来区分原始电子数据与传来电子数据，都将遇到难以克服的障碍。但这种区分又是各国现行法律的基本要求。因此，必须寻求新的方法来解决电子数据原始性质的判断问题。

依据联合国《电子商务示范法》第8条的规定，只要某一数据电文具有完整性、且可以显示，则可视为满足了法律对原件的要求。这一做法实际上是成功运用“功能等同法（Functional-equivalent）”原则，它的着眼点主要在于解决电子商务可能遇到的法律障碍。详言之，如果某一数据电文是直接输入计算机的，则只要自它首次转成电子形式起保持完整、未予改动，且后来可显示为人们可认知的形式，则不违反“原件”的要求。如果某一数据电文最初是制成正式的书面文件、而后才输入计算机的，则要求它自制成书面文件起就保持完整性，且在需要时可打印或显示出来，才不违反“原件”要求；美国证据法中，电子数据在两种情况下属原始证据：一是当有关数据存储在计算机内时，能准确反映数据的打印物或其他输出物；二是当电子数据表现为副本时，制作者或发行者意图使其具有同“原件”本身具有同等效力。这实际上是扩大了传统看法关于原件的范围，即不限于自然意义上的原始证据，而且扩大至拟制意义上的原始证据。

### （四）直接电子数据和间接电子数据

按照证据法的传统理论，以证据与案件主要事实的证明关系为标准，可以把证据分为直接证据与间接证据。直接证据是指能够单独直接证明案件主要事实的证据材料；间接证据是指不能单独直接证明案件主要事实，而需要与其他证据结合形成证据锁链才能证明案件主要事实的证据。

直接证据与间接证据的划分，依据的是单独一个证据与案件主要事实的证明关系。这里说的证明关系也可以理解为证明方式，是指证据对案件主要事实的证明是以直接证明还是间接证明的方式起证明作用。审查一项证据是直接证据还是间接证据要看其是否能够单独证明案件的主要事实，而不是看其载体形式。在许多情况下，电子数据是可以单独证明案件的主要事实，无须其他证据的辅助，在此情况下应认定电子数据是直接证据。但考虑到电子数据易损性的特点，在采用电子数据时应借助科技手段认真进行审查、判断。

## 第二节　电子数据国内外立法现状

### 一、国际组织

国际组织对电子数据的重要价值维度有了清醒的认识，针对电子数据作为新的证据类型在理论和实践中存在的种种问题，进行了深入的调查分析，制订了相应的电子证据规则。

#### （一）联合国国际贸易法委员会

20 世纪 80 年代以来，联合国国际贸易法委员会（the United Nations Commission on International Trade Law）在解决电子商务活动遇到的电子证据法律难题方面作出了卓越贡献，对世界各国产生了深远影响。

联合国在探讨 EDI 合同可能产生的法律问题时，最先关注的就是计算机记录的证据价值问题。其曾在 1985 年第 18 届会议上提交的与 EDI 有关的第一份报告就是《关于计算机记录的法律价值报告》，该报告的出发点是考虑如何解决法庭诉讼程序中使用计算机储存数据作为证据的问题。此后，贸易法委员会又分别在第 19 届、第 20 届会议审议了两份自动数据处理所涉及法律问题的进一步报告，这些报告主要是介绍和分析在自动数据处理方面积极活动的国际组织的工作情况。自 1988 年第 21 届会议起，贸易法委员会 EDI 立法工作转向研究利用电子方法拟定合同所涉及的法律问题。1996 年 12 月，联合国大会通过了《电子商务示范法》。① 为了帮助人们理解和掌握该示范法，同时也为便利各国政府采用和吸收示范法内容，贸易法委员会还在第 29 届会议上通过了《电子商务示范法颁布指南》②，该指南不仅详细阐述了示范法每一条文的由来，而且还涉及许多示范法本身未加规定的内容。2000 年 9 月，贸易法委员会在电子商务工作组第 37 届会议上核准通过了《电子签名示范法》③，随后配套发布了《电子签名示范法立

① 英文名为“UNCITRAL Model Law on Electronic Commerce”，联合国国际贸易法委员会的正式中文版本名称为《电子商务示范法》。详细文本见：http：//www. uncitral. org/pdf/chinese/texts/electcom/MLEC _ C _ V05-89449 _ Ebook. pdf。

② Guide to Enactment of UNCITRAL Model Law on Electronic Commerce.

③ 英文名为“UNCITRAL Model Law on Electronic Signatures”，联合国国际贸易法委员会的正式中文版本名称为《电子签名示范法》。详细文本见：http：//www. uncitral. org/pdf/chinese/texts/electcom/ml-elecsig-c. pdf。

法指南》。[1] 2005 年 11 月 23 日，联合国大会第 60 届会议通过了《联合国国际合同使用电子通信公约》。[2]

《电子商业示范法》与《电子签字示范法》在内容与术语上保持一致，在形式上相互独立。这两部示范法及颁布指南体现了贸易委员会解决电子商务活动中法律问题的基本看法，其中也包括解决电子证据法律难题的四个基本思想：

1. 对电子证据采取广义观加以界定

《电子商务示范法》第 2 条规定："数据电文系经由电子手段、光学手段或类似手段生成、发送、接受、或存储的信息，这些手段包括但不限于电子数据交换、电子邮件、电报、电传或传真。"《电子签名示范法》第 2 条有着完全一致的界定。这些条款表明这两部法律所针对的电子证据——"数据电文"范围很广，基本上囊括了以无纸形式生成、存储或传递的各类电文，囊括了电子商务环境下生成的所有电文；它并不限于通信方面，还包括计算机生成的并非用于通信的记录。因此，"电文"这一概念包括"记录"这一概念；它不仅适用于现有通信技术，还打算适用于未来可预料的技术发展。

2. 运用功能等同法解决数据电文的书面形式、原件与签字问题

功能等同法立足于分析传统的书面、原件与签字要求的目的和作用，以确定如何通过电子商业技术来达到这些目的或作用。《电子商务示范法》第 6、7、8 条与《电子签名示范法》第 6 条就是依照这一方法进行相关处理的。《电子商务示范法颁布指南》对"功能等同"的方法作出了特别说明：

（1）《电子商务示范法》是以这样的认识为依据的，即针对传统的书面文件的法律规定是发展现代通信手段的主要障碍。在拟订《电子商务示范法》时，曾考虑能否通过扩大"书面形式""签字"和"原件"等概念的范围、把以计算机为基础的技术也包括进去来解决国内法中的这种规定给使用电子商业造成的障碍。一些现有法律文书就采用了这种办法，例如《贸易法委员会国际商业仲裁示范法》第 7 条和《联合国国际货物销售合同公约》第 13 条。据认为，《电子商务示范法》应允许各国将其国内立法加以修改以适应用于贸易法的通信技术的发展，而不必全盘取消书面形式的要求或打乱这些要求所依据的法律概念和做法。同时还认为，通过电子手段满足书面形式要求在某些情况下可能需要制定新的规则。这是因为电子数据交换电文与书面单证之间的许多区别之一是后者可用肉眼阅读，而前者除非使其变为书面文字或显示在屏幕上，否则是不可识读的。

（2）因此，《电子商务示范法》依赖一种有时称作"功能等同办法"的新方法，这种办法立足于分析传统的书面要求的目的和作用，以确定如何通过电子商务技术来达到这些目的或作用。例如，书面文件可起到下述作用：提供的文件均可识读；提供的文件在长时间内可保持不变；可复制一文件以便每一当事方均掌握一份同一数据副本；可通过签字核证数据；提供的文件采用公共当局和法院可接受的形式。应当注意到，关于所有上述书面文件的作用，电子记录亦可提供如同书面文件同样程度的安全，在大多数情况下，特别是就查明数据的来源和内容而言，其可靠程度和速度要高得多，但需符合若干技术和法律要求。然而，采取功能等同办法不

---

① Guide to Enactment of the UNCITRAL Model Law on Electronic Signatures (2001).

② United Nations Convention on the Use of Electronic Communications in International Contracts.

应造成电子商业使用者须达到较书面环境更加严格的安全标准（和相关费用）。

（3）就数据电文本身来看，不能将其视为等同于书面文件，因为数据电文具有不同的性质，不一定能起到书面文件所能起到的全部作用。这就是为什么《电子商务示范法》采用了一种灵活的标准，考虑到采用书面文件的环境中现行要求的不同层面：采用功能等同办法时，注意到形式要求的现有等级，即要求书面文件提供不同程度的可靠性、可查核性和不可更改性。例如，关于应以书面形式提出数据的要求（构成“最低要求”）不应混同于较严格的一些要求，例如“经签署的文书”“经签署的原件”或“经认证之法律文件”。

（4）《电子商务示范法》并不打算确定相当于任何一种书面文件的计算机技术等同物。相反，《电子商务示范法》只是挑出书面形式要求中的基本作用，以其作为标准，一旦数据电文达到这些标准，即可同起着相同作用的相应书面文件一样，享受同等程度的法律认可。应当指出，《电子商务示范法》第 6 至 8 条内含的功能等同法是针对“书面形式”“签字”和“原件”等概念的，并不针对《电子商务示范法》内涉及的其他法律概念。例如，第 10 条并没有为现行的贮存要求创立其功能等同物。

3. 采用平等对待原则处理电子证据的可采性与证明力问题

《电子商务示范法》第 5 条是对数据电文的法律承认：“不得仅仅以某项信息采用数据电文形式为理由而否定其法律效力、有效性或可执行性。”

《电子商务示范法颁布指南》对该条作出的解释是：第 5 条包含的基本原则是“不应对数据电文加以歧视”，就是说，应把数据电文与书面文件同等对待，毫无差别。它适用于对“书面形式”或“原件”的任何法律要求。该项基本原则应尽可能普遍适用，不应将其范围局限于证据或第二章涉及的其他事项。但是，应当指出，这样一项原则无意推翻第 6 至 10 条所载的任何要求。第 5 条关于“不得仅仅以某项信息采用数据电文形式为理由而否认其法律效力、有效性或可执行性”的规定只是表明，不能仅仅以某项信息的出现形式或保留形式作为唯一理由来否认其法律效力、有效性或可执行性。然而，第 5 条不应被错误解释为在确立某一数据电文或其中所含任何信息的法律有效性。

《电子商务示范法》第 9 条规定的是数据电文的可接受性和证据力条款：

（1）在任何法律诉讼中，证据规则的适用在任何方面均不得以下述任何理由否定一项数据电文作为证据的可接受性：（a）仅仅以它是一项数据电文为由；或（b）如果它是举证人按合理预期所能得到的最佳证据，以它并不是原样为由。

（2）对于以数据电文为形式的信息，应给予应有的证据力。在评估一项数据电文的证据力时，应考虑到生成、储存或传递该数据电文的办法的可靠性，保持信息完整性的办法的可靠性，用以鉴别发端人的办法，以及任何其他相关因素。

《电子商务示范法颁布指南》对第 9 条作出的解释是：

（1）第 9 条的目的是确立数据电文在法律诉讼中作为证据的可接受性，同时确立其证据价值。对于可接受性，第（1）款规定，在法律诉讼中，不得仅仅以数据电文是采用电子形式而否定其作为证据的可接受性，这再次强调了第 4 条所述的总原则，明确地使它适用于证据的可接受性，因为在某些法域，这方面可能会发生特别复杂的争议。“最佳证据”一语是普通法系某些法域容易理解的用语，也是必要的用语。但是，对于尚未熟知这一规则的法律系统，“最佳证据”概念有可能产生很多不确定性。凡这一词语会被认为毫无意义甚至会产生误解的那些国家，在颁布实施《电子商务示范法》时，似宜避免提及第（1）款中的“最佳证据”规则。

（2）关于一项数据电文的证据力的评估，第（2）款对于如何评估数据电文的证据价值，提供了有用的指导（例如考虑到数据电文的生成、储存或传递方式是否可靠）。

以上两个条款的立法目的在于确定数据电文在法律诉讼中作为证据的可接受性，同时确立其证据价值，尤其为后者提供有力的指导。

4. 创立了电子证据保全制度

《电子商务示范法》第10条规定了数据电文的留存：

（1）如法律要求某些文件、记录或信息须予留存，则此种要求可通过留存数据电文的方式予以满足，但要符合下述条件：(a) 其中所含信息可以调取，以备日后查用；和（b）按其生成、发送或接收时的格式留存了该数据电文，或以可证明能使所生成、发送或接收的信息准确重现的格式留存了该数据电文；和（c）如果有的话，留存可据以查明数据电文的来源和目的地以及该电文被发送或接收的日期和时间的任何信息。

（2）按第（1）款规定留存文件、记录或信息的义务不及于只是为了使电文能够发送或接收而使用的任何信息。

（3）任何人均可通过使用任何其他人的服务来满足第（1）款所述的要求，但要满足第（1）款（a）、（b）和（c）项所列条件。

该条实际上是对电子证据的保全确立了一套规则，《电子商务示范法颁布指南》对该条作出的解释是：

（1）第10条针对现有的信息储存要求（例如为审计或税收目的）确立了一套替代规则，因现有的要求可能构成对发展现代贸易的障碍。

（2）第（1）款是要规定一些条件，亦即在何种条件下即可满足适用法规定的储存数据电文的义务。(a) 项只不过重复一下第6条所规定的一项数据电文满足须以“书面形式”提交的条件。(b) 项强调，电文不必不改变动地留存，只要所储存的信息精确地反映了当初发出的数据电文即可。如要求不作任何变动地储存信息，那是不妥当的，因为通常首先要将电文解码、压缩或转换，才能储存。

（3）(c) 项的意图在于涵盖可能需要储存的全部信息，除了电文本身，还包括某些用以确定具体电文的传送信息。由于（c）项规定了须储存与具体数据电文有关的传送信息，因而创立的标准高于各国法律目前对保存书面信函所规定的标准。但是，不应将这理解为规定在生成、储存或传递数据电文时有义务在留存了数据电文所含信息以外，还须留存传送信息，或者另外一个数据电文所含的信息，例如确认收讫的通知。此外，有些传送信息虽属重要而必须储存，但另一些传送信息则可剔除而并不影响到数据电文的完整性。这就是为什么（c）项内要对传送时附加的信息加以区别，把传送信息中对于辨别电文有重要性的那些信息与第（2）款涉及的为数很少的传送信息成分（例如通信规程等）区分开来，后者对于数据电文而言并无任何价值，而且一般来说，计算机在接收一项新来的数据电文时会自动把那些毫无价值的成分剔除掉，然后才使数据电文真正进入收件人的信息系统。

（4）实践中，信息的储存，特别是传送所涉信息的储存往往不是由发端人或收件人去做，而是由中间人来做。然而，这里的意图是，有义务留存某些信息的人不得以例如操作通信系统的另一人没有留存规定的信息为理由而免除责任。这是为了杜绝不良做法和故意的不端行为。

第（3）款规定，为了履行第（1）款规定的义务，收件人或发端人不仅可以利用中间人的服务，还可利用第三方的服务。

在电子商务活动中，电子证据的保全必须符合三个条件：一是该项数据电文必须符合以“书面形式”提交的要求；二是该项数据电文不必不变动的留存，但所存储的信息必须精确地反映了当初发出的数据电文；三是所保存的应当是全部信息，除了数据电文本身外，还包括某些用以确定具体电文的传送信息。

### （二）国际商会

20 世纪 60 年代起，国际商会（International Chamber of Commerce）就开始关注电子证据问题。1960 年国际商会建议由联合国欧洲经济委员会组成工作小组进行研究。该小组于 1979 年提出了第 14 号建议书，建议各国应允许使用电子证据。1987 年 9 月，国际商会执行委员会通过了《电传交换贸易统一行为规则》，目的是为建立一套国际公认的行为准则供 EDI（Electronic Data Interchange）用户及 EDI 系统的经营者使用。只要 EDI 当事人采用此规则，EDI 就有法律证据价值。这项规则为 EDI 用户及 EDI 系统的经营者拟定具体的通讯协议提供了良好的基础。[①] 事实上 EDI 所涉及的许多法律难题，如 EDI 的证据价值、书面形式要求、亲笔签字等，目前都可以通过当事人之间订立通讯协议的方法获得解决。为了使贸易术语同电子数据交换系统使用的日益扩大情形相适应，国际商会于 1990 年 4 月对《国际贸易术语解释通则》进行了第五次修订，并于同年 7 月 1 日生效。这些规则对电子单证的法律地位问题作出了明确规定。例如，在“交至承运人术语”中，对“交货证据、运输单据或相当的电子信息”规定根据惯例。由卖方负担费用向买方提供证明已按 A4 款交货的常规单据……如买卖双方已约定电子手段通信，上述单据得由相当的电子交换系统信息代替。

国际组织的类似规则说明，电子数据一方面能够证明合同以及其他活动的形成过程，并采用一定的技术手段来对抗抵赖，另一方面具有更加通用的特点，可储存在电磁中介物上，也可根据要求产生相应的书面文件。电子数据的记录应被视为“书面”形式而被接受。

## 二、世界一些主要国家关于电子数据的立法

针对电子数据在诸多方面的难题，各国针对本国情况和立法实践，纷纷采取了相应的具有本土特色的电子数据立法模式，从制度上予以规范，力图实现电子数据的规则治理，为互联网的发展建构良好的制度环境。总结各国的立法模式一般可分为两种类型：第一种是对原有证据法进行适当修改和解释，将电子数据纳入传统法律的范畴；第二种则是根据电子数据新的特性，制订全新的专门的电子证据法，以解决电子数据理论和实践中出现的问题。

英美证据法中的传闻证据规则与最佳证据规则是采纳电子文件作为证据的障碍。依据传闻证据规则，除出庭口头作证的人以外的其他任何人所做的明示或默示陈述，向法院提出的书面

---

① 通讯协议是 EDI 当事人之间的一种合同文件，主要作用表现在两个方面：一是通过订立通讯协议，商定 EDI 用户所遵守的行为守则和通讯标准；二是以当事人之间的协议来克服当前在应用 EDI 时所面临的各种法律障碍以及因现行法律不能适应 EDI 要求而引起的不确定性。

材料上的事实主张，都属传闻证据，不能被采纳用作证明其所主张事实的真实性的证据。该规则具有防止人们在庭外作出的、不可靠的陈述，对判决结果施加不当影响的功能。就书面文件而一言，须由书写者作证。但电子文件系统由计算机自动处理存储，计算机不可能作证，故计算机输出的书面材料只能被视为传闻证据；依据最佳证据规则，只有文件的原件才能作为证据被法院采纳。对电子证据而言，最原始的形式是储存在计算机内的磁性介质中的电子数据，只有通过屏幕显示或输出文件才能为人识读。为了解决这些冲突，美国的判例法承认符合“商业纪录”要求的计算机文件可被采纳为传闻证据，承认符合“商业纪录”要求的计算机文件可被采纳为最佳证据，并允许当事人在证明其无从取得原件的情况下，可以使用副本证明原件内容。

在绝大多数大陆法系国家，因实行“自由心证制度”，能广泛接受可证明案件情况的各种材料，并不视电子数据为特殊，所以电子数据的相关规定实质上隐含于固有的诉讼法中，网络及电子商务中的特殊证据问题在新增的一些法规中也有些许规定。

### （一）英国

1968 年，英国颁布了第一部规范电子证据的成文证据法——《1968 年民事证据法》。该法在遵循民事诉讼传闻证据规则的前提下，认为可能成为证据的“文件”可以包括：音碟、磁带、声槽以及其他载录声音或其他数据的可复制形式，还可包括胶卷、底片、磁带以及其他载录可视形象的可复制形式。英国对证据“文件”的内涵作如此之规定，显然是希望将数据电文纳入证据行列。该法第 2 条规定“第一手”传闻证据可以采纳。凡是输入数据者对数据亲自知道或者在执行职务时从亲自知道者那里得悉这些数据的，该“计算机打印输出物”可以采纳为证据。另外该法第 5 条是专门针对“计算机打印输出物”而制定的，规定计算机输出文件所载陈述，只要满足下列条件即可采纳为所述事实的证据：（1）该文件制作于如下期间，即该计算机正在为该期间所正常从事的活动之目的，而被正常地用于信息的储存和处理；（2）在上述期间，并在那些活动的正常过程中，该陈述中所含的那种信息是正常地提供给计算机的；（3）在上述期间的实质部分，就该文件已制作及其内容之精确性而言，计算机始终正常运转；（4）该陈述中的信息是“复制或来源于在那些活动的正常过程中所提供给予计算机的信息。”也就是说，正常运行期间、正常活动下、正常运转时、正常录入并输出的计算机文件才可采纳为证据，它排斥那些专为诉讼目的而特别录入、输出的电子数据。

1995 年，英国颁布了《1995 年民事证据法》，该法第 1 条规定：“在民事诉讼中，不得因为证据是传闻而予以排除……”这标志着英国民事诉讼中的传闻规则发生了重大变化。该法第 13 条规定：“……本法所称的‘文书’是指记录各种信息的任何物品，文书的‘副本’是指用各种方法直接或者间接地在上面复制了该文书中记录的信息的任何物品……”相应的，《1995 年民事证据法》第 15 条第 2 款和附件二将包括第 5 条在内的《1968 年民事证据法》第一编全部废止。至此，在英国的民事诉讼中，已不可能因为“计算机打印输出物”等电子证据是传闻而否定其可采性。

2000 年英国公布了《电子通信法案》的征求意见稿。该法律草案共分加密服务提供商、便利化的电子商务和数据存储、对被保护电子数据的调查以及附录等四章。草案中主要提出了如下一些新措施：一是在加密服务提供商中推行自愿的许可登记制度。草案指出，目前有各类组织提供公共密钥等加密服务，这虽对保障电子商务安全发挥了重要作用，但加密技术也有可能被犯罪分子所利用。草案认为，引入自愿的许可登记制度对在加密服务提供商之间以及加密服务提供商与用户之间建立相互信任将起到帮助。二是在法律上对电子签名的有效性等进行界定，同时取消影响电子信息传输的法律障碍。根据该草案，法律诉讼程序将可采用电子签名作为证据，法庭有权对电子签名是否得到正确使用等作出判断。草案还提出，要取消英国其他法律中电子媒介取代纸张的限制。

**(二) 美国**

美国没有专门的电子证据法，其与电子证据有关的法律规定不仅体现在证据法中，也散见于电子商务法等法律规范中。

美国1965年的《统一证据法规则》规定，电子计算机储存的数据如果是在进行正常的、正规的业务中作成，并于业务完成时或稍后输入的，可以作为传闻证据规则的例外被采纳。在这样的法律规定下，美国有些重要的例外原则如“商业记录例外”“公共记录例外”以及“其他例外”都可使电子数据作为传闻的例外而用作证据。在众多对传闻证据规则的例外中，最为常用的例外是商业记录例外。这一点在美国《1965年统一证据法规则》和1997年《联邦证据规则》中都有规定。规则803（6）的规定是这样的：“关于正常行事的活动记录。有知情人以任何形式制作的关于行为、事件、情况、意见或诊断的备忘录、报告、记录或者数据汇编。这些备忘录或者是在当时或其后不久制作的，或者是根据传来的消息制作的；这些备忘录等是在正常的业务活动中保存的，而且制作备忘录、报告、记录或者数据汇编是此业务活动的正常做法；这一切都可有保管人或其他适格证人作证来证实。但是如果信息来源或者准备手段、准备情况表明其缺乏真实性的，则不在此限。”① 而且法院若认为这些商业记录符合下列要求，即使没有记录者的证言也能被采纳为证据：（1）在正常情况下，该项商业活动均有记录；（2）这些记录是在正常的业务中或者是在业务完成之时或稍后作出的。另外，美国在其司法程序中也肯定E-mail的复印材料可作为证据加以接受。

美国《联邦证据规则》第1001条规定：“文字和录音包括文字、字母、单词、数字或者其他替代物，通过书写、打印、印刷……磁脉冲或者电子录音的方式或者其他形式的数据汇编记载下来。”第1002条规定：“为证明文字、录音、或者照相的内容，要求提供该文字、录像或者照相的原件。”②从这两条的定义中可以看出，电子证据在诉讼过程中也要求提供原件。但对于电子证据而言，提供原件几乎不可能。因为在以数据电文为表现形式的电子证据当中，由于电子证据存在的高科技性、数字性、多媒体性等特征，它存在着传统意义上“原件”与“复印件”的重叠。如果说数据电文是原件，并依据最佳证据规则，那么数据电文显然不具有证据资格。因为这种数据电文表现出来的电子证据无法被人认识、了解，其必不可少的要以可视的方式表现出来。要么通过终端荧屏要么通过打印输出。因此，从这个角度来说，电子证据不具备证据资格。但事实是，美国法有关最佳证据规则的众多例外使得电子证据的证据地位得到了认可，即无论是判例法还是成文法都将数据电文作为电子证据予以确认与许可。《联邦证据规则》第1001条第3项以扩大原件解释的方式将计算机打印输出材料视为原件：“文字或录音的‘原

---

① 何家弘、张卫平主编：《外国证据法选译》，765页，北京，人民法院出版社，2000。

② 白录铉、卞建林译：《美国联邦民事诉讼规则和证据规则》，240页，北京，中国法制出版社，2000。

件’即该文字或录音材料本身，或者由制作人或签发人使其具有与原件同样效力的副本……如果数据储存在电脑或类似设备中，任何从电脑中打印或输出的能准确反映有关数据的可读物，均为‘原件’。”同时，美国的判例法也允许当事人在无从取得原件的情况下，可以使用抄本证明原件内容，这使得电子证据不再受原件与签名要件的限制。当事人如果证明原件已遗失或者灭失而无法取得时，相同内容的第二手证据（Secondary Evidence）则可采纳为证据。所以，法院若能证实原稿在其数据输入计算机后确已灭失，则此计算机记录就成为可获得的电子证据而被承认。若法院确认储存在计算机中的数据是第一手资料，是人们无法理解（Unintelligible）的时候，法院则将“无法理解”视为“无法获得”，因此计算机打印输出文件就可能成为可获得的最好证据而被接受。①

《1999年统一证据规则》一方面继承了《联邦证据规则》对电子证据的解决方案，另一方面也有所突破。其全部法条中都用“记录（Record）”一词替代了原先使用的“文书（Writings）”“录音（Recordings）”“照片（Photographs）”等措词，并专门给出了一个定义条款，101（3）规定：“记录是指通过有形方式记下的信息，包括存储在电子媒介或其他媒介中，并且可通过察觉形式或知的信息。”② 这就是说，凡是与“记录”有关的证据规则，均可适用于电子证据。

2000年6月的《全球与国内商务电子签名法》规则101的一般规定中：“（1）与此种交易有关的签名、合同、或其他记录，不得仅因其与电子形式而否认其法律效力、有效性、或强制性，且（2）与此种交易有关的合同，不得仅因其成立时使用电子签名或电子记录而否认其法律效力、有效性、或强制性。”此外，还有犹他州《数字签名法》、伊利诺伊州《电子商务安全法》《统一电子交易法》《统一计算机信息法》和《电子签名商务法案》等，都是对电子证据问题作出原则性的规定，如与电子商务密切相关的电子证据术语、原件判断标准、保全标准、可采性标准以及推定问题等。

### （三）加拿大

1998年，加拿大统一州法委员会为促进电子商务的发展，通过了世界上第一部电子证据法典《统一电子证据法》。这部电子证据法是加拿大证据法顺应电子时代的发展，以独立于加拿大《证据法》的单行法形式出现，显示了其对电子证据的重视。《统一电子证据法》将电子记录在可采性上比照一般记录处理，其第2条第1款规定：“除鉴证规则与最佳证据规则外，本法不改变关于记录可采性的任何普通法规则或成文法规则。”《统一电子证据法》还对电子证据的定义、适用、鉴证、最佳证据规则的适用、完整性推定、标准、电子证据的证明能力和证据能力均作出具体的规定。

### （四）法国

1999年8月，法国政府宣布将实施一个新的立法规划，以推动法国早日进入信息时代。其中列举的众多措施中，包含了电子签名问题和文件的法律证明价值问题。2000年3月，法国关于《使证据法适应信息技术发展的法律》的主要内容是修改证据法、承认电子签名。同年7

---

① 参见［美］刘江彬：《计算机法律概论》，197页，北京，北京大学出版社，1992。

② 何家弘、张卫平主编：《外国证据法选译》，7页，北京，人民法院出版社，2002。

月，法国政府在网站上公布该法令的草案文本，面向社会公开征询公众意见。[①] 公开征询结束后，这部法令被编入法国《民法典》关于书面证据第一章之中，对《民法典》第1316条及以后各条作出重新规定。修改后的《民法典》第1316条认为："当证据为一系列文字、字母、数字或其他任何具有可理解的内容的符号或标志组成的，不论其载体和传输方式如何，均为书证"；"以电子形式做成的文书与书面载体的文书一样被视为证据，前提是做成该文书的人能够正式地得以识别，该文书的制作与保管的条件应能保持其完整性，签字应与签名人相一致，并代表当事人对由该行为所产生义务的同意"。同时，电子签名的证明力也得到了法律的确认："电子签名是运用可靠的识别方法以保证行为人与其制作的文件之间的联系。"[②]

### （五）日本

日本学者在20世纪80年代就在民法领域讨论过计算机数据的证据能力问题。1996年颁布的《民事诉讼法》只有231条对某些特定的电子证据作出规定："本节的规定，准用于有关视图、照片、录音、录像等其他记载信息的非文书物件。"2000年，日本《电子签名与认证服务法》通过后，为电子签名规定了一项证据法上的推定法则，第3条规定："如果某人以电子签名表明记录于电磁记录之信息属其所为，则该用于表达信息之电磁记录得推定为真实。"[③] 这在一定程度上丰富了民事诉讼中电子证据规则。

### （六）菲律宾

菲律宾《2000年电子商务法》开创了其国内解决电子证据问题的先河，该法第5条对计算机、电子数据讯息、电子交流系统、电子签名、电子文件作了界定；第7条按照功能等同法对电子文件的书面形式、原件形式以及保全问题作了规定；第12条则进一步明确了电子数据讯息与电子文件的可采性与证明力规则。菲律宾最高法院于2001年制定了《电子证据规则》，该法共12项规则，是迄今为止世界上最为详尽的电子证据法。它分别对电子证据、电子签名、电子文件的概念、鉴证、可采性、证明力、特免权规则、最佳证据规则、传闻规则以及证明方法等作了系统性规定。

## 三、我国电子数据立法

我国现行证据法律体系是以《刑事诉讼法》《民事诉讼法》与《行政诉讼法》中证据规定为主干的一切有关证据法律规范的总和。电子数据的法律渊源很大程度上紧密依附于现行证据法律体系。

### （一）基本法律层面

基本法律层面，是指由全国人大常委会通过的基本法律，这是反映国家意志的主要证据法

---

① 参见 www. internet. gouv. fr。

② Art. 1316-1，1316-3，Code civil，France.

③ 涂斌华译：《电子签名与认证法》，载上海市信息化办公室编译：《国内外信息化政策法规选编》，253页，北京，中国法制出版社。

渊源，主要有《民事诉讼法》《刑事诉讼法》《行政诉讼法》等程序法，《民法通则》《合同法》《刑法》《道路交通安全法》《电子签名法》等实体法，以及《人民法院组织法》《人民检察院组织法》等组织法。特别是新修改的刑事诉讼法、民事诉讼法和行政诉讼法都已经把电子数据作为法定证据种类之一予以规定。

### （二）行政法规层面

行政法规层面，是指由国务院针对管理网络服务商颁行的法律规范。《互联网上网服务营业场所管理条例》第 23、31 条；《互联网信息服务管理办法》第 14、21 条。这些条文涉及上网场所和网络服务商在业务活动中保全电子数据的相关义务及法律责任。

### （三）司法解释层面

司法解释层面，是指最高人民法院、最高人民检察院针对诉讼中电子数据问题作出有关规定的一系列司法解释。有最高人民法院关于适用刑事诉讼法和民事诉讼法的司法解释、最高人民法院《关于民事诉讼证据的若干规定》《关于行政诉讼证据若干问题的规定》《关于未经过对方当事人同意私自录制其谈话取得的资料不能作为证据使用的批复》；最高人民检察院《人民检察刑事诉讼规则》《关于检察机关侦查工作贯彻刑诉法若干问题的意见》、最高人民法院、最高人民检察院《关于办理利用互联网、移动通讯终端、声讯台制作、复制、出版、贩卖、传播淫秽电子信息刑事案件具体应用法律若干问题的解释》等。

### （四）部门规章、地方法规规章层面

这一层面是指各部委、省市人民代表大会、省政府及相关部门颁布的适用于某一行业领域或地方区域的规范性文件。部门规章包括：公安部《计算机信息网络国际互联网安全保护办法》第 8、10 条；原信息产业部《互联网电子公告服务管理规定》第 14 条、第 15 条；新闻出版总署《互联网出版管理暂行规定》（系与原信息产业部联合发布）第 22、28 条；海关总署《中华人民共和国海关对报关单位和报关员的管理规定》第 19 条；证监会《网上证券委托暂行管理办法》第 14～16 条；《关于卷烟网上交易有关问题的通知》第 3、4、6 条。地方法规规章有上海市《数字认证管理办法》《国际经贸电子数据交换管理规定》《电子商务价格管理暂行办法》；广东省《对外贸易实施电子数据交换（EDI）暂行规定》《电子交易条例》；海南省《数字认证管理办法》；北京市《电子商务监督管理暂行办法》。

## 第三节　电子数据的收集、保全与认定

## 一、电子数据的收集

### （一）电子数据的收集主体

电子数据的收集主体应该有以下几种：

1. 民事诉讼中的各方当事人及其诉讼代理人、刑事诉讼中的辩护人。民事诉讼中，各方当事人了解、清楚争议之事实，便于直接接触和处理相关证据。由当事人收集电子数据在时间上较为及时，在内容上直接、全面，符合我国取证制度的现有法律规定。同时，代理诉讼的律师和其他诉讼代理人有权调查收集证据，可以查阅本案有关材料。刑事诉讼中，被告人出庭前处于被拘禁状态，可以委托其代理人进行相关电子数据的收集，以用于案件审理时辩护之用。

2. 侦查人员或专门调查人员，包括刑事案件侦查人员、人民法院指派的调查人员及行政诉讼案件中的行政管理人员。他们共同的特点是依托国家赋予的职权开展证据收集工作，目的在于有效打击违法犯罪行为和查处当事人的纠纷事实。

3. 电子技术专家。电子技术专家指的是对电子技术，尤其对计算机技术、网络技术等有专攻的技术人员。由于电子数据自身的固有特点，一般当事人很难专业的提取、固定电子数据。非专业性的操作可能影响电子数据的证明力，甚至会使电子数据丧失证据资格。因而，在电子数据的收集取证工作中，电子技术专家的指导或参与是必不可少的。

4. 网络服务商。根据网络服务商所提供服务内容的不同，可将其分为网络服务提供商（ISP）和网络内容提供商（ICP）。我国现行法规中涉及了电子数据的调查取证，强制规定了网络服务提供者提供记录和保存信息的规定，因而其也应是电子数据的收集主体之一。

### （二）电子数据的收集方法

1. 网络勘查

指调查人员对由许多计算机构成的数字化网络进行勘验、检查，提取痕迹物证的专门方法。它不仅限于刑事案件中具有侦查措施性质的现场勘查，而且在民事案件中亦有广阔前景。如陈卫华诉成都电脑商情报“戏说 MAYA”侵权案中，北京市海淀区人民法院在庭审时就使用了所谓的“网络（现场）勘查”方法，即对网络现场中存在的网页进行浏览、上载与删除，并获得了成功。①

2. 强制网络服务商提供电子数据

随着互联网的普及，电子签名、电子认证事业的发展，网络报务提供商的地位和作用日益突出。在电子商务纠纷和网络犯罪中，有许多重要的数据信息由网络服务提供商所控制，而这些数据信息往往对纠纷的解决和案件的侦破起着关键作用。

3. 电子数据的搜查、扣押

这是国家侦查机关拥有的专门刑事调查措施。在刑事案件中，公安机关、检察机关依照法律赋予的权力，深入案发现场，对涉及犯罪的计算机设备、外部存储设备及其中储存的电子数据进行搜查和扣押，以获取犯罪行为的电子数据。

4. 电子数据的网络监控、截听

电子数据的网络监控和截听，主要是针对通过计算机网络实时传输的与犯罪有关的电子邮件、电子公告、电子聊天及处于交换过程中的数据电文进行监控和截获的一种方式。出于人权和个人隐私的保护，一般由各国专门设置并赋予相应权限的网络警察实施。

---

① 参见张楚主编：《网络法学》，313～314 页，北京，高等教育出版社，2003。

## 二、电子数据的保全

1. 电子数据的常规保全方法

常见的电子数据保全方法有下述几种：（1）对于电子证人证言、电子当事人陈述等言词证据，通常采用制作询问笔录和录制资料等方法，经当事人审核后签字确认；（2）对于电子物证、电子视听资料，通常采用绘图、拍照、录像、勘验、制作勘验笔录的方法。在条件允许时，也会以扣押或封存的方式提取原始介质；（3）对电子书证，常用的保全方法除了扣押外，还包括缩微、复制、存档、拍照等方法，或是将该电子书证打印后经当事人审核签字确认；（4）对电子笔录常用的方法是通过计算机打印输出为纸质文档，然后经有关当事人核证后签字、盖章，并随相应案卷材料妥善保管。

在上述保全方法需扣押、缩微、复制、存档有关电子证物时，通常还需要有在场见证人和持有人查点清楚，并当场开列清单经各相关人员签字确认。

2. 公证保全

对电子数据进行公证保全具有突出的优越性，可使电子数据通过事先保全的方式取得预决的证据能力和证明力。电子数据的公证保全分传统公证保全和网络公证保全两种。

传统公证保全是在申请进行电子数据公证的机关或个人向公证机构提出公证申请后，由公证机构派出公证人员与申请人见面后，接受并审查申请人的委托，并开展公证工作的公证方式。这是目前较常见的公证保全方式。

网络公证（Cyber Notary Authority，简写为 CAN），是指由特定的网络公证机构，利用计算机和互联网络技术，对互联网上的电子身份、电子交易行为、数据文件等提供增强的认证和证明以及证据保全等的公证行为。

在网络公证保全中，公证人员与申请人不见面，仅仅借助网络平台，从网上接受并审查当事人的委托，开展公证工作的公证方式。网络公证的公证主体为具有网络公证资质的特定机构，其公证工作主要依靠计算机和互联网技术开展工作，为网络和电子商务服务。

3. 电子档案管理

电子档案管理是专门针对电子文件进行保全的有效措施。[①] 为了保证电子文件的齐全完整，必须掌握电子文件的形成规律，并分析电子文件的构成要素。而且同一来源、同一项业务活动、同一个系统、同一个文件的内容信息和背景信息都是不可割裂开的，这是维护电子文件齐全完整的基础。从功能上讲，电子档案管理要求做到保证电子文件的证据地位、可读性、长久性以及远程控制技术标准。

随着计算机网络技术的日益普及，电子文件数量急剧膨胀，很多机构出现了“无纸化”办公趋势，而这些散落在各个部门的电子文件，事实上都处于分散保管状态。分散化管理带来的一个突出问题就是多种管理标准并行，鱼龙混杂，有时甚至导致重要文件、证据被人为地损毁。[②]

---

① 档案是原始的历史记录，其基本价值可以概括为凭证作用和参考作用两个方面。

② 参见张楚主编：《网络法学》，317～318 页，北京，高等教育出版社，2003。

## 三、电子数据的认定

### (一) 可采性的认定

1. 客观性

电子数据的真实性即电子数据的客观性，是指诉讼双方当事人提供的电子数据是否符合案件的实际情况。从国内外实践情况看，解决电子数据的真实性问题主要通过四种方式，即自认方式、证人具结方式、推定方式与鉴定方式。只要通过任一方式检验，则认为该电子数据经过了鉴证，应认定其是真实的，予以采纳。

具体来说，包括以下情形：(1) 诉讼当事人双方均认可的电子数据；(2) 当事人间经长期业务往来所形成的电子合同和其他类型的电子文件；(3) 有确切证据证明电子数据复印件与原件完全等同的电子数据；(4) 电子数据被利益对立的另一方保存，另一方没有正当理由拒不提供该电子数据的；(5) 举证方能够证明电子数据在计算机或计算机系统处于正常运行状态下生成的证据；(6) 使用者经常使用的运行良好的计算机系统生成和存储的电子数据，或者虽然计算机系统运行有瑕疵，但不影响真实性的电子数据；(7) 附有电子签名的，或附加其他安全保障措施的电子书证；(8) 由适格证人（如技术人员）通过具结方式证明其为真的电子数据；(9) 经公证机关按照合法的公证程序证明为真实可靠的电子数据；(10) 经合格的专家鉴定为真的未被修改的电子数据；(11) 有其他证据能够证明其真实可靠的电子数据。

对于电子数据的真实性还应该审查电子数据本身有是否存在疑问之处及收集到的电子数据之间是否自相矛盾，电子数据与非电子数据是否指向同一方向，电子数据能否与其他证据相互印证、相互协调并形成完整的证据锁链来证明案件的真实情况等。

2. 关联性

电子数据的关联性，是指电子数据必须与需要证明的案件事实或其他争议事实具有一定的联系。一项电子数据必须与案件的某一事实有着某种联系、能够证明案件的真实情况，才能起到证据作用。审查电子数据的关联性应考虑以下两点：

(1) 电子数据与案件事实有无客观联系。判断电子数据是否具有相关性，要考虑到三个条件，一是电子数据是否能够证明案件某一方面的问题；二是该问题是否为案件事实争议的问题；三是该电子数据对争议问题的解决是否有实际或实质性的意义。电子数据必须同时满足这三个条件才具有关联性。

(2) 电子数据与案件事实联系的方式、性质、紧密程度和确定程度。证据的证明力取决定于证据同案件事实的内在联系及联系的紧密程度。电子数据与案件联系一般表现为两种状况，一是作为电子数据的事实与案件中待证事实部分或全部相合，这时其证明力较大；二是虽与待证事实不重合，不是案件的主要组成部分，但与案件待证事实有直接或间接的联系，能够为待证事实提供相对应的证明情况，这时其证明力相对较小。

3. 合法性

电子数据的合法性，指所采用的电子数据必须是符合法律规定的根据或材料。作为证明根据的材料无论是否具备合法性，都可以称为证据，但是每一件证据能否在具体的司法和执法活动中被采用，还要看其是否具备合法性。① 电子数据的合法性是其真实性和关联性的重要法律保障，也是其法律效力的重要条件。对于电子数据而言，如果其生成、取得等环节不合法，且足以影响证据的真实性或者足以影响某一重大权益，可以考虑对其加以排除。具体情形有：(1) 通过非核证程序得来的电子数据，在电子商务案件中不予采纳②；(2) 通过非法软件得来的电子数据，在民事诉讼中一般不予采纳；(3) 对于计算机生成的电子数据，有证据表明在生成该证据之际计算机系统处于不正常状态的，在民事诉讼中一般不予采纳；(4) 对于计算机存储的电子数据，有证据表明在转录过程出现实质性差错的，不予采纳；(5) 经鉴定遭到过修改、攻击的电子数据，不予采纳；(6) 通过窃录方式获得的电子数据，不予采纳；(7) 通过非法搜查、扣押等方式获得的电子数据，情节严重的一般不予采纳；(8) 我国证据法律法规规定的加以排除的其他情形。

## (二) 证明力的认定

所谓证明力，即证据力，指证据在证明待证事实上体现其价值大小与强弱的状态或程度。认定电子数据的证明力，是认定电子数据本身或电子数据与其他证据之结合能否证明待证事实及能在多大程度上证明待证事实。

### 1. 可靠性的认定

可靠性是影响电子数据证明力的主要因素，是衡量电子数据真实程度的一项重要指标。对于电子数据的可靠性，一般按照传统方法采取正面认证的方法，即审查其各个运行环节：(1) 生成环节，即考虑电子数据是如何形成的；(2) 存储环节，即考虑电子数据是如何存储的；(3) 传送环节，即考虑传递、接收电子数据时所用的技术手段或方法是否科学、可靠，传递的网络运营商等是否公正、独立，传递的过程有无加密措施等；(4) 收集环节，即电子数据是由谁收集，收集者与案件有无利害关系，收集过程是否遵守了法律的相关规定，收集的方法是否科学、可靠。

除了传统方法即从证据本身入手，正面审核电子数据的来源、储存等之外，还必须开辟新的途径。对此，许多国家在电子数据法中广泛使用推定方法，即从计算机系统入手来进行侧面认定。所谓侧面认定，指将对电子数据本身可靠性的认定转移为对其他因素可靠性的认定，进而来推定某一电子数据具有真实性、可靠性的做法。从世界范围内对电子数据法的规定来看，侧面认定电子数据可靠性的方法有三种情况较为常见：(1) 通过认定电子数据所依赖的计算机系统具有可靠性，而推定其具有可靠性；(2) 通过认定电子数据系由诉讼中意图引入该证据的那一当事人在利益上相反的其他当事人保存或提供，而推定其具有可靠性；(3) 通过认定电子数据系在正常的业务活动中生成并保管，而推定其具有可靠性。例如联合国国际贸易法委员会《电子签字示范法》第 6 条第 3 款的电子签名可靠性的规定就属于推定的方法。③

---

① 参见何家弘主编：《新编证据法学》，81 页，北京，法律出版社，2000。

② 一些国家对电子商务所依赖的程序有特别规定，如新加坡授权一个专门机构对有关程序按照一定标准和步骤进行审核，审核合格的就签发核证证书，该程序被称为核证程序（Approved Process）。

③ “UNCITRAL Model Law on Electronic Signatures”，详细文本见：http：//www.uncitral.org/pdf/chinese/texts/electcom/ml-elecsig-c.pdf。

2. 完整性的认定

完整性（Integrity）是考察电子数据证明力的一个特殊指标，它共有两层意义：一是电子数据本身的完整性；二是其所依赖的计算机系统（电子系统）的完整性。完整性是构成电子数据原件的一个要素。联合国国际贸易法委员会《电子商务示范法》第 8 条 3 款的规定解释了电子数据的完整性①，是指“数据电文的内容保持完整和未予改动”。基于电子数据的无形性，其“原件”多为存储于计算机存储介质中的电磁记录物，能为我们所感知的均为电子数据的“复制件”。那么如何识别电子数据在传递、保管的各环节是否发生了潜在的实质变化，或是这些“复制件”同电子数据的“原件”相比是否发生了删节或改动，这是运用电子数据时不得不面临的一个问题。一般情况下，删改电子数据内容，会影响其完整性。但如果对电子数据内容添加是必要的，不会对其可信度构成损害，甚至还会增强其可信度，则不会影响电子数据的完整性。而对于非必要添加，应当认为电子数据已不具有完整性。我国《电子签名法》第 5 条“……可靠地保证自最终形成时起，内容保持完整、未被改动……”的规定，是对电子数据的完整性的强制性要求。

计算机系统完整性也是电子数据完整性认定的重要内容。从世界范围内对电子数据法的规定来看②，计算机系统的完整性主要表现为：（1）记录该数据的系统必须处于正常的运行状态；（2）在正常运行状态下，系统对该项业务必须有完整的记录；（3）该数据记录必须是在该项业务活动的过程中制作或结束后立即制作的。同时，对电子系统完整性的认定都采取了推定的方式，且推定条件也基本一致，具体有：（1）根据计算机系统正常运行而推定其完整性；（2）根据电子数据是由诉讼中意图引入该证据的哪一方当事人在利益上相反的其他当事人保存或提供的，来推定计算机系统的完整性；（3）根据电子数据是由第三方在正常营业活动中保存的，来推定计算机系统的完整性。

## 法条链接

1.《中华人民共和国民事诉讼法》第六十三条
2.《中华人民共和国刑事诉讼法》第四十八条
3.《中华人民共和国行政诉讼法》第三十三条

## 深度阅读

1. 赵长江，李翠．“电子数据”概念之重述．重庆邮电大学学报（社会科学版），2015（6）
2. 贾宸浩，姚强，韩笑晨．电子证据的演进：从模式思维到制度理性——以司法实践中

① “UNCITRAL Model Law on Electronic Commerce”，详细文本见：http：//www. uncitral. org/pdf/chinese/texts/electcom/MLEC _ C _ V05-89449 _ Ebook. pdf。

② 参见加拿大《1998 年统一电子证据法》、菲律宾《电子证据规则》等。

的发展为考察进路．郑州大学学报（哲学社会科学版），2014（3）

3. 何家弘．电子证据法研究．北京：法律出版社，2002

4. 刘品新．中国电子证据立法研究．北京：中国人民大学出版社，2005

5. 刘品新．美国电子证据规则．北京：中国检察出版社，2004

## 问题与思考

1. 电子数据在电子商务纠纷中具体的表现形式有哪些？
2. 了解电子数据在我国司法实践中的具体情况并举例说明。
3. 电子数据法律制度构建的法律意义。

**图书在版编目（CIP）数据**

电子商务法/张楚主编．—4 版．—北京：中国人民大学出版社，2016.3
新编 21 世纪法学系列教材
ISBN 978-7-300-22684-2

Ⅰ.①电… Ⅱ.①张… Ⅲ.①电子商务-法规-中国-高等学校-教材 Ⅳ.①D922.294

中国版本图书馆 CIP 数据核字（2016）第 059455 号

"十二五"普通高等教育本科国家级规划教材
新编 21 世纪法学系列教材
总主编　曾宪义　王利明
**电子商务法（第四版）**
主　编　张　楚
副主编　张　樊　谭华霖　赵占领
Dianzi Shangwufa

---

| | | | |
|---|---|---|---|
| **出版发行** | 中国人民大学出版社 | | |
| **社　址** | 北京中关村大街 31 号 | **邮政编码** | 100080 |
| **电　话** | 010－62511242（总编室） | | 010－62511770（质管部） |
| | 010－82501766（邮购部） | | 010－62514148（门市部） |
| | 010－62515195（发行公司） | | 010－62515275（盗版举报） |
| **网　址** | http://www.crup.com.cn | | |
| | http://www.ttrnet.com(人大教研网) | | |
| **经　销** | 新华书店 | | |
| **印　刷** | 北京昌联印刷有限公司 | **版　次** | 2001 年 6 月第 1 版 |
| **规　格** | 185 mm×260 mm　16 开本 | | 2016 年 9 月第 4 版 |
| **印　张** | 15.5 | **印　次** | 2021 年 6 月第10次印刷 |
| **字　数** | 360 000 | **定　价** | 38.00 元 |


---

# ※任课教师调查问卷

为了能更好地为您提供优秀的教材及良好的服务，也为了进一步提高我社法学教材出版的质量，希望您能协助我们完成本次小问卷，完成后您可以在我社网站中选择与您教学相关的1本教材作为今后的备选教材，我们会及时为您邮寄送达！如果您不方便邮寄，也可以申请加入我社的**法学教师QQ群：83961183（申请时请注明法学教师）**，然后下载本问卷填写，并发往我们指定的邮箱（cruplaw@163.com）。

邮寄地址：北京市海淀区中关村大街31号中国人民大学出版社411室收

邮　　编：100080

再次感谢您在百忙中抽出时间为我们填写这份调查问卷，您的举手之劳，将使我们获益匪浅！

**基本信息及联系方式：**※

姓名：______ 性别：______ 课程：______

任教学校：______ 院系（所）：______

邮寄地址：______ 邮编：______

电话（办公）：______ 手机：______ 电子邮件：______

**调查问卷：**※

1. 您认为图书的哪类特性对您使用教材最有影响力？（　　）（可多选，按重要性排序）

   A. 各级规划教材、获奖教材　　B. 知名作者教材

   C. 完善的配套资源　　D. 自编教材

   E. 行政命令

2. 在教材配套资源中，您最需要哪些？（　　）（可多选，按重要性排序）

   A. 电子教案　　B. 教学案例

   C. 教学视频　　D. 配套习题、模拟试卷

3. 您对于本书的评价如何？（　　）

   A. 该书目前仍符合教学要求，表现不错将继续采用。

   B. 该书的配套资源需要改进，才会继续使用。

   C. 该书需要在内容或实例更新再版后才能满足我的教学，才会继续使用。

   D. 该书与同类教材差距很大，不准备继续采用了。

4. 从您的教学出发，谈谈对本书的改进建议：______

______

______

**选题征集：**如果您有好的选题或出版需求，欢迎您联系我们：

联系人：黄　强　联系电话：010-62515955

**索取样书：**书名：______

书号：______

---

**备注：※ 为必填项。**